Nostalgie im Kinderzimmer

@mami_tinka
CHRISTINA BECKER

NOSTALGIE IM KINDERZIMMER

Basteln, Dekorieren und Spielen

CV

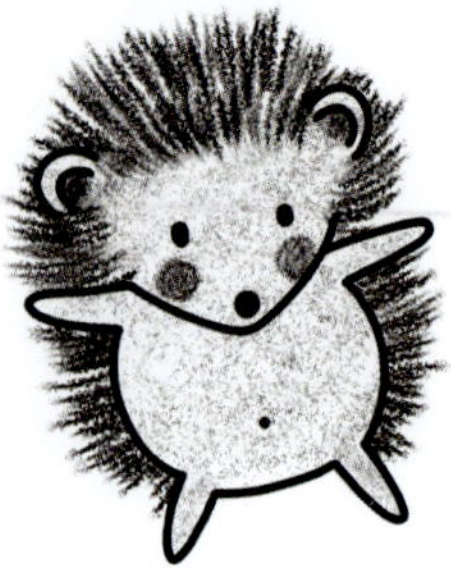

Inhalt

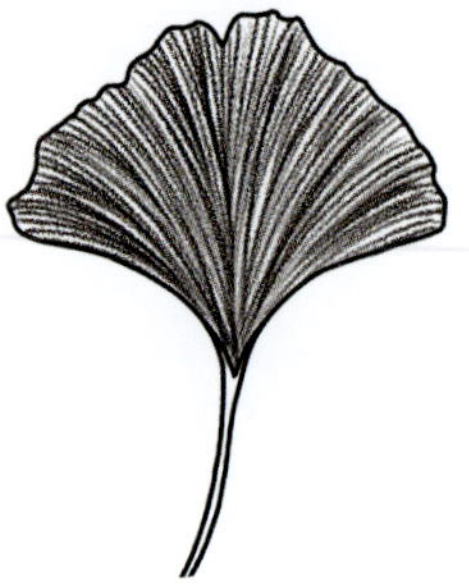

Januar

Februar

März

April

Mai

Juni

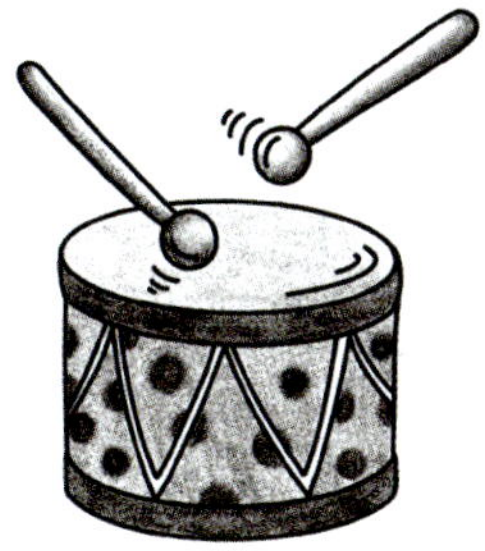

Juli

August

September

Oktober

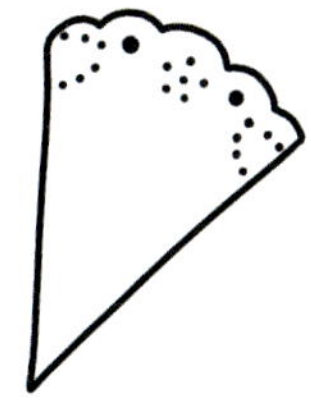

November

Dezember

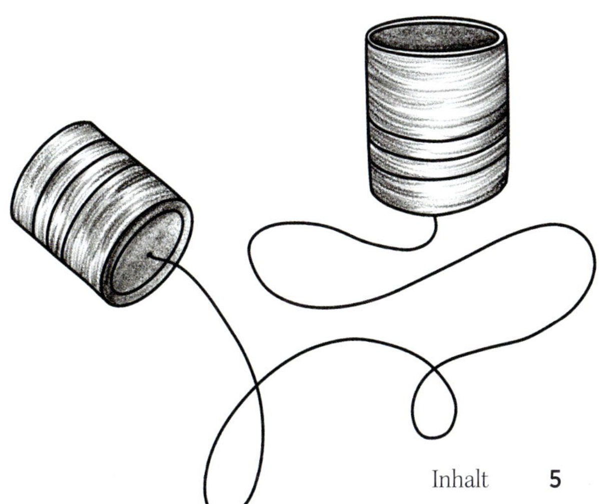

Vorwort

Nostalgie im Kinderzimmer ... Ja, so lautet der Titel dieses Buches, und treffender hätte es nicht sein können. Als ich selbst noch ein Kind war, bestaunte ich immer die Einrichtung meiner Großeltern, hörte ihnen gerne zu, wenn sie von ihrer Kindheit erzählten, und diese Bewunderung begleitete mich über die Jahre. Mein Herz schlug schon immer für Stücke aus längst vergangenen Jahrzehnten, und ich träumte davon, meine Leidenschaft – wenn ich einmal Mutter würde – mit meinen eigenen Kindern zu teilen. Und wenn sich der Wunsch vom Eigenheim erfüllen sollte, dann würde ich es entsprechend gestalten: angefangen bei diversen Grundmaterialien wie etwa Holz über natürliche Farben zu minimalistischen, oft floralen Mustern. Meine Träume wurden vor wenigen Jahren wahr: Ich wurde zweifache Mädchenmama und ein Bungalow aus den 80ern auf dem Land bot Raum, um meine Vorlieben auszuleben. Kaum verwunderlich ist es, dass wir baulich tatsächlich zuerst die Kinderzimmer fertigstellten. Da wir am Anfang definitiv nicht alles Fehlende auf einmal kaufen konnten, war klar, dass DIYs ein fester Bestandteil der Spielsachen und Deko ausmachen würden. Gerade weil die Mädchen mich fast jeden Tag mit neuen Ideen überhäuften und die gemeinsame, kreative Zeit doch auch so sehr verbindet. Von saisonalen Themen zu Prinzessinnen und Rittern über Spielklassiker: Fasziniert von all ihrer Fantasie sehe ich in ihnen bis heute meine größte Inspiration und letztendlich sind sie der Grund für dieses Buch, ja für all mein Schaffen.
Nun bleibt mir zu hoffen, dass auch ihr inspiriert werdet von all den kommenden Seiten und Ideen rund ums Jahr, um mit euren Kindern ebenfalls in die vielleicht längst vergessenen Welten eintauchen zu können.

Mir ist es aber auch ein Anliegen, ein Bewusstsein zu schaffen, aus welch alltäglichen Materialien sich Wunderschönes zaubern lässt. Manches binnen weniger Minuten, anderes als Gemeinschaftsprojekt oder über mehrere Stunden. Entdeckt die vielfältige Verwendung von Toilettenpapierrollen und Eierkartons! Oder lasst aus Socken neue Freunde für eure Kinder entstehen – und das sogar ohne Nähen!
Wer hingegen sein Herz wie ich doch auch an Handarbeiten verschenkt hat, dem möchte ich mit diesem Buch von Anfängern bis zu Erfahrenen Stickmotive näherbringen, die unsere Mädchen sich so sehr gewünscht haben. Mit ein paar Tipps, so ganz aus dem Nähkästchen geplaudert.
Nicht zuletzt behandelt dieses Buch abschließend und abrundend das Binden von Kränzen. Für mich ebenso ein wichtiger Bestandteil nostalgischer Kinderzimmer, da hier auf wunderbare Weise auch Naturmaterialien ein neues Leben geschenkt bekommen und auf Dauer Freude bereiten können.
Darüber hinaus hoffe ich, dass ihr euch bei vielen Projekten an eure eigene Kindheit zurückerinnert. Vielleicht ploppt manchmal der Gedanke auf: „Das kenne ich noch von damals ... " In unserer Version ins Hier und Jetzt geholt, erwarten euch also auch echte Falt- und Bastelklassiker.

Und wisst ihr, was das Beste ist? Ihr müsst noch nicht einmal so viele unterschiedliche Materialien besorgen. Viele finden sich bei etlichen Projekten immer wieder, und für drei liegt alles bereits fertig zum Ausschneiden im Anhang, sodass ihr direkt loslegen könnt. Andere Materialien fallen immer wieder im Alltag an und bekommen so ein Upcycling: Karton-, Geschenkpapier-, Stoffreste, Zahnstocher, Milchverpackungen ...
Ich empfehle euch nur, als hochwertige Basics Folgendes parat zu haben: Schere, Cuttermesser, Kleber, ggf. Klebepistole, Garne, Wolle, Nadel, Acrylfarben und -stifte, Pinsel, Servietten, Serviettenlack und Kraftpapier.

Aber nun soll es endlich losgehen: Ich wünsche viel Freude beim Basteln, Ausprobieren und Erleben vieler Marmeladenglasmomente! Lasst auch euer Herz nostalgisch höherschlagen und euch gerne von euren Kindern leiten, ja sogar an der Hand nehmen, um zu persönlichen, ganz eigenen Resultaten zu gelangen!

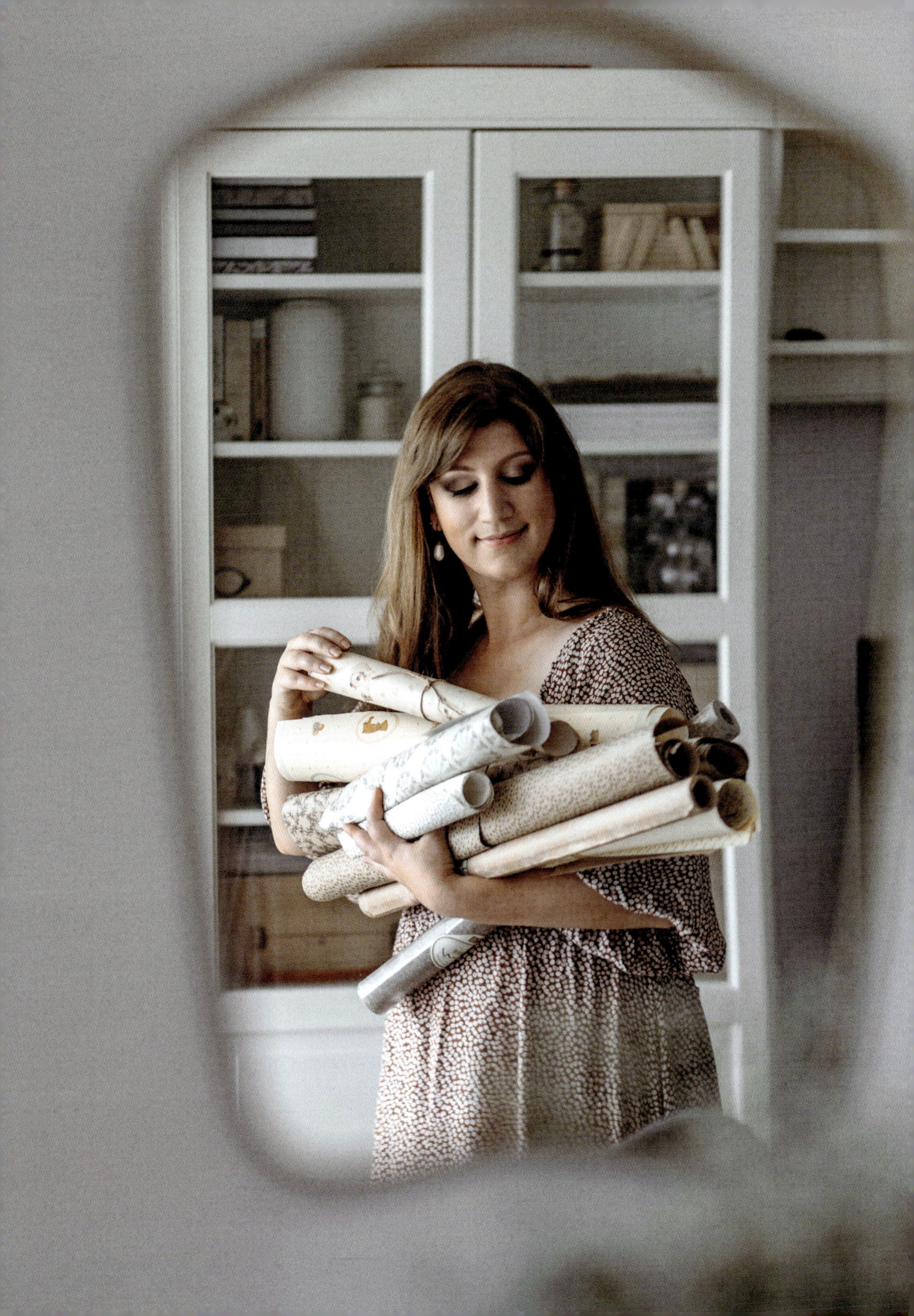

Bevor ihr startet ...

... möchte ich euch noch ein paar Worte mit auf den Weg geben, damit ihr euer persönliches Bastelziel erreicht. Denn neben meinen bereits erwähnten Lieblingsmaterialien gibt es noch ein paar Einzelheiten zu beachten.
Ihr werdet merken, dass bei vielen Anleitungen z.B. keine genauen Kartonmaße aufgeführt sind. Warum ist das so? Alle Kartons trudelten bei uns aufgrund von Bestellungen als Verpackung ein. Im Prinzip wären sie direkt entsorgt worden, hätten wir sie nicht für unsere Bastelideen weiterverwendet. Unwahrscheinlich also, dass ihr exakt die gleichen Ausgangsmaterialien habt, aber für meine Anleitungen ist das gar nicht notwendig! Vielleicht braucht ihr ganz andere Maße, weil eure Kinder eine andere Körpergröße haben. Schaut also, dass eure Schachteln nur ungefähr den Proportionen meiner Anleitungen entsprechen und sich genauso öffnen lassen, macht euch aber keinen Kopf, sollte hier ein Zentimeter fehlen oder dort zu viel sein. Zerschneidet und klebt alles zusammen, wie es euch richtig erscheint: Passt die Bastelidee den Kindern und natürlich dem Kinderzimmer an! Spaß und Fantasie stehen im Vordergrund.
Um genug Materialien zusammenzubekommen, fragt Freunde und Familie, ob sie z.B. Toilettenpapierrollen und Kartons für euch sammeln. Vielleicht ladet ihr sie auch zur gemeinsamen Bastelstunde ein?
Sollten Kartons, Rollen etc. wegen Klebebändern, Aufdrucken usw. nicht nutzbar erscheinen, überlegt euch, ob ihr vielleicht diese Stellen übermalt oder beklebt. Verleiht dem Material einfach eure persönliche Note! Genauso verhält es sich mit der farblichen Gestaltung der Projekte. Ihr mögt Glitzer oder Neonfarben? Verwendet all das, wie es euch gefällt! Schafft Kontraste, wilde Muster oder ändert die Ideen so ab, wie sie für euch am besten passen. Es gilt: Alles kann, nichts muss!

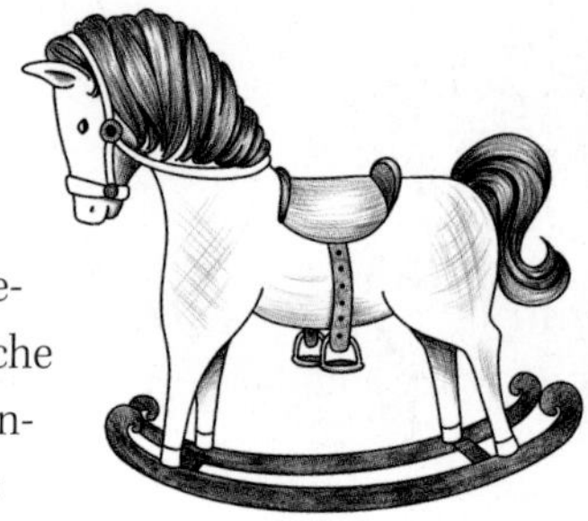

Nicht zuletzt findet ihr weitere Inspiration für gestalterische Ausführungen auf meinem Instagramkanal *@mami_tinka*

Und um euch nicht noch länger aufzuhalten, hier nur noch rasch ein paar Tipps, wo ich am liebsten Materialien einkaufe, die nicht einfach so im Haushalt anfallen oder im Wald zu finden sind:

- Servietten, Filzkugeln, Wolle, Geschenkpapiere, Blütenstempel, Acrylfarben und Jutegarn bei Søstrene Grene
- alles rund ums Sticken bei DMC oder Anchor (oder im Handarbeitsladen des Vertrauens)
- Peg-Doll-Rohlinge, Acrylstifte, Eisstiele, Borten, Spiegelfolie, Puppenaugen und Holzkoffer via Action
- Papp-Eier von Rico Design
- Butterbrottüten, Holzspieße, Tortenspitze und Zahnstocher bei dm
- Holzkisten, -knäufe und -stiele im Baumarkt

Jetzt geht es dann aber auch wirklich los hier :)
Viel Freude!

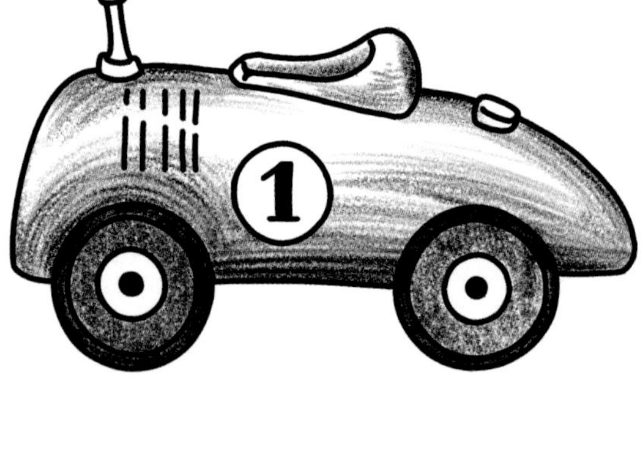

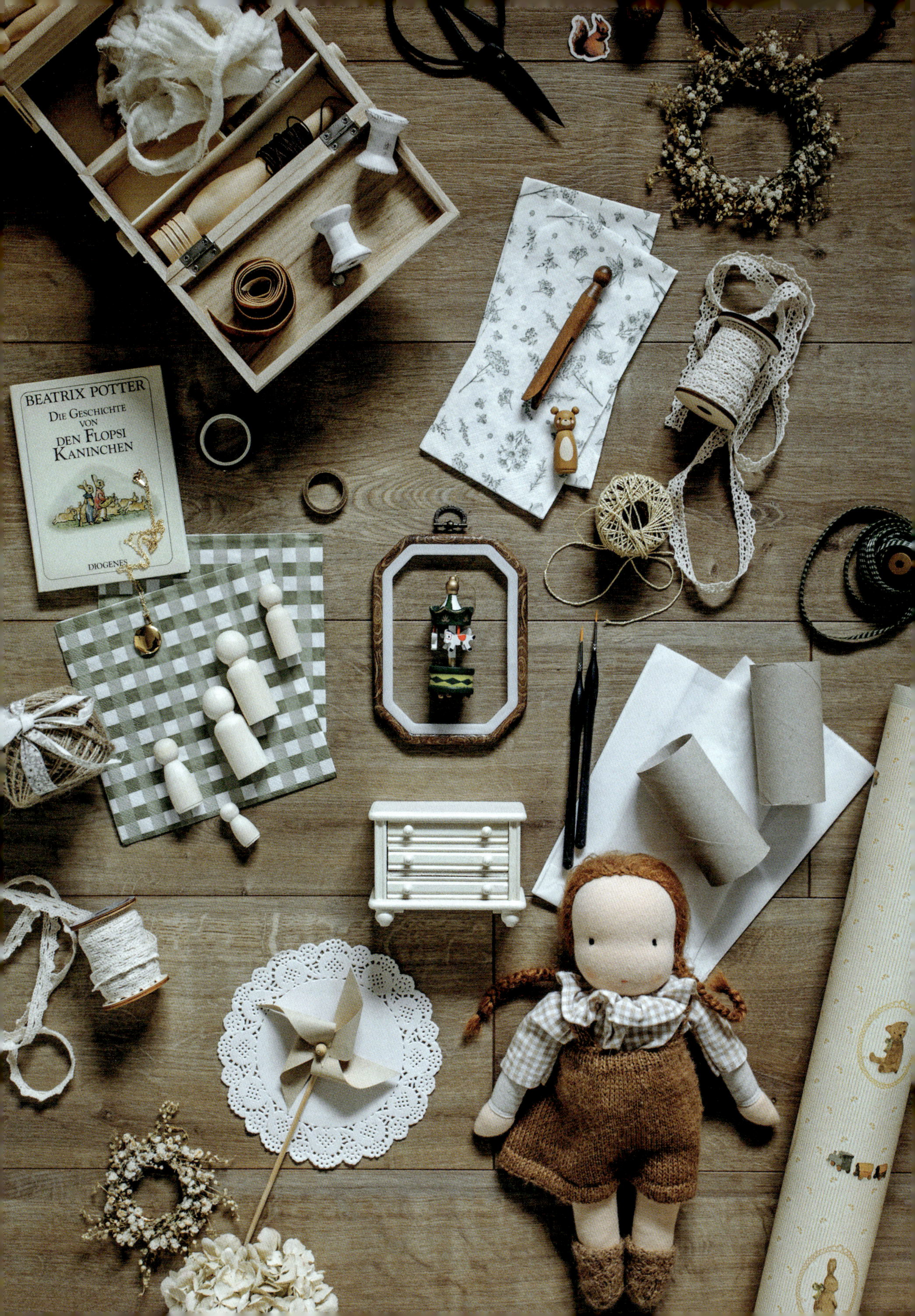
BEATRIX POTTER
DIE GESCHICHTE
VON
DEN FLOPSI
KANINCHEN
DIOGENES

Januar

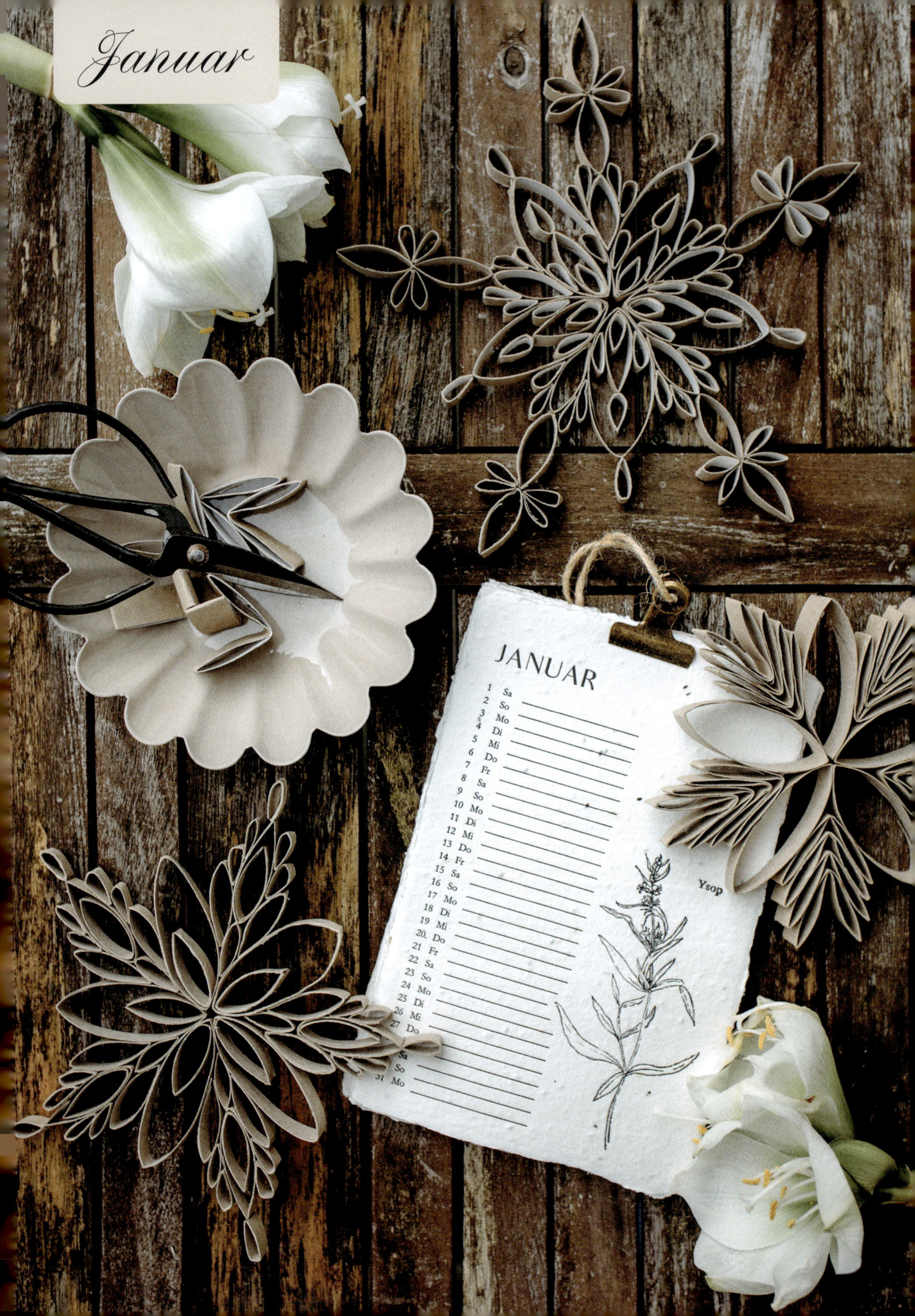
JANUAR
1 Sa
2 So
3 Mo
4 Di
5 Mi
6 Do
7 Fr
8 Sa
9 So
10 Mo
11 Di
12 Mi
13 Do
14 Fr
15 Sa
16 So
17 Mo
18 Di
19 Mi
20 Do
21 Fr
22 Sa
23 So
24 Mo
25 Di
26 Mi
27 Do
Sa
So
31 Mo
Ysop

Schneeflocken

IHR BENÖTIGT
je nach Ausgestaltung mindestens 6 Toilettenpapierrollen pro Flocke, Schere, Kleber

Wir beginnen mit der ersten Bastelei im Januar! Was könnte jetzt treffender sein als Schneeflocken? Dafür einfach Klopapierrollen in 1 cm breite Streifen schneiden. Um kleinere Elemente zu erhalten, die Streifen knicken, z.T. noch einmal oder auch mehrfach halbieren und die Enden wieder zusammenkleben. Im Prinzip gibt es kein Richtig oder Falsch. Ordnet sie nach Belieben an. Formt Rundungen oder auch harte Kanten, egal, ob symmetrisch oder nicht. Tobt euch einfach aus! Wichtig: Alles gut trocknen lassen! Gerne kann im Anschluss ein Sprühlack verwendet werden. Mit Glitzer funkeln sie ganz toll, wenn ihr sie im Fenster aufhängt.

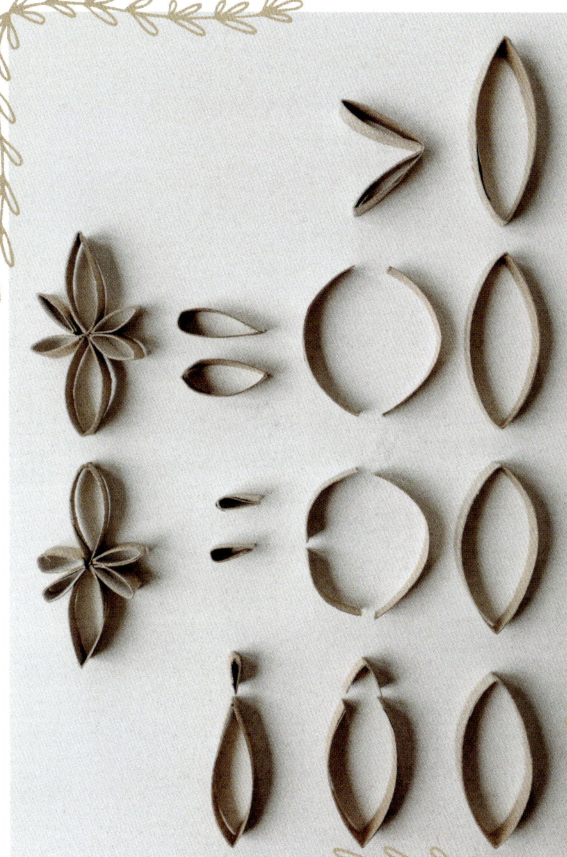

Tipp

Fädelt unterschiedlich große Flocken auf und kreiert damit eine frostige Girlande.

IHR BENÖTIGT

2 größere Kartons (z.B. 40 x 40 x 40 cm), 1 Blatt schwarzer Tonkarton DIN A4, 6 Holzspieße, reißbares Klebeband, A3-Bogen Transparentpapier, 2 Lichterketten, Stoffreste, Acrylfarbe, schwarzer Marker, Pinsel, Schere, Cuttermesser

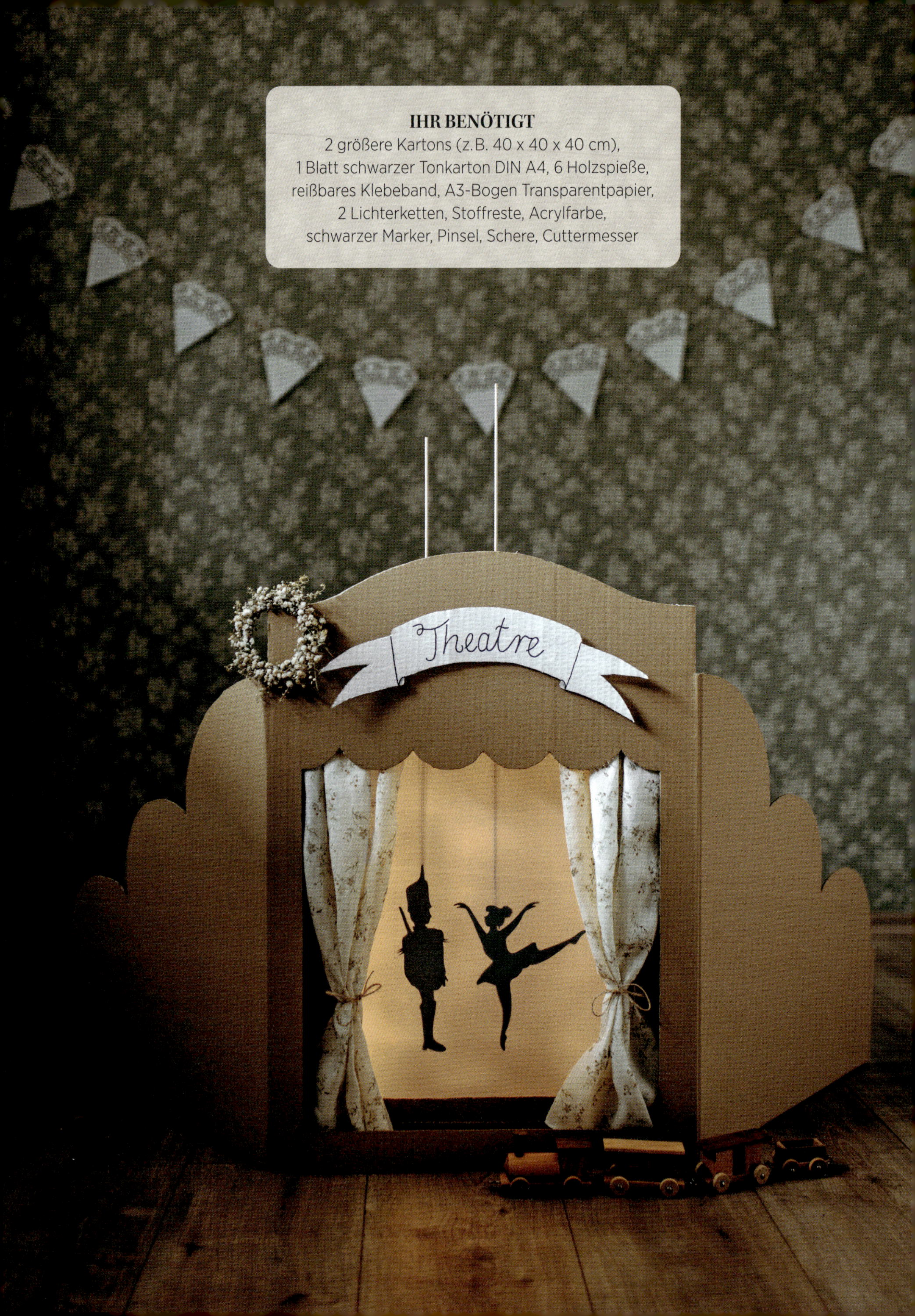

Schattentheater

Neben der Kälte gehört auch die häufige Dunkelheit zum ersten Monat des Jahres. Sie kann auch definitiv etwas Magisches haben. Mit ein paar bewusst gewählten Lichtakzenten kann sie sogar heimelig wirken … und noch viel mehr, wenn dabei eine wunderbare Geschichte gezeigt sowie erzählt wird. Deshalb lag es auf der Hand, ein Schattentheater zu bauen. Für irgendetwas mussten doch die ganzen weihnachtlichen Lichterketten noch Verwendung finden! Außerdem fiel mir immer wieder auf, dass ich doch hier und da ein paar Deko-Elemente vergessen hatte aufzuräumen. Ist euch bestimmt auch schon mal passiert, oder? Und Kartons stapelten sich noch in der Garage. Zwei eigneten sich super für den Bau des Schattentheaters.

Eine große flache Schachtel wurde dafür wie folgt aufbereitet: Frontal ein rechteckiges Fenster, etwas kleiner als A3-Maße, hineinschneiden, das mit Transparentpapier von innen wieder verschlossen wird. Um die gebastelten Figuren für die Erzählung in das Kartoninnere halten zu können, folgt ein ca. 2 cm breiter Schlitz über die gesamte Länge der oberen Kartonkante. In die Rückseite für jede Leuchte der Lichterkette mit einer Schere ein Loch piksen, sodass das Licht überwiegend im Inneren bleibt und richtig leuchten kann.
Natürlich darf ein Vorhang nicht fehlen, und im besten Fall sollte der „Puppenspieler“ maximal bei seinem Treiben versteckt werden. Dafür, wie gezeigt, einen zweiten Karton zurechtschneiden. Um schöne Bögen zu erhalten, nehmt ein Glas zuhilfe. Mit einem Cuttermesser alle Vorzeichnungen nachfahren. Achtet auf eine gute Unterlage, um nichts zu zerkratzen!

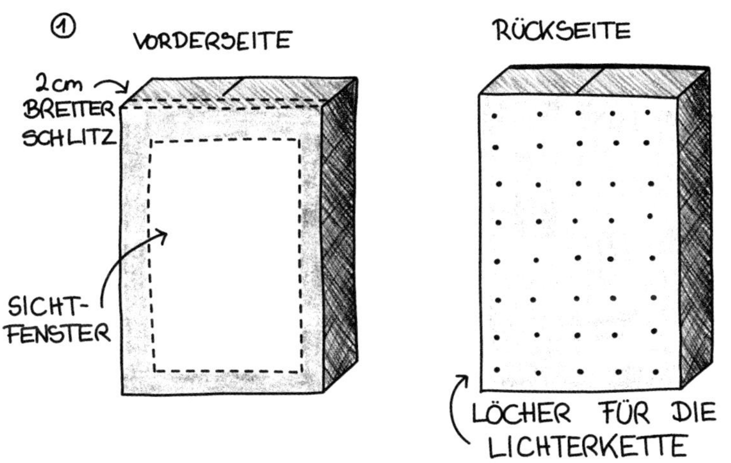

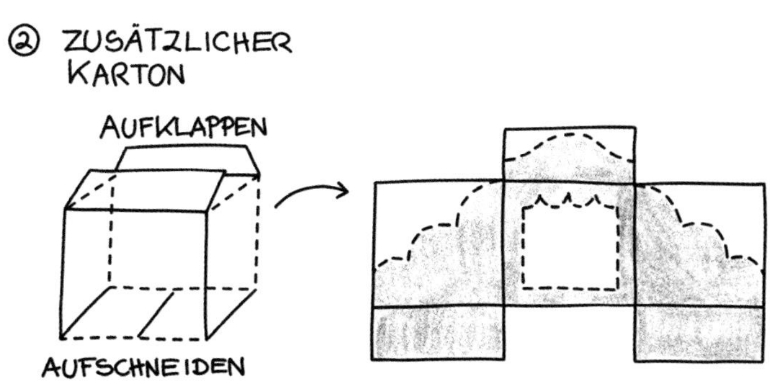

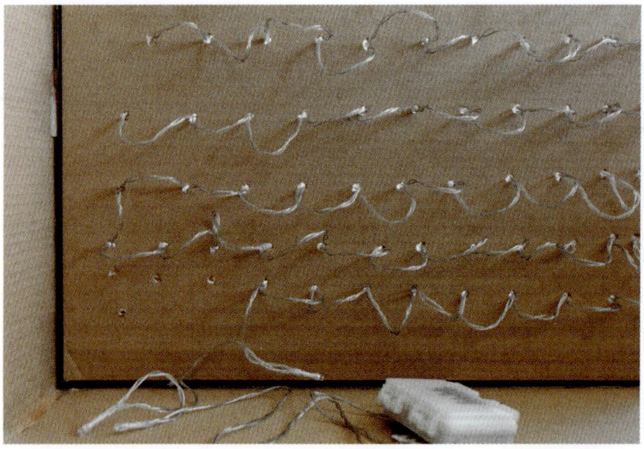

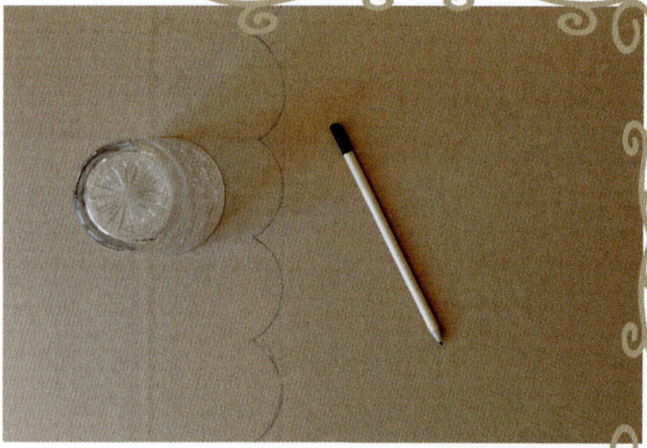

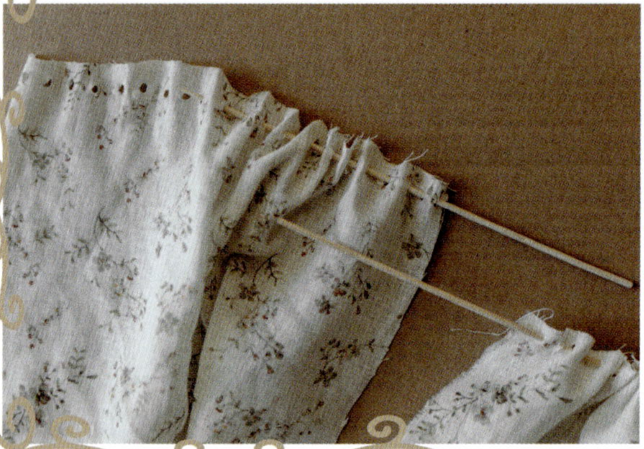

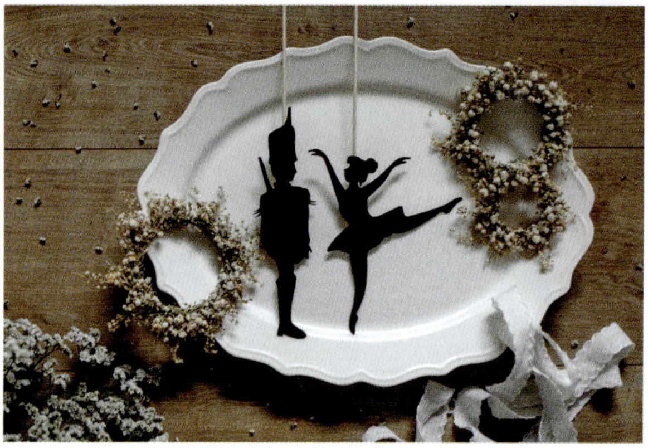

Zwei gleich große, fast quadratische Stücke Stoff auf einer Seite lochen und beide auf zwei Küchen-Holzspieße auffädeln. Diese auf die innere Seite unseres zweiten Kartonausschnittes kleben und den Vorhang mit Schleifen „zurückbinden". Zuletzt den Schriftzug mit „Theatre" aus einem Kartonschnittrest gestalten und diesen zunächst mit weißer Acrylfarbe einfärben. Mit einem Textmarker lässt sich danach sehr schön das Wort lettern. Final stellten wir den „Vorbau" vor dem leuchtenden Element des ersten Kartons auf und überlegten, welche Geschichte sich wohl am besten erzählen ließe.

Da die Mädchen Märchen lieben, entschieden wir uns für „den Zinnsoldaten und die Ballerina". Die Figuren malten wir auf schwarzen Tonkarton auf, schnitten sie aus und beklebten die Rückseite mit jeweils zwei weiteren Holzspießen. Je nach Größe eures Kartons müsst ihr ggf. schauen, ob ihr längere „Stöcke" benötigt, um ordentlich damit spielen zu können.

Kurze Zeit darauf hieß es dann auch schon: „Vorhang auf, Bühne frei!"

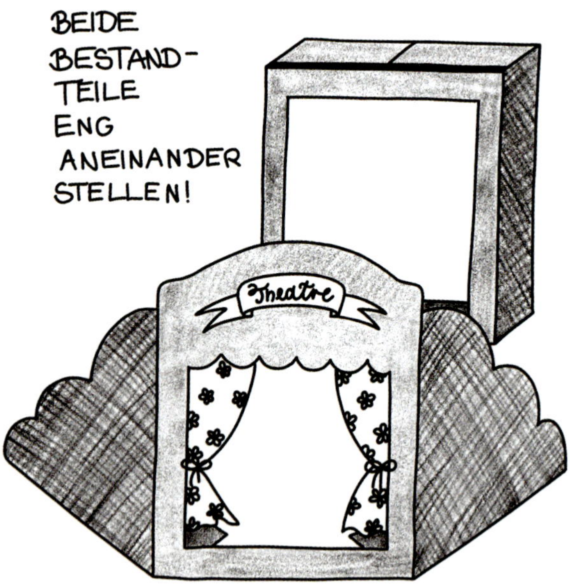

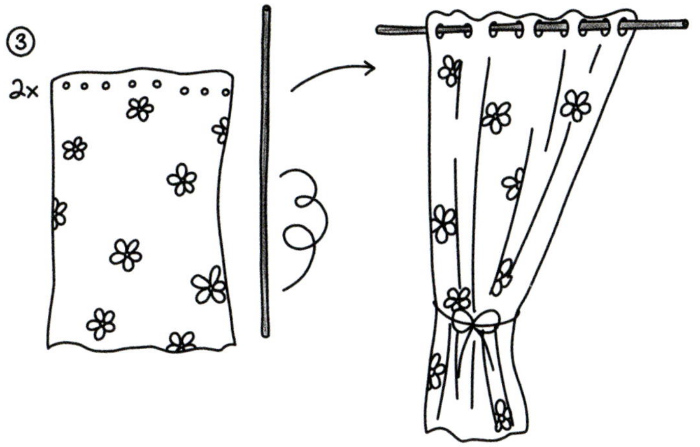

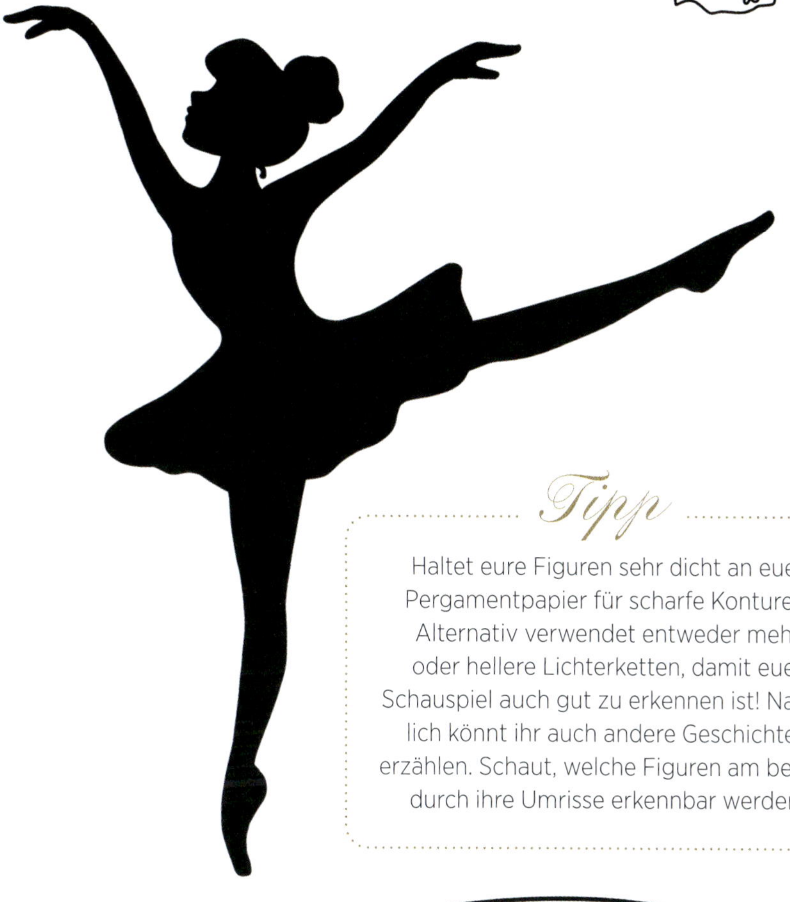

Tipp

Haltet eure Figuren sehr dicht an euer Pergamentpapier für scharfe Konturen. Alternativ verwendet entweder mehr oder hellere Lichterketten, damit euer Schauspiel auch gut zu erkennen ist! Natürlich könnt ihr auch andere Geschichten erzählen. Schaut, welche Figuren am besten durch ihre Umrisse erkennbar werden!

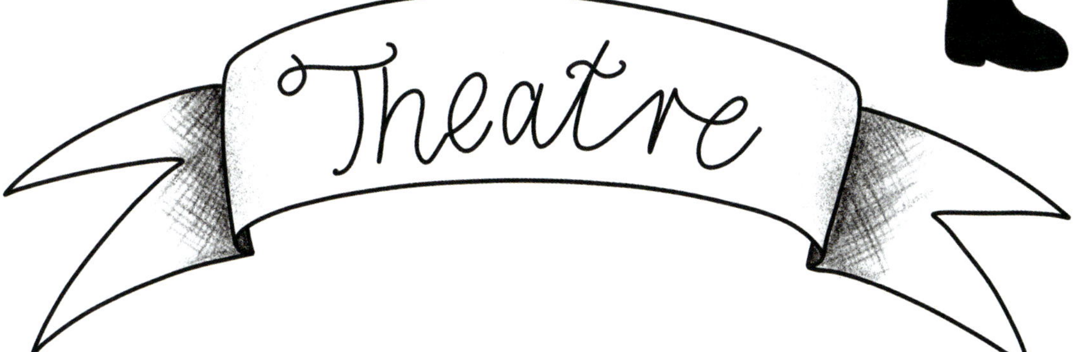

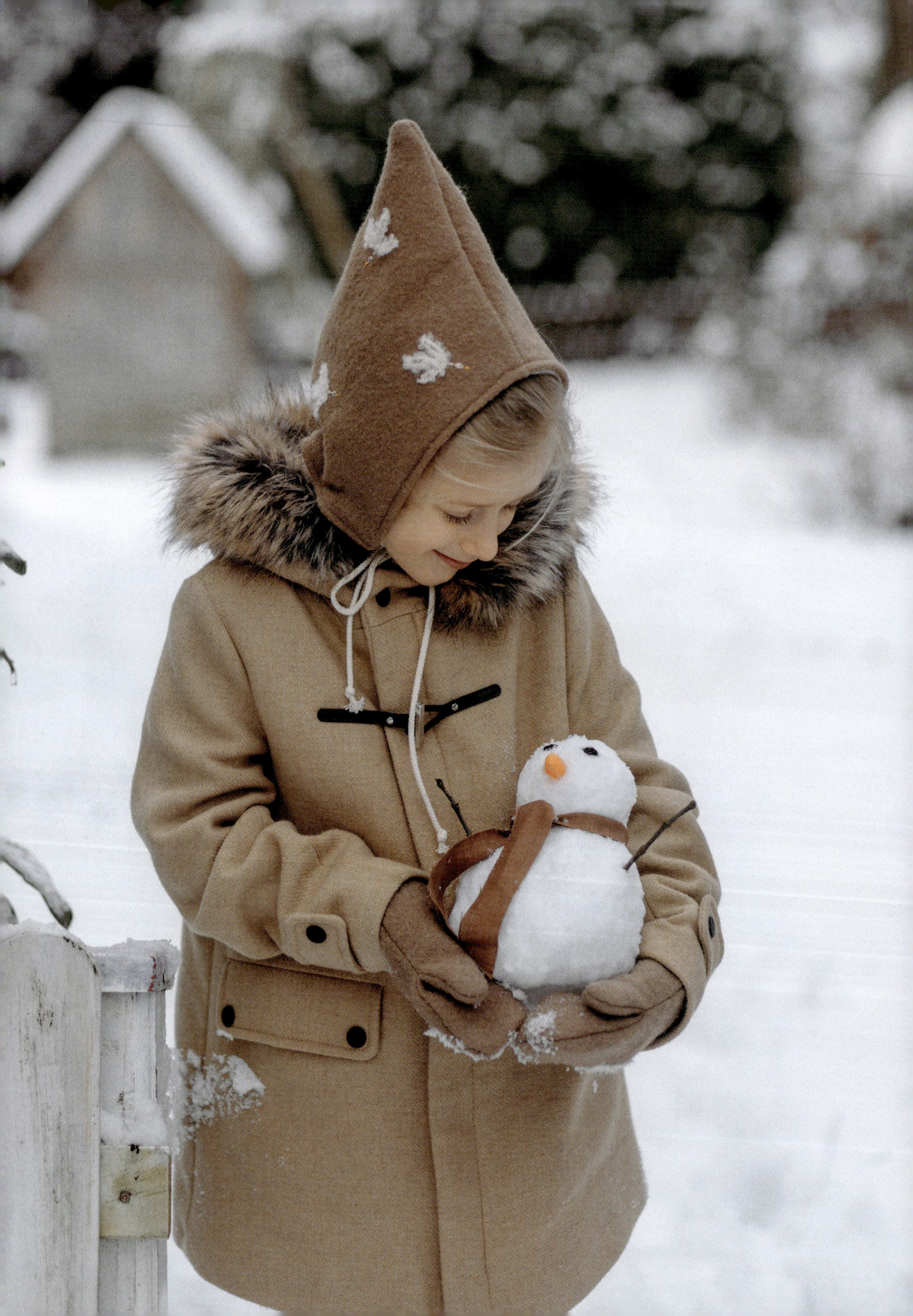

Schneemann to go

IHR BENÖTIGT
Schnee, Möhre, Stöcke, Stoffstreifen, Rosinen

Nicht jeden Winter sind wir reich beschenkt mit Schnee, und oft fiel der Satz, dass diese weiße Pracht nicht für einen „richtigen" Schneemann reichen würde. Doch damit mochten wir uns nicht länger zufriedengeben. Deshalb kam uns die Idee, lieber einen kleinen als gar keinen Schneemann zu bauen. Einfach, weil es eine echte Wintertradition ist, solch einen Freund aus zwei Schneekugeln zu erschaffen.

Mit Stoffresten, Minimöhren und Steinen oder alternativ Rosinen sind schnell zwei kleine Schneekugeln verziert, die Kinderaugen zum Strahlen bringen. So können die Kleinen schließlich auch behaupten, sie hätten einen ganzen Schneemann selbst getragen!

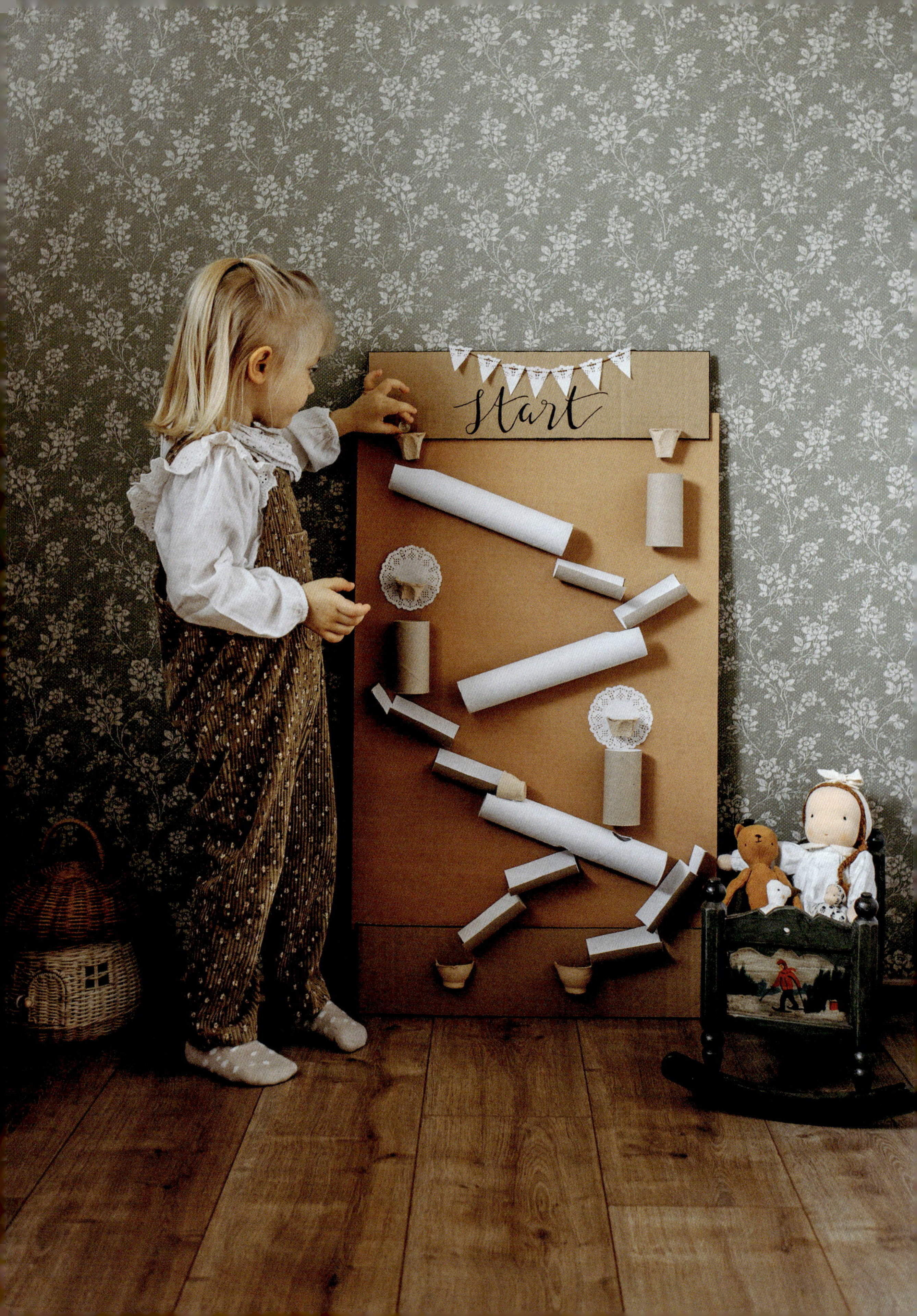
Start

Murmelbahn

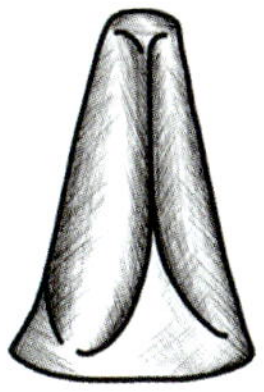

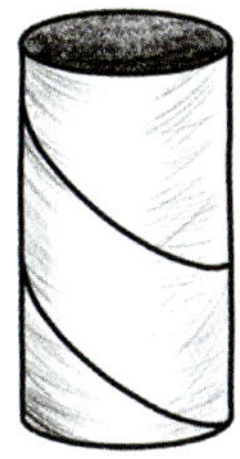

IHR BENÖTIGT
Toilettenpapier- und Küchenrollen, Eierkartonspitzen und -becher, Tortenspitze, Kleber, Schere, Pappe, 1 großer Tonkarton, Textmarker, Murmeln

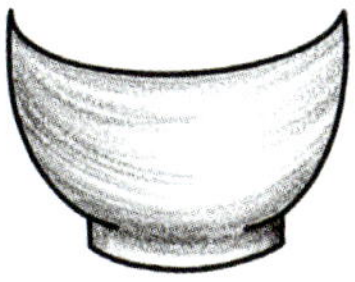

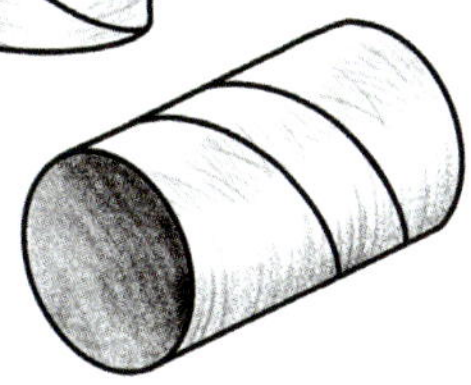

Stellt sich immer noch kein Rodelwetter ein? Vielleicht verstecken sich noch mehr größere Kartonreste bei euch? Oder es haben sich erneut leere Küchen- und Toilettenpapierrollen angesammelt? Dann seid ihr startklar für den Aufbau einer Murmelbahn und habt somit eine weitere Schlecht-Wetter-Idee. Auch hier gilt wieder: Macht, was euch gefällt! Schneidet Rollen auf die Hälfte, um die Murmeln beobachten zu können, oder nur Löcher, damit sie durch Tunnel huschen. Um aber eine funktionierende Murmelbahn zu erhalten, solltet ihr darauf achten, dass sie nicht zu steil verläuft und mögliche Windungen und Richtungswechsel gut verschlossen sind. Unterschiedliche Start- und Endpunkte aus Eierkartonspitzen oder -enden sind ebenso denkbar.

Zur Stabilisierung am besten die unteren Enden eures Pappkarton-Untergrundes verstärken oder direkt Stützen bauen. An einer Wand oder einen Schrank angelehnt dürfte es auch funktionieren! In diesem Fall kann der Weg bereits das Ziel sein, denn allein die Konstruktion zu durchdenken ist spaßig für Groß und Klein.

Wie ihr die kleine Wimpelkette zur Zierde nachbasteln könnt, erfahrt ihr auf Seite 34.

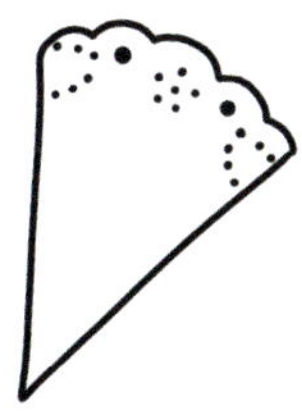

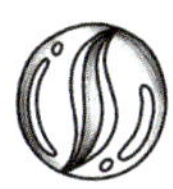

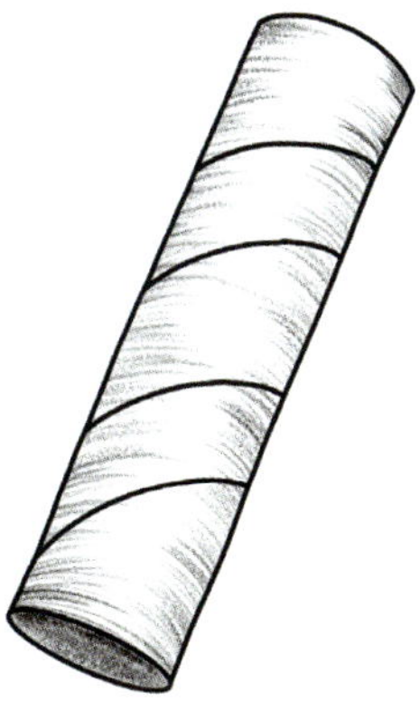

Tipp

Generell gut haftenden Kleber auftragen, damit die Freude an der Bahn lange anhält. Trichter, Becher, Schläuche, Flaschen oder Ähnliches sind ebenso denkbar. Vielleicht gibt es noch andere Haushaltsutensilien, die sich mit einbauen lassen. Also Augen auf!

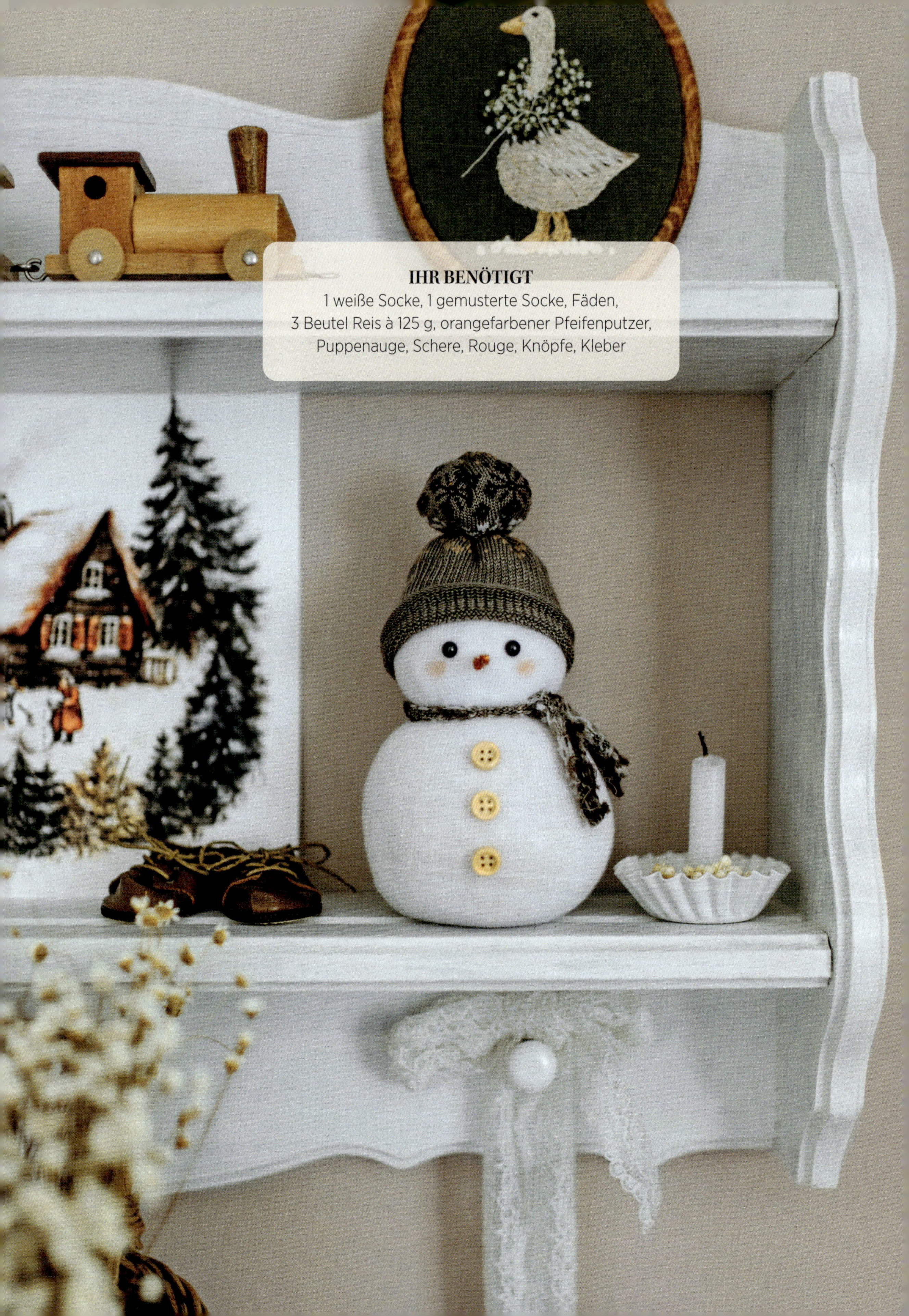

IHR BENÖTIGT

1 weiße Socke, 1 gemusterte Socke, Fäden,
3 Beutel Reis à 125 g, orangefarbener Pfeifenputzer,
Puppenauge, Schere, Rouge, Knöpfe, Kleber

Sockenschneemann

Sollte wirklich gar kein Schnee fallen, oder ihr möchtet mit eurem Schneemann etwas kuscheln, so könnt ihr aus Socken ebenfalls einen zaubern – und das ganz ohne Nähen! Vielleicht auch ein Weg ungeliebte Weihnachts-Sockengeschenke sinnvoll zu verwenden.

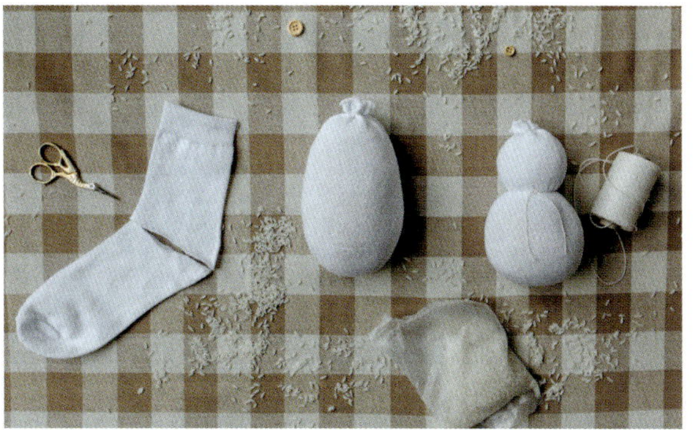

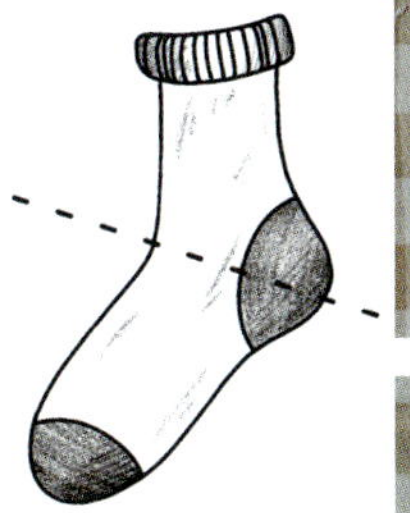

Ihr nehmt eine weiße Socke, schneidet quer durch die Ferse und nehmt den Zehenteil. Diesen füllt ihr mit dem Inhalt von 3 x 125-g-Reistüten und verknotet das offene Ende. Bitte die Fäden ganz eng am Knoten abschneiden. Überstehende Stoffreste ebenfalls kürzen. Den Körper mit der Hand in zwei Kugeln unterteilen und wieder mit einem Faden und Knoten fixieren. Danach greift ihr zu einer zweiten andersfarbigen Socke und schneidet sie auf Knöchelhöhe ab. Nun nehmt ihr den oberen Teil mit Gummizug. Dreht ihn auf links und verknotet das Schnittende. Wieder den Faden eng kürzen. Im Anschluss auf rechts zurückdrehen und über den Kopf des Schneemanns stülpen. Den überstehenden Teil der „Mütze" mit einem Faden zu einer Bommel knoten. Dabei den inneren Knoten der weißen Socke in der Bommel verschwinden lassen. Gegebenenfalls mit Klebstoff eine schönere Optik formen. Reste der zweiten Socke können als Streifen geschnitten zum Schal umfunktioniert werden. Zum Schluss Augen und Nase aus Pfeifenputzer und Knöpfe aufkleben. Wer mag, darf dem Kerlchen auch Bäckchen mit Rouge zaubern und ihm richtig Leben einhauchen.

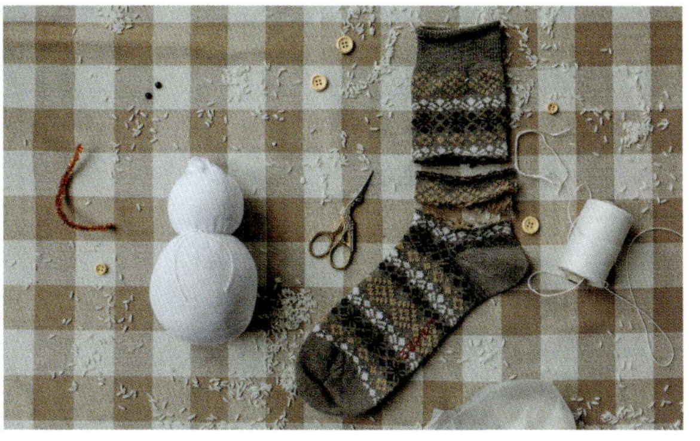

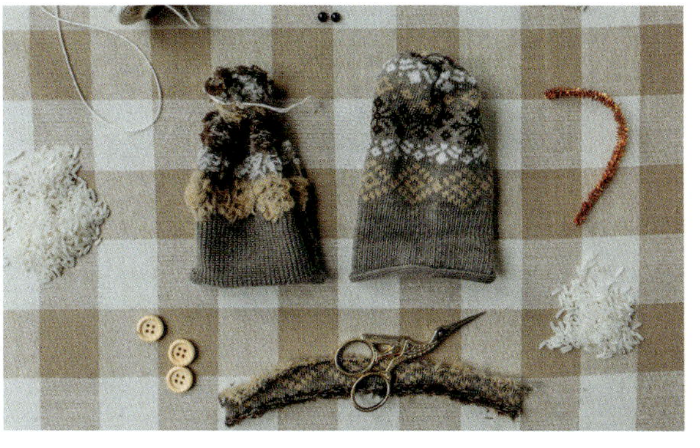

Nicht nur hübsch anzusehen, sondern vielleicht auch eine Idee für eine Buchstütze oder einen Briefbeschwerer.

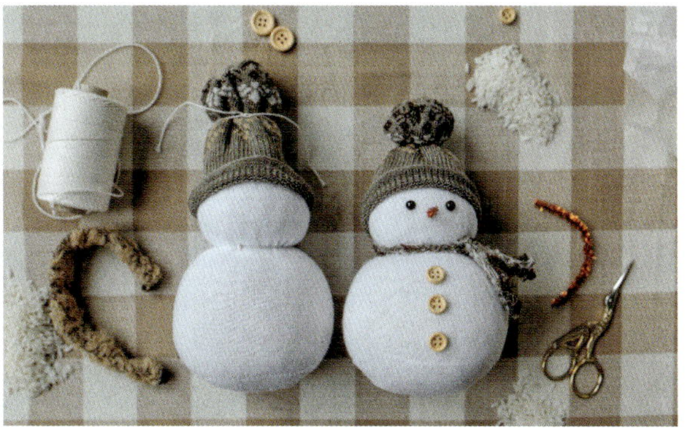

Tipp

Sollte die zweite Socke aus Strick oder mit typischen winterlichen Mustern sein, wirkt es noch nostalgischer.

Februar

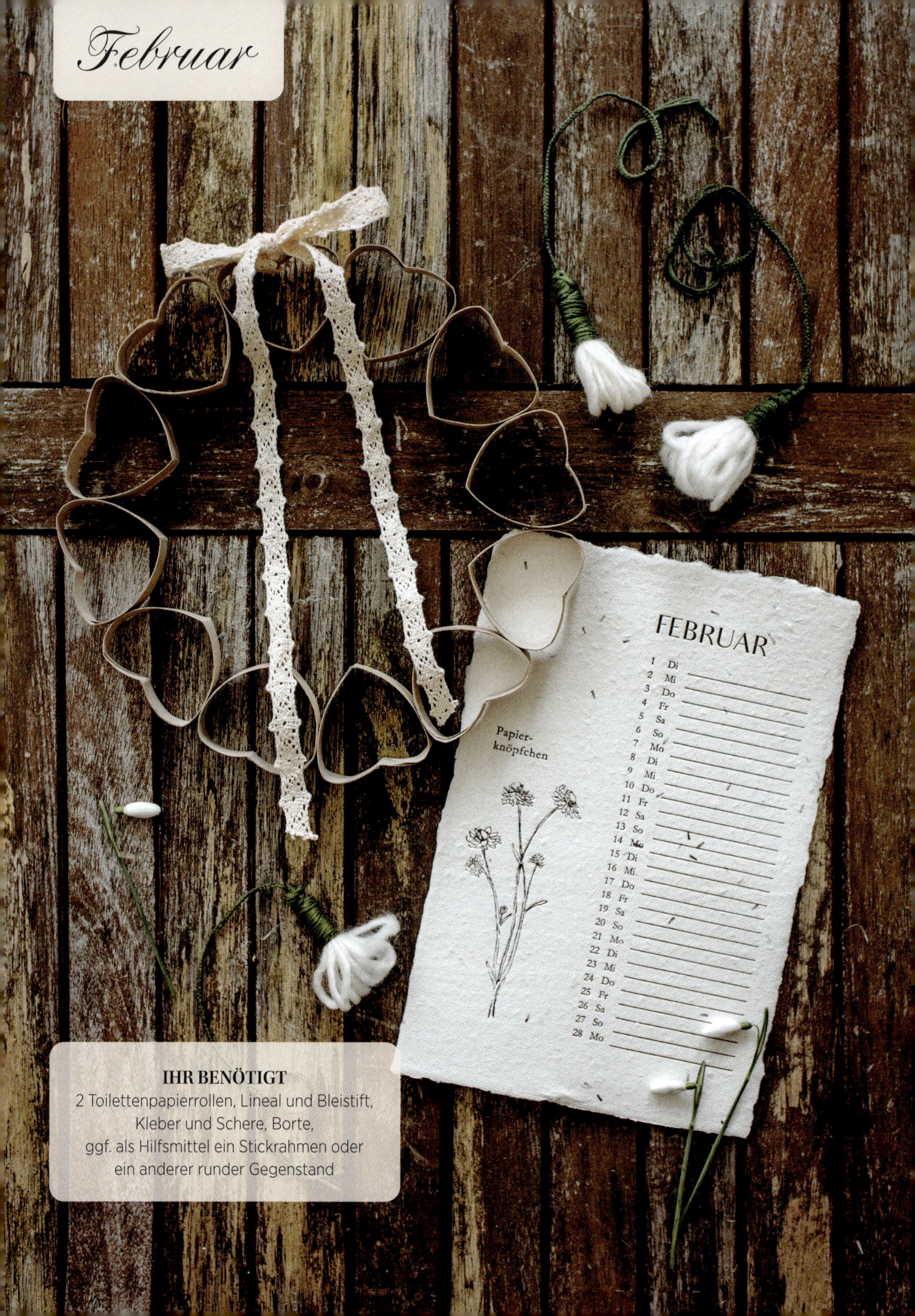

IHR BENÖTIGT

2 Toilettenpapierrollen, Lineal und Bleistift, Kleber und Schere, Borte, ggf. als Hilfsmittel ein Stickrahmen oder ein anderer runder Gegenstand

Rollenherzkranz

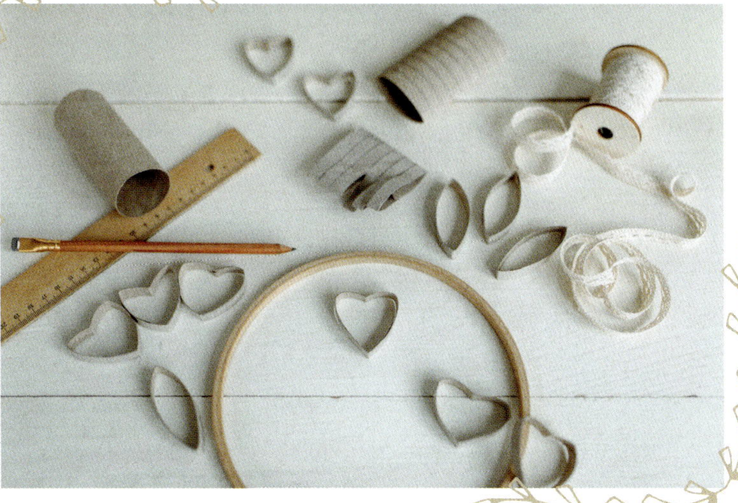

Und schon sind wir im Februar angekommen. Der Valentinstag steht vor der Tür – last minute noch nach einer Geschenkidee unterwegs? Zufällig zwei Klopapierrollen zur Hand? Dann wäre doch dieser herzige Kranz eine wundervolle Idee.

1. Zunächst müssen die Rollen platt geknickt werden, um mit dem Lineal im 1-cm-Abstand Linien zu zeichnen. Anhand dieser Markierungen werden die Streifen für die Herzen ausgeschnitten. Pro Rolle sollten ca. neun Streifen entstehen. Der gezeigte Kranz besteht aus zwölf Herzen.

2. Nun jeden Streifen zu einem Herz knicken. Dafür die Streifen gerade vor sich halten und den oberen Knick nach Innen zum unteren Knick drücken (siehe Abbildung).

3. Zwölf Herzen auf den Holzring oder aufgezeichneten Kreis anordnen und miteinander verkleben. Zum Schluss mit einer Borte eine Schleife oder eine Aufhängung anbringen.

Schon ist der Kranz bereit zum Verschenken oder zum Dekorieren der eigenen Wohnung.

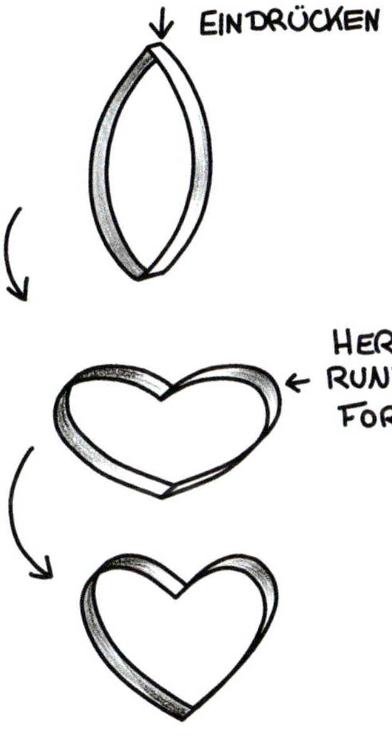

Tipp

Variationen gefällig? Dann könnten die Kinder die Rollen erst farblich gestalten (bemalen, besprühen, besprenkeln ...), bevor daraus die Streifen geschnitten werden.

IHR BENÖTIGT

Krone: 1 Toilettenpapierrolle, Schere, Gummiband, Locher oder Stanzer, selbstklebende Strasssteine, goldene Wasserfarbe, Pinsel

Schatzkiste: 1 Eierkarton für 6 Eier, goldene Wasserfarbe, Textmarker, Acrylfarbe, Pinsel

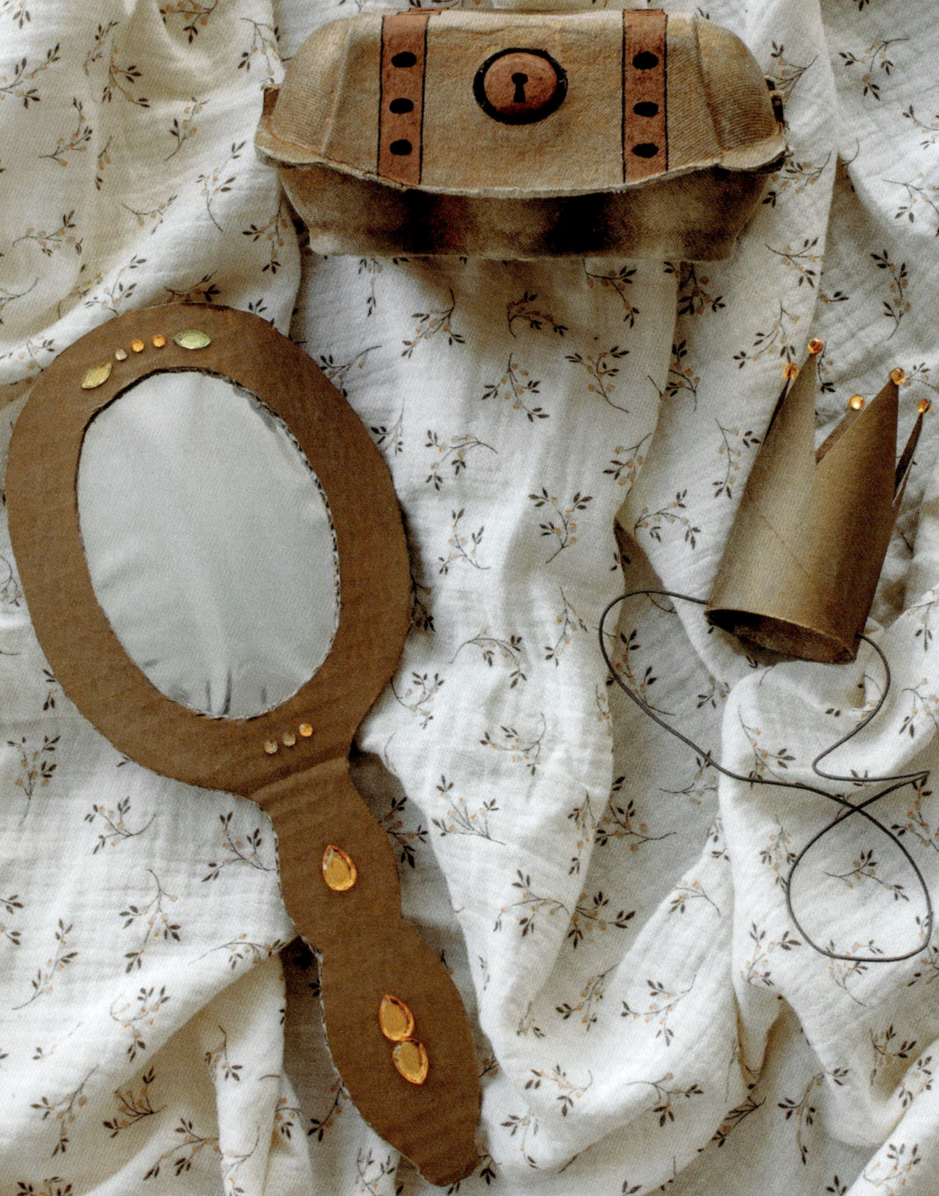

Prinzessinnen-Accessoires

Zum Februar gehört auch der Karneval, aber man kann sich ja auch zu anderen Gelegenheiten verkleiden. Das fördert das Einfühlungsvermögen und beflügelt die Fantasie. In andere Rollen zu schlüpfen war auch für mich ein fester Bestandteil meiner Kindheit, sodass mittlerweile für die Mädchen ein ganzer Verkleidungskoffer bereitsteht. Nicht immer müssen es aber gekaufte Kleidungsstücke sein. Aus Alltagsgegenständen lassen sich schnell fehlende Accessoires zaubern, die nicht nur getragen und bespielt, sondern auch z.B. als Deko bei Mottofeiern zu gebrauchen sind.

Vergangenen Februar sollte sich alles um Prinzessinnen drehen, sodass wir aus einer Toilettenpapierrolle mit folgenden Schritten die fehlende **Krone** gebastelt haben: Zunächst schnitten wir kleine Dreiecke aus dem oberen Teil der Rolle heraus, bemalten sie von innen und außen mit goldener Wasserfarbe und klebten Strasssteine an die Spitzen. Um sie tragen zu können, stachen wir durch den unteren Teil zwei Löcher, schoben ein Gummiband hindurch und verknoteten es.

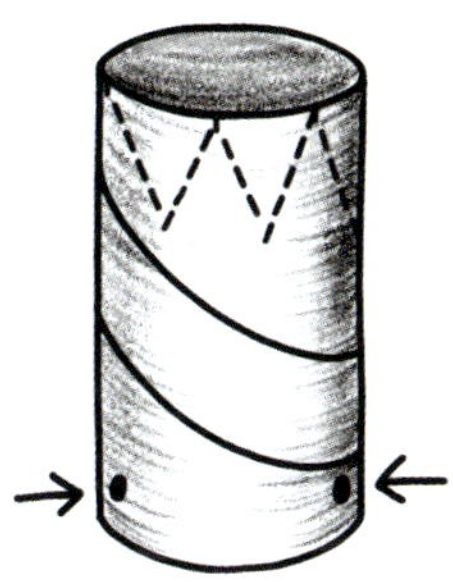

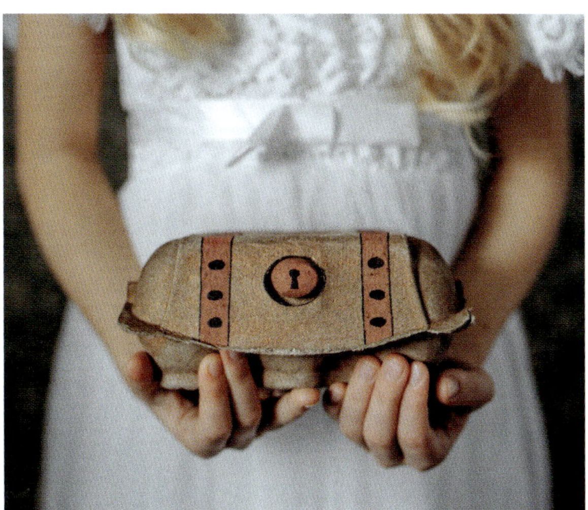

Eine Prinzessin besitzt aber auch Juwelen und weitere prächtige Schätze! Deshalb funktionierten wir einen Eierkarton zur **Schatzkiste** um. Wieder wurde zur goldenen Wasserfarbe gegriffen und im Innenteil die Beschriftung mit Acrylfarbe abgedeckt. Um sie noch realistischer erscheinen zu lassen, malten wir noch ein Schlüsselloch auf und die charakteristischen Schnallen. Schon konnte sie befüllt und ins Geheimversteck gebracht werden!

F.: „Mama, woher weiß eine Prinzessin denn, ob ihre Krone gerade sitzt?“
E.: „Natürlich braucht sie dafür einen Spiegel! Mama, können wir nicht einen basteln?“

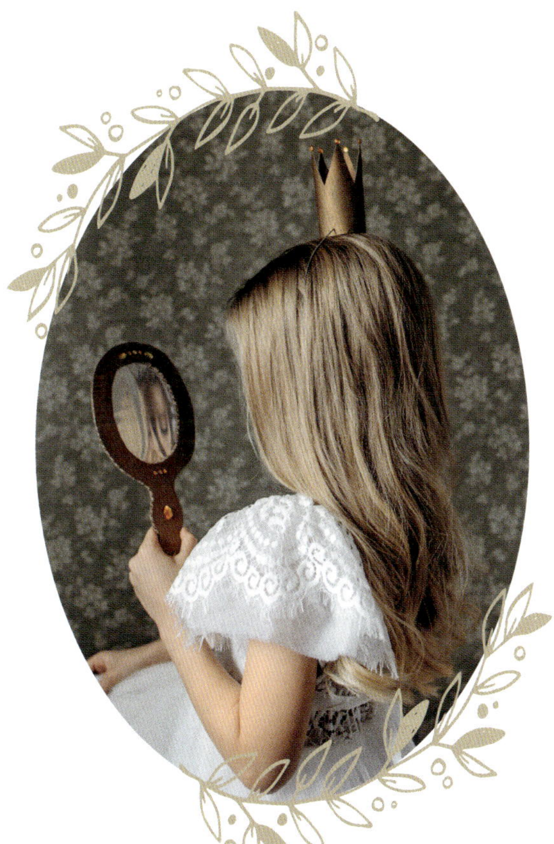

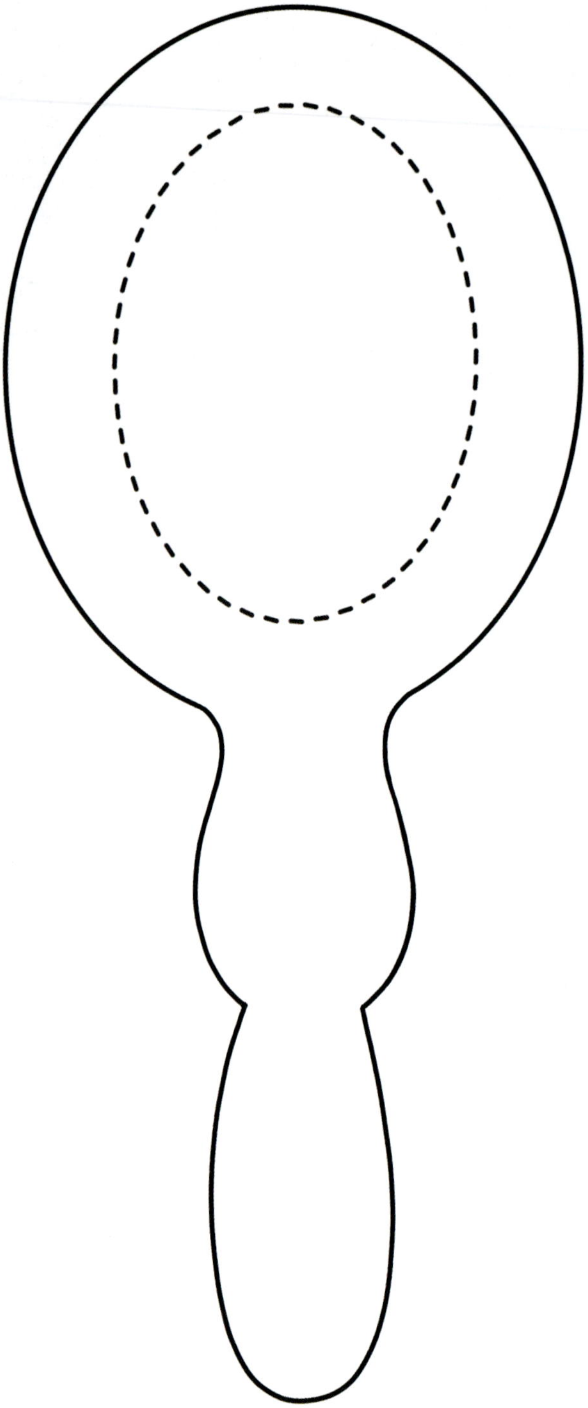

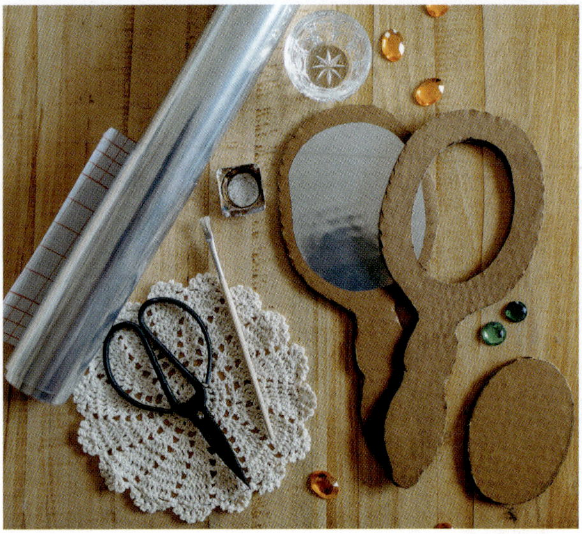

Für den **Handspiegel** (siehe Vorlage) wurde die Form zweimal auf Pappe aufgezeichnet und ausgeschnitten. Wieder kam die goldene Wasserfarbe zum Einsatz. Bei einem der beiden Handspiegel-Elemente musste danach ein Oval mittig ausgeschnitten werden. Der vollständige Teil wurde oberhalb des Griffes mit einer Spiegelfolie beklebt. Danach wurden beide Teilelemente zusammengeklebt und zum Schluss mit Strasssteinen der Griff wie auch der Spiegelrahmen aufgehübscht.

Kurz danach ernannten die Mädchen das Kinderzimmer zum Prinzessinnenreich. Doch es sollte vom restlichen Haus abgegrenzt werden. Womit? Am besten mit einem **Türbogen**. Wieder griffen wir zu großen Pappresten, malten Zinnen und eine Öffnung zum Hindurchschlüpfen auf und schnitten alles aus. Akzente setzten wir mit einem weißen Textmarker. Hier ein Ziegel, dort eine schöne Struktur um die Fenster. Mit Kreppband wurde unser Türbogen letztendlich im Türrahmen befestigt.

Tipp

Hebt den ausgeschnittenen Teil des Durchganges auf. Ihr könnt ihn als Tor umfunktionieren und mit einer Fadenkonstruktion dann auch hochziehen!

IHR BENÖTIGT

Handspiegel: Pappe, Spiegelfolie, Schere oder Cuttermesser, Kleber, selbstklebende Strasssteine

Türbogen: Pappe (ca. 90 x 140 cm), Cuttermesser, weißer Textmarker

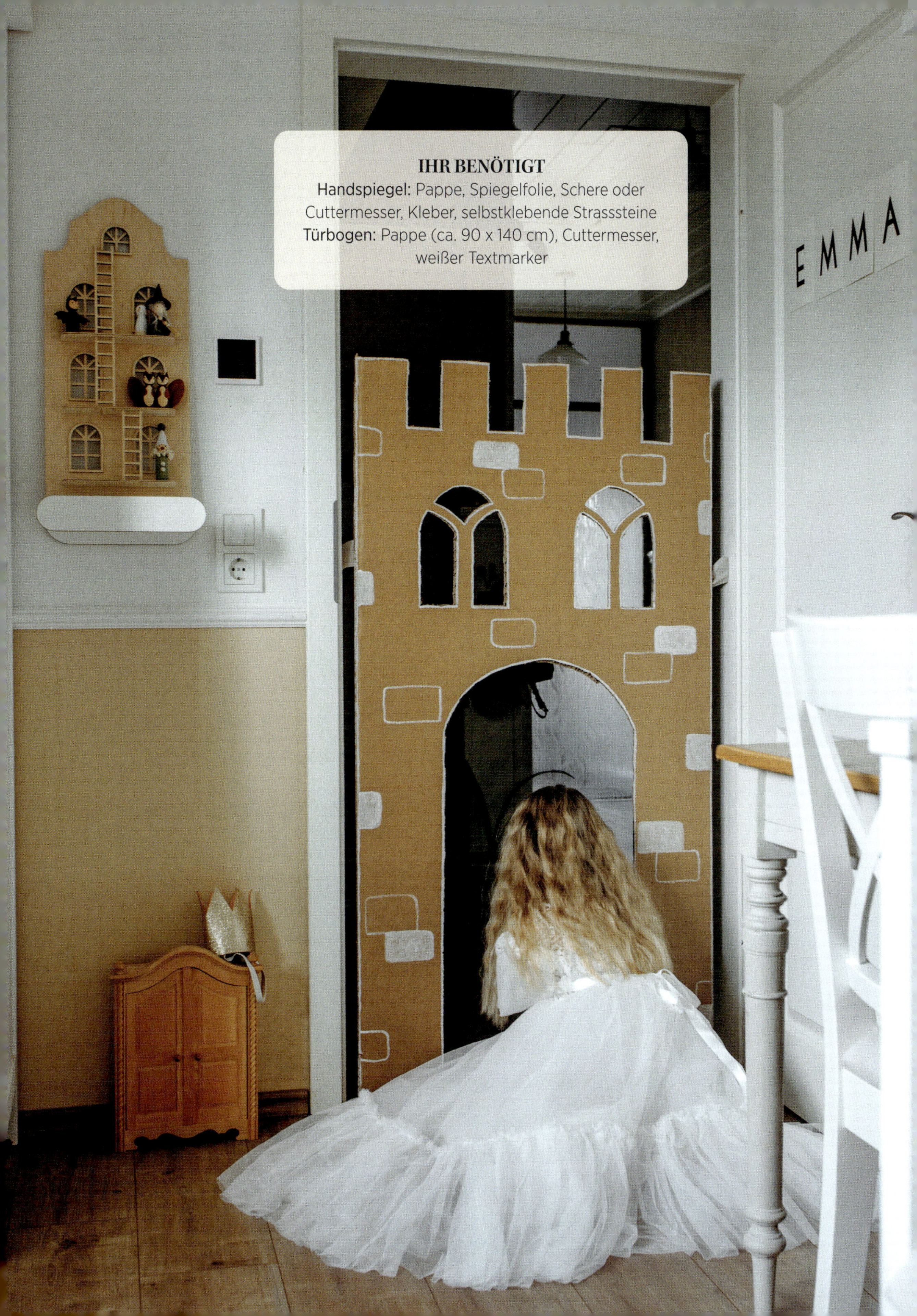

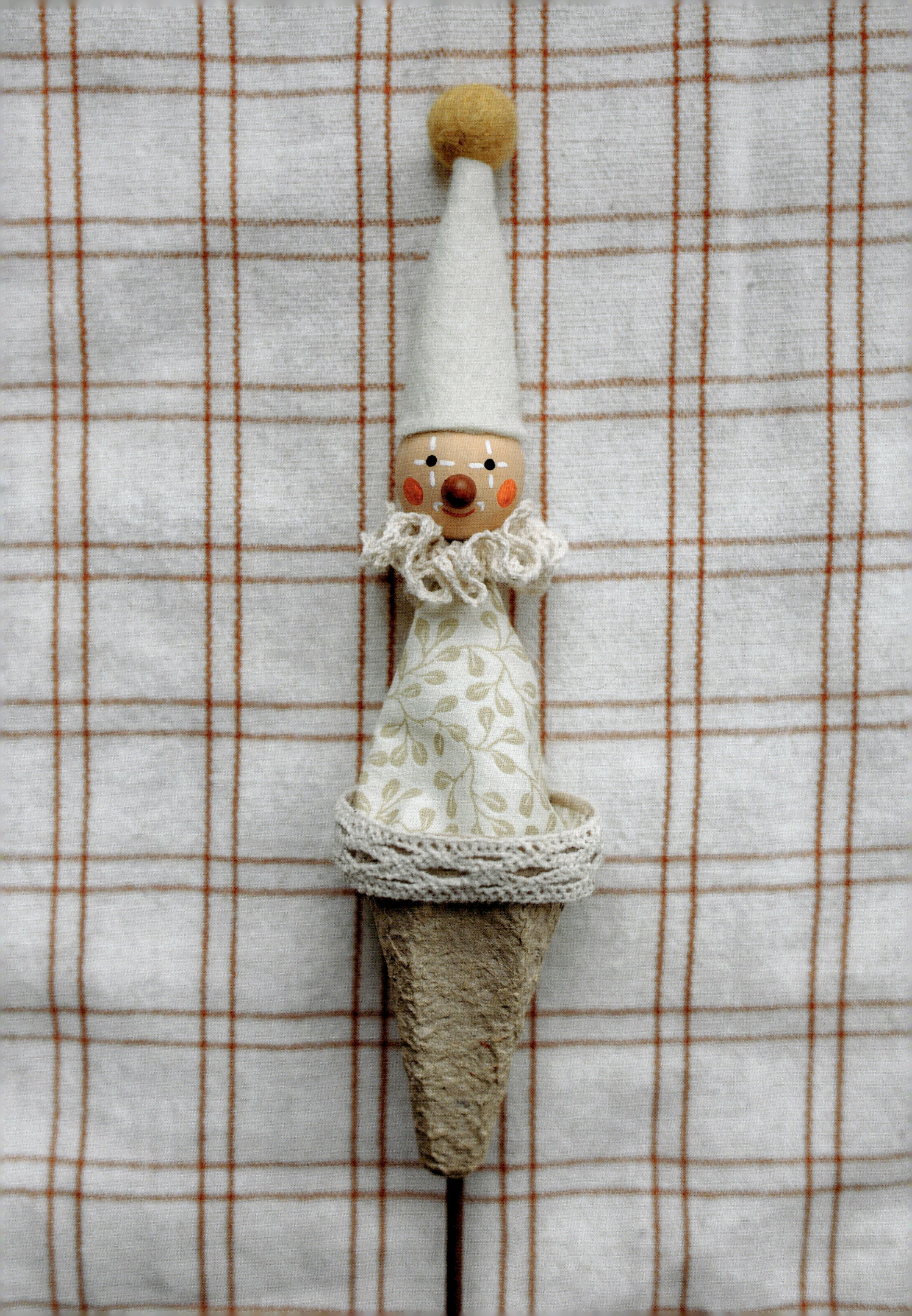

Clown-Tütenpuppe

IHR BENÖTIGT
Holzperle (2,5 cm Durchmesser), Holzspieß, Eierkartonspitze, Filz, Filzkugel, Stoffreste, Kleber, Schere, Borte, Faden, Puppenauge, Acrylfarbe, Pinsel

Tütenpuppen gibt es nicht nur mit einem Kasperle im Handpuppentheater. Auch im Kinderzimmer können schnell welche mit einfachsten Materialien entstehen. Und gerade im Februar zur Karnevalszeit sind Clowns sehr gefragt.

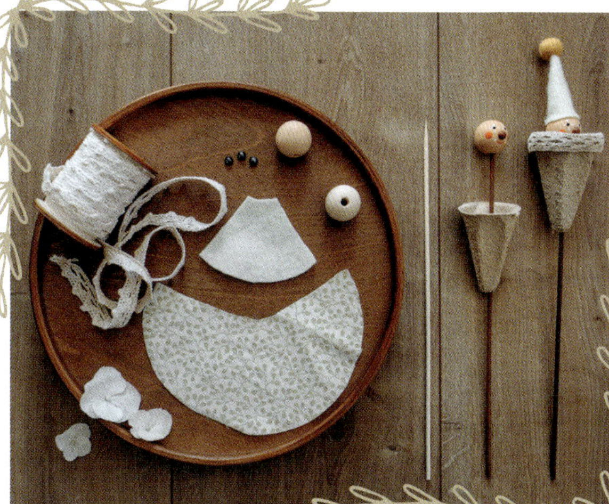

Zuerst eine Eierkartonspitze ausschneiden und den Holzspieß auf die gewünschte Länge kürzen. Einer Holzperle ein Gesicht aufmalen und einen Faltenkragen aus einer Spitzenborte wie gezeigt raffen. Für die Clownsnase ein Puppenauge rot bepinseln und gut aufkleben. Aus Filz lässt sich ein Spitzhut basteln und mit einer aufgeklebten Filzkugel abrunden. Aus Stoffresten die Kleidung ausschneiden (beide Vorlagen im Anhang auf Seite 168), den Kopf auf den Spieß kleben. Wenn alles gut getrocknet ist, den Stoff an den inneren Rand der Eierkartonspitze und an den Spieß direkt unterhalb der Kugel befestigen. Zuletzt den Filzhut mit Kleber und den Faltenkragen durch Festknoten anbringen. Mit einer Borte kann der Kartonteil wunderbar verziert werden.

Übrigens auch eine hübsche Idee zum Verschenken, mit anderen Figuren im Inneren oder auch in Form einer Einladung denkbar.

Tipp

Bevor ihr alles miteinander verklebt, prüft, ob der Kopf komplett in der Eierkartonspitze verschwinden kann. Wählt ggf. sonst eine kleinere Holzkugel, damit das Hüpfen wirklich funktionieren kann.

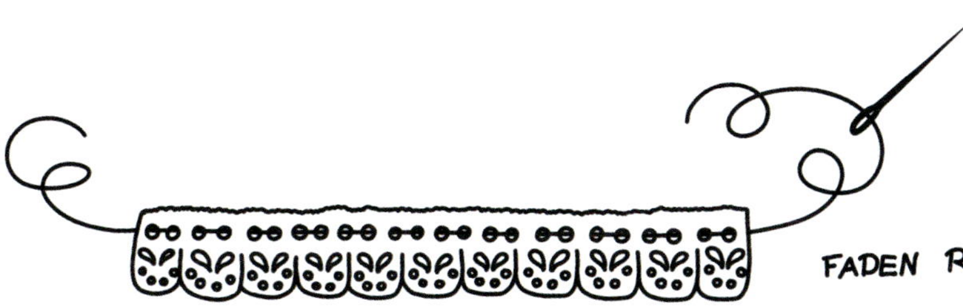

FADEN RAFFEN!

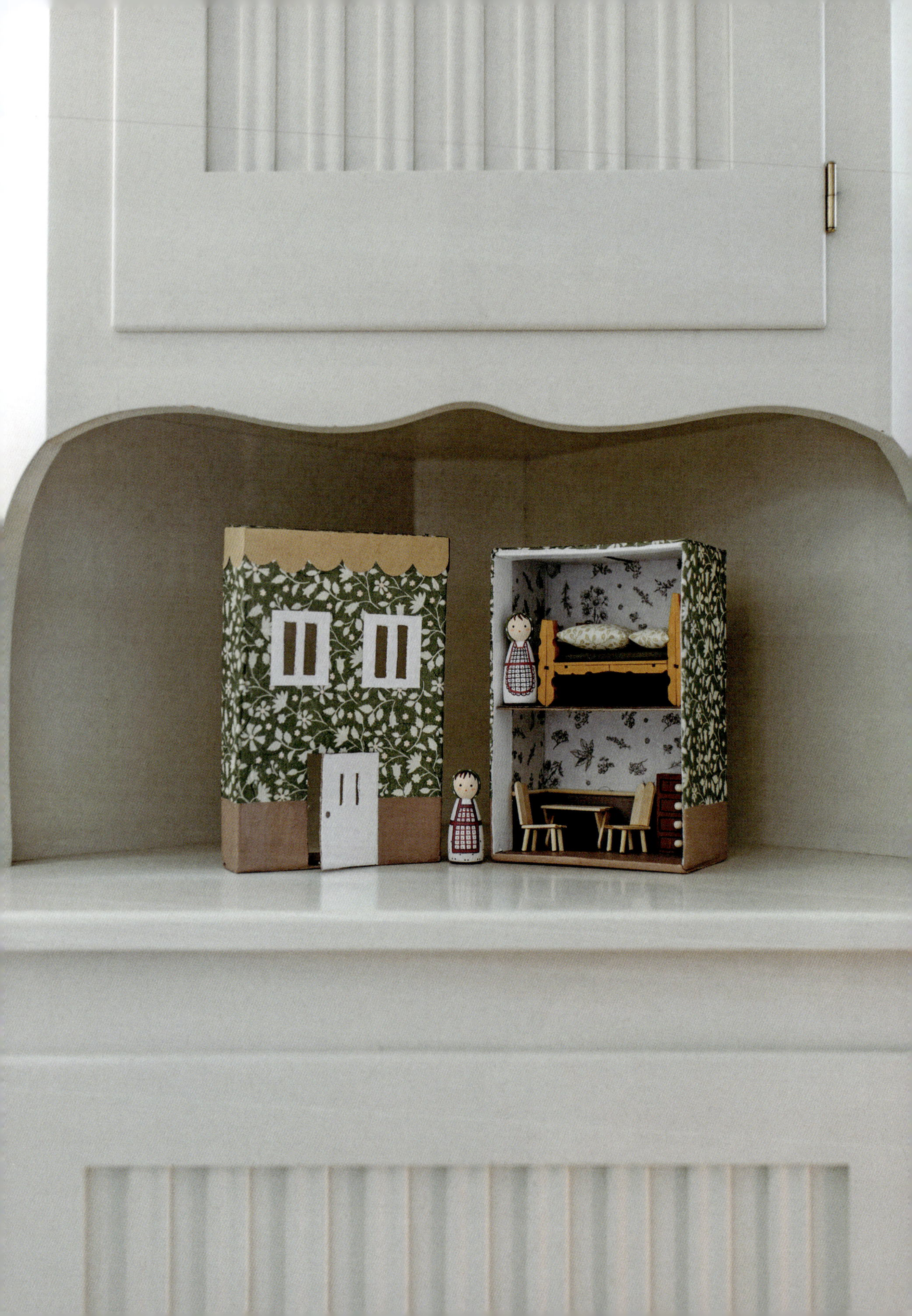

Puppenhaus im Schuhkarton

IHR BENÖTIGT
Schuhkarton, Schwamm, Cuttermesser, Schere, Heißkleber, Servietten, Serviettenlack, Acrylfarben, Pinsel, Pappe, Holzspieß, Washitape

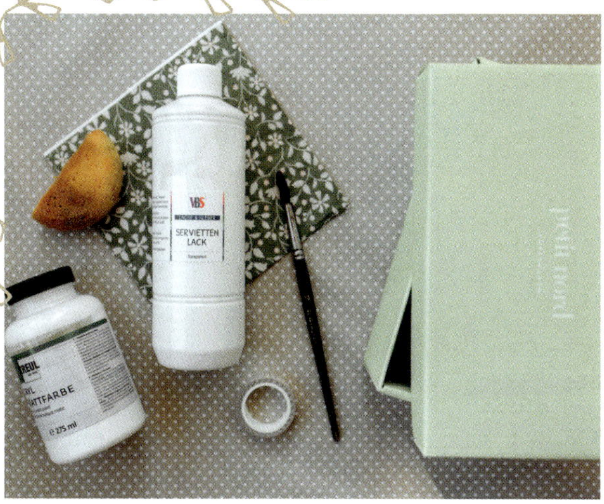

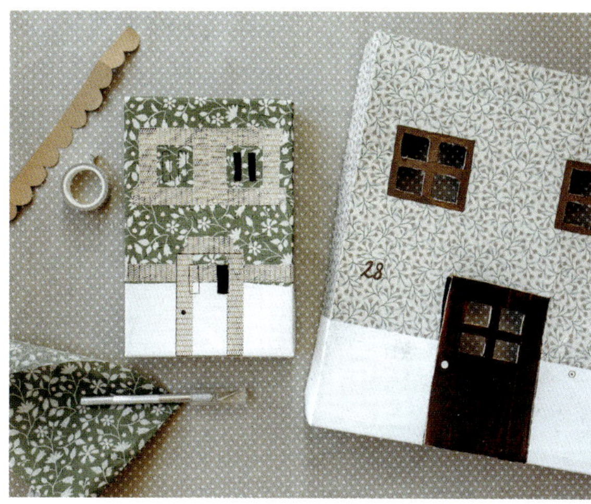

Wenn ihr neue Schuhe ausgepackt habt, hebt am besten den Karton auf. Wofür? Daraus lässt sich wunderbar ein Haus basteln. Darauf brachte mich unsere Mini: Als sie darin ihre Peg Dolls verstecken wollte und ihnen aus Taschentüchern Decken formte, gab es kein Halten mehr. So durchwühlten wir unsere gemusterten Servietten, holten Acrlyfarben, Pinsel und Kleber heraus und gestalteten eine zweigeteilte Front: Zunächst tupften wir mit einem Schwamm weiße Acrylfarbe über den gesamten Schuhkarton. Als diese getrocknet war, griffen wir zu gemusterten Servietten und zogen die oberste, bedruckte Schicht von ihnen ab. Mit Serviettenkleber pinselten wir diese Schicht auf den Karton und sparten das untere Viertel aus. Im Anschluss klebten wir Washitape auf den Karton, um eine saubere Kante für den Sockel zu erhalten. Diesen malten wir mit Acrylfarbe an und wiederholten jenen Schritt für die Fenster und die Haustür. Mit einem Cuttermesser wurden die Öffnungen herausgeschnitten.

Im geöffneten Haus wiederholten wir die Schritte und klebten mit Washitape eine zweite Etage ab. Der untere Teil der Wände sollte holzvertäfelt erscheinen, darüber brachten wir Servietten als gemusterte Tapeten an. Mit

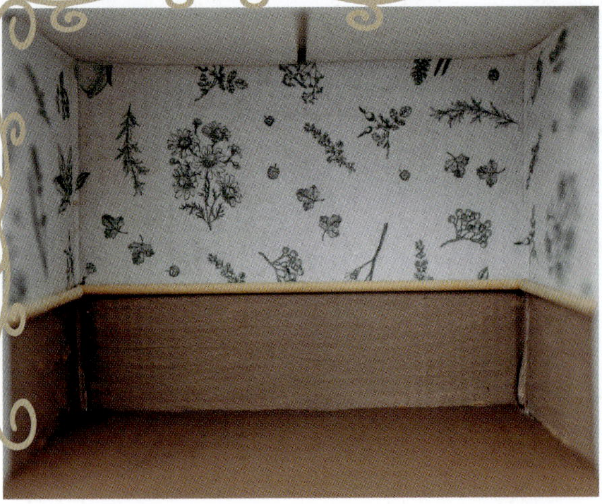

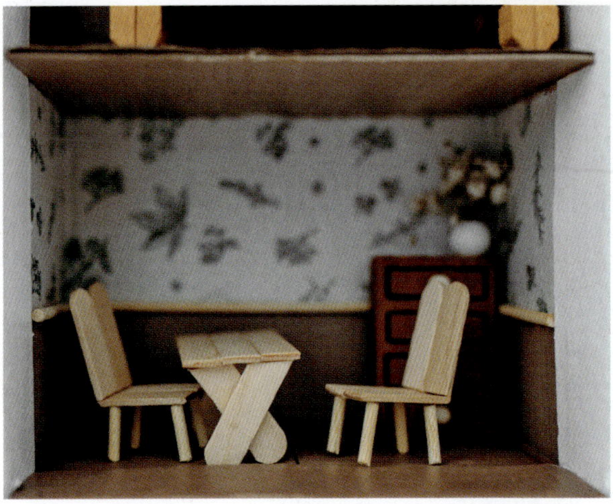

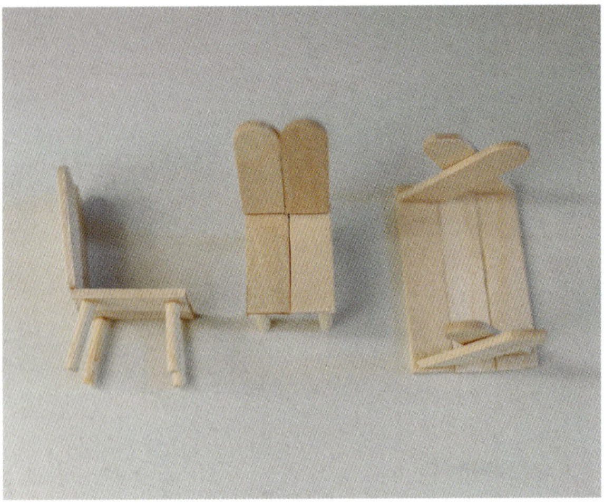

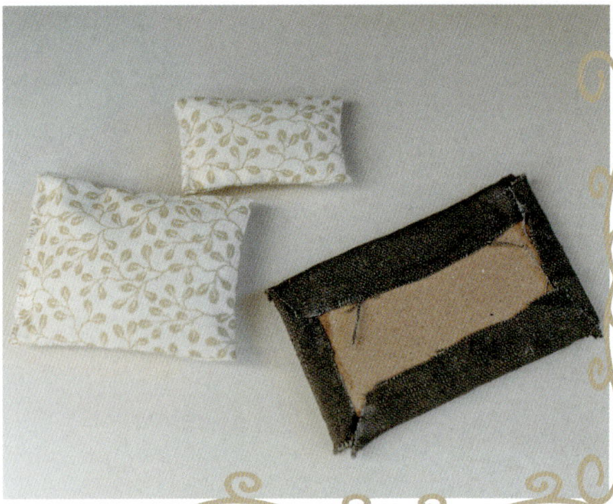

zurechtgeschnittenen Holzspießen verdeckten wir den Übergang. Ein weiteres Stück bemalte Pappe wurde mit der Heißklebepistole als Fußboden der zweiten Etage eingebaut. Schaut, welche Größe ihr für euren Karton benötigt. Klebt ihn sehr gut fest, damit er das mögliche Gewicht eurer Einrichtung tragen kann.

Und schon war das Haus bezugsfertig für die Peg Dolls!

Tipp

Aus Holzeisstielen, Wäscheklammern und Zahnstochern lassen sich sehr einfach Möbel bauen. Schneidet Spitzen oder Rundungen wie gezeigt ab für Tische und Stühle. Streichholzschachteln lassen sich mit Perlen-Griffen ganz einfach zu Schränken umgestalten. Stoffreste sind hübsch für Gardinen, Fußmatten, Tischdecken oder auch Bettwäsche! Matratzen können ganz einfach aus Pappe realisiert werden, die man mit Stoff umklebt. Vielleicht findet ihr auch noch andere passende Gegenstände wie Spulen usw., die ihr umfunktionieren könnt.

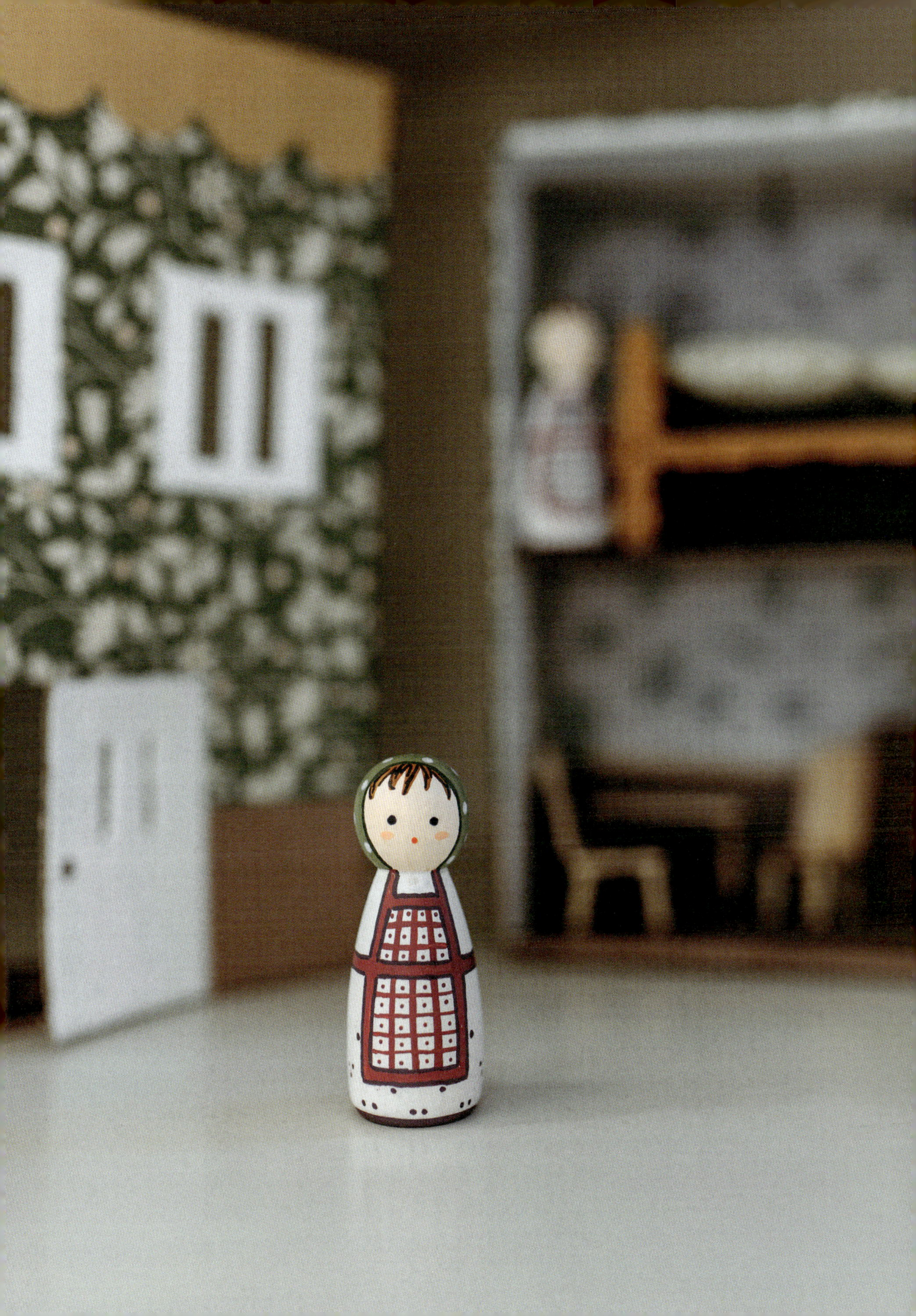

März

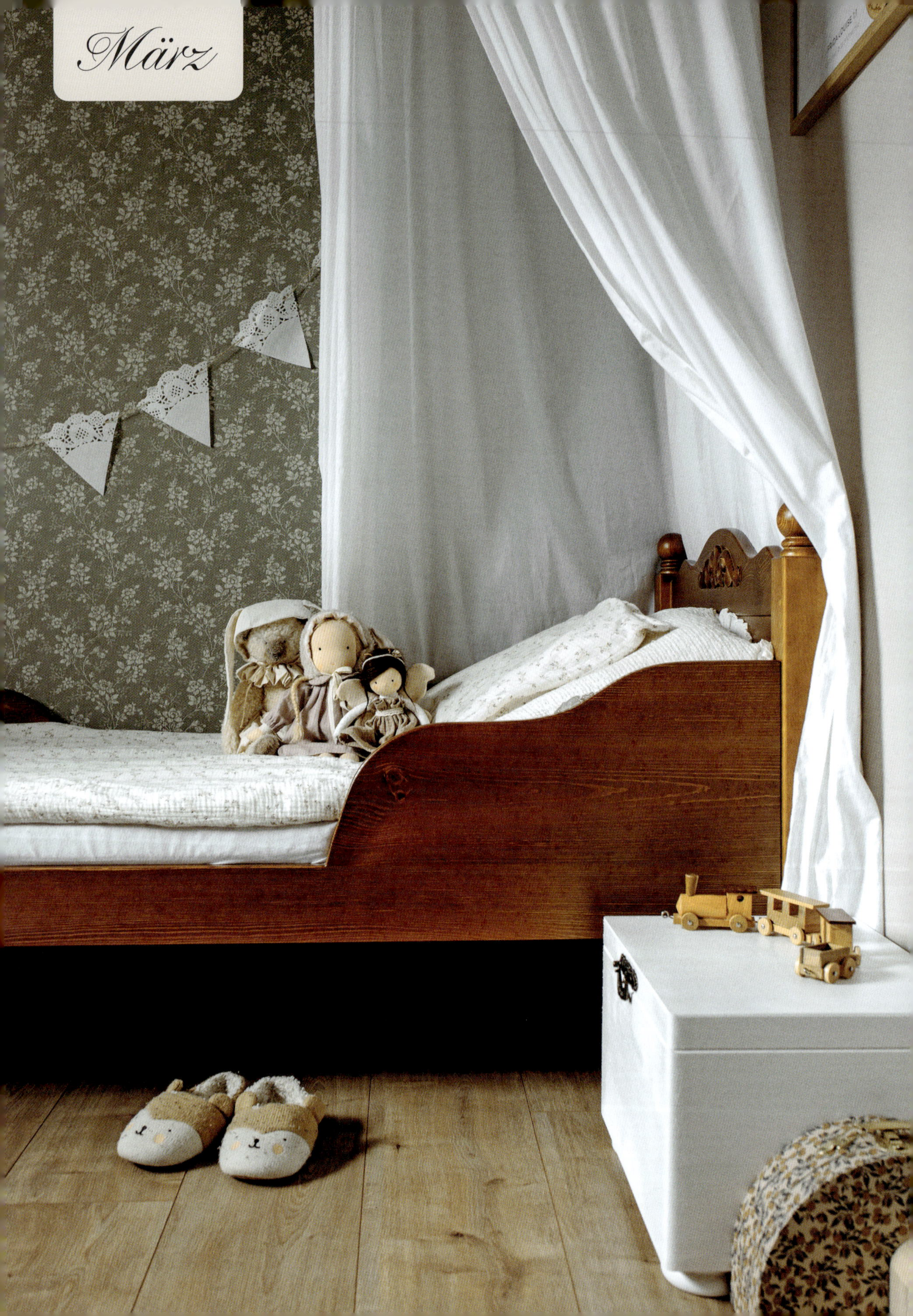

Wimpelkette

IHR BENÖTIGT
Tortenspitze, Schere, Schnur

Und schwupps sind wir schon im dritten Kalendermonat! Wer Lust hat, krönt den Frühjahrsputz mit frischem Wind im Kinderzimmer! Am besten mit einer ganz schnellen Idee. Wie wäre es beispielsweise mit einer wirklich einfachen und trotzdem wunderschönen Wimpelkette, die auch bei Feiern zum Einsatz kommen kann? Dann greift zur Tortenspitzen-Variante!

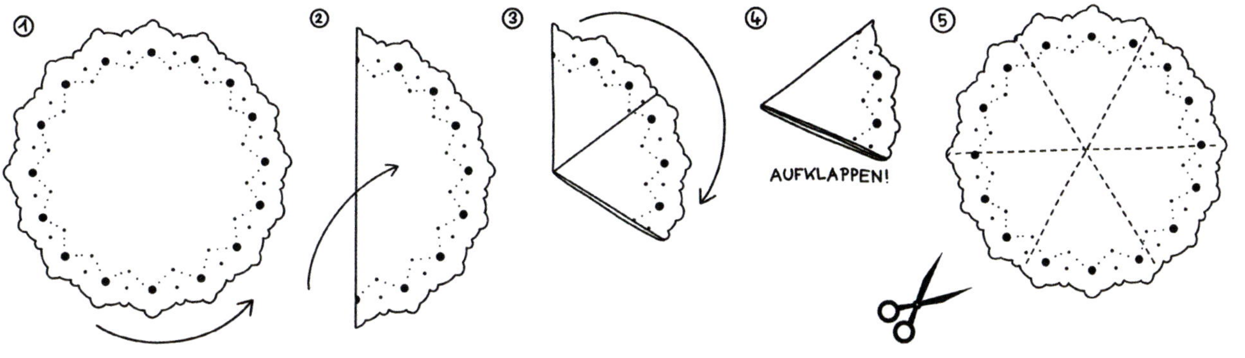

1. Um sechs gleich große Wimpel aus einem Blatt zu bekommen, knickt zunächst das Papier auf die Hälfte.
2. Nehmt dann das untere Ende und führt es auf etwa ein Drittel der Gesamtlänge.
3. Nun knickt ihr noch einmal euer Papier auf die Hälfte.
4. Im Anschluss klappt ihr eure Faltungen wieder auf und solltet sechs gleich große Wimpel durch die Knicklinien erhalten haben.
5. Schneidet diese aus und führt eine Schnur durch die Löcher der Tortenspitze.

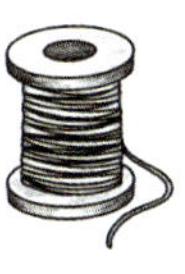

Tipp

Ihr möchtet eure Girlande noch etwas aufpeppen? Dann besprenkelt die Wimpel doch z.B. mit Farbklecksen oder nehmt unterschiedlich farbige Papiere. Mit Perlen oder Fransen auch bestimmt hübsch!

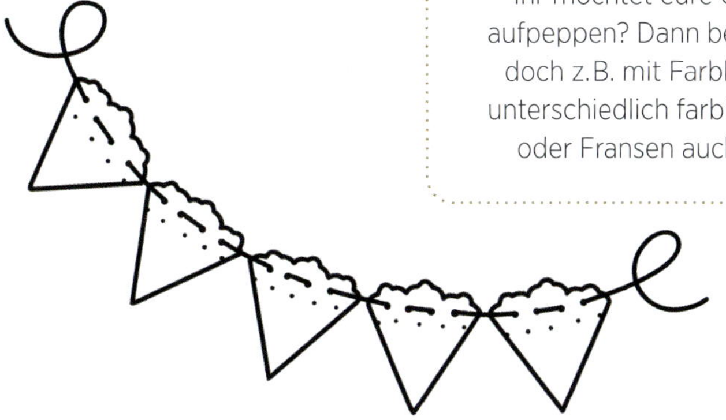

IHR BENÖTIGT
1 Pappkarton, 1 Prospekthülle, Schere, Kleber, Cuttermesser, Textmarker, Pappreste

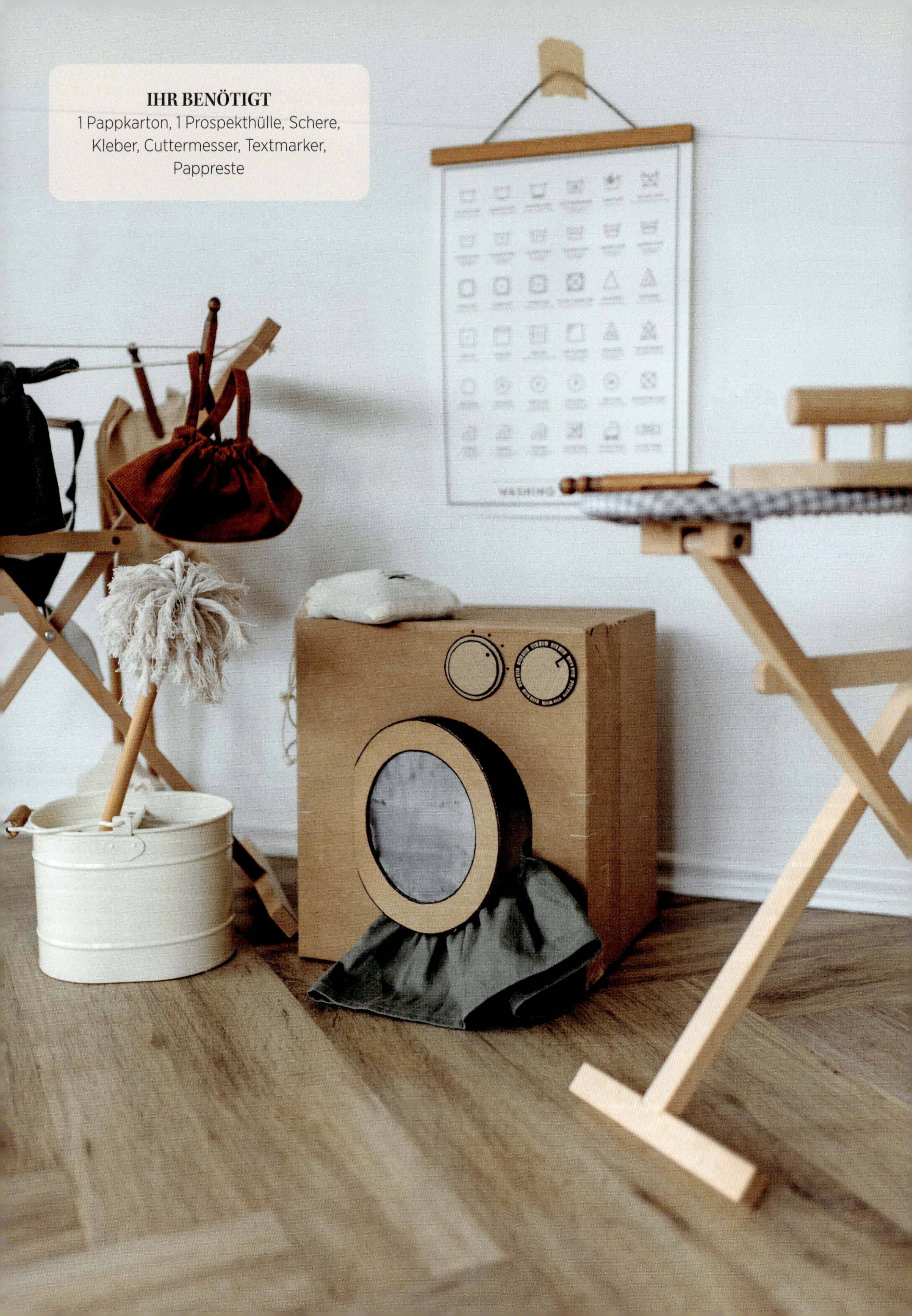

Waschmaschine

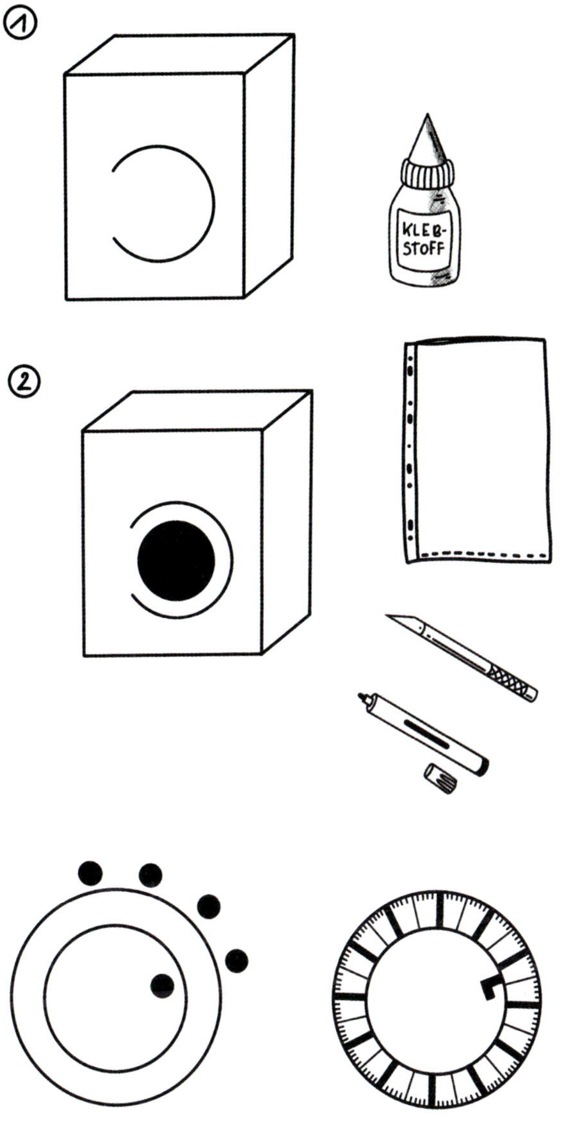

Das Thema Frühjahrsputz begleitete uns noch weiter:

F.: „Mama, die Babys haben sich schon wieder bekleckert. Die können einfach nicht sauber essen!"

Tja, solche Klagen bekomme ich von den Puppenmamis öfter zu hören! Und ich kenne das gut: Als wäre es gestern gewesen, als ich noch selbst täglich mehrere Lätzchen, Bodys usw. wusch. So bastelten wir eine Waschmaschine – wieder aus einem Karton, dessen „Bullauge" man auch richtig öffnen konnte.
Zunächst nahm ich einen Teller zuhilfe und zeichnete einen großen Kreis auf den Karton. Dabei ließ ich aber die Stelle aus, an der das „Bullauge" nach dem Aufklappen an der Maschine befestigt bleiben sollte. Die Vorzeichnung fuhr ich mit dem Cuttermesser nach. Mit einem kleineren Teller malte ich einen vollständigen zweiten Kreis in die Mitte. Dieser wurde komplett ausgeschnitten, und alle Konturen wurden mit einem Filzstift umrandet.
Mit einer Prospekthülle in der Größe des ersten Tellers verkleidete ich die entstandene Öffnung von innen. Durch dieses „Glas" bleibt später die Wäsche sichtbar. Noch schnell ein paar runde Schaltknöpfe auf mehrere Stücke Pappe aufgemalt, ausgeschnitten, aufgeklebt – und hinein mit der ersten Wäscheladung!

Jedenfalls gibt es ab jetzt keine Ausreden mehr, warum die Puppenwäsche nicht frisch im Schrank hängen kann!

Tipp

Euer Karton lässt noch Platz für weitere Funktionen? Wie wäre es, dann noch ein Waschpulverfach zu integrieren? Vielleicht möchtet ihr auch bewegliche Knöpfe? Dazu lassen sich Deckel von Getränkeflaschen umfunktionieren, indem man den kompletten Verschluss aus dem Karton ausschneidet! Waschmittelpackungen und Stoff-Tabs sollten die Fantasie beflügeln und den Spaß am Wäschewaschen wecken.

IHR BENÖTIGT

400 g Mehl, 200 g Salz,
2 EL Zitronensäurepulver (auf Lebensmittelbasis),
500 ml kochendes Wasser, 3 EL Speiseöl,
Lebensmittelfarbe und Glitzer nach Wunsch

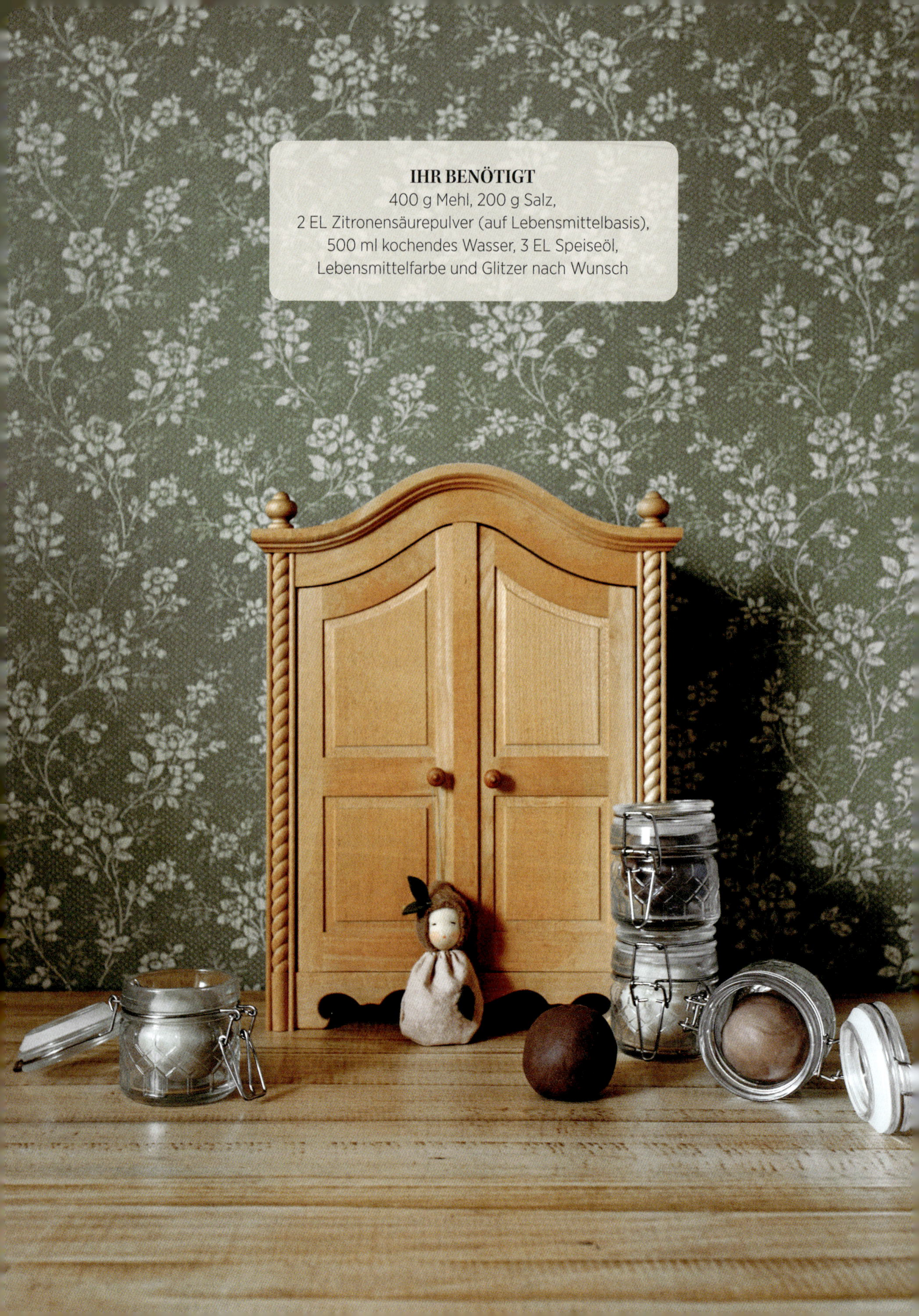

Knete

Gibt es bei euch Must-haves unter den Spielsachen? Spätestens seit dem Kindergarten-Alter ist jegliche Art von Knete bei uns nicht mehr wegzudenken. Da gängige Marken uns häufig nicht komplett überzeugten, kam uns der Gedanke, sie selbst herzustellen – ohne sich Sorgen machen zu müssen, wenn doch etwas im Mündchen landet. Außerdem hält die selbst angemischte Knete bis zu sechs Monate, wenn sie – richtig verschlossen – kühl gelagert wird. Ihr habt Lust, das nachzumachen? Dann legt mit diesem Rezept los:

Denkt auch an ein passendes Gefäß, um die Knete zu lagern. Wer Weckgläser benutzen möchte, dem empfehle ich 6 x 300-ml-Gefäße.

Nun die Zubereitung

1. Alle Zutaten bis auf die Farbe in eine Rührschüssel geben. Dabei ist es wirklich wichtig, kochendes Wasser zu verwenden. Unbedingt von einem Erwachsenen durchführen lassen! Mit dem Mixer alles vorvermengen und dann mit den Händen weiter bearbeiten, bis ein glatter Teig entsteht – ähnlich wie bei Keksen.

2. Wenn der Teig etwas abgekühlt ist, die Masse nach Anzahl der gewünschten Farben unterteilen. In weiteren Schüsseln die Klumpen mit der Wunschfarbe beträufeln und diese durch Kneten einarbeiten. Um Farbvariationen zu erhalten und nicht zu viele unterschiedliche Lebensmittelfarben kaufen zu müssen, könnt ihr auch verschieden eingefärbte Klumpen miteinander vermengen.
Beispiel: Anstatt Lila zu kaufen, mischt etwas von der blauen und der roten Knete.
Wer einen weiteren Spielanreiz geben möchte, kann noch Glitzer hinzugeben.

3. Die Knete zu Kugeln geformt in die jeweiligen Behälter abfüllen. Falls euch die Konsistenz der Masse beim Befüllen nicht ganz gefällt, könnt ihr entweder mit mehr Mehl oder mehr Wasser nachhelfen.

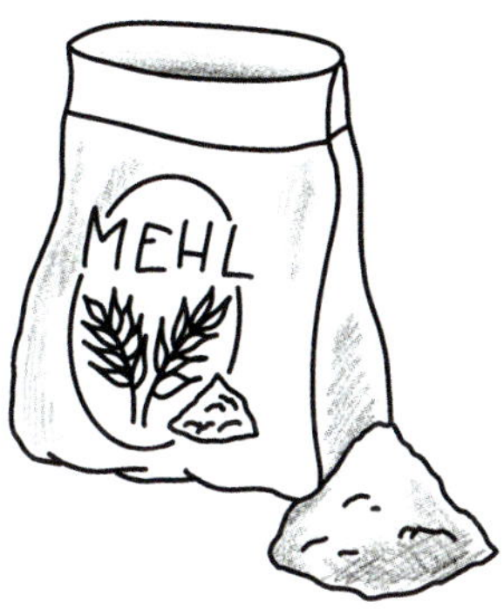

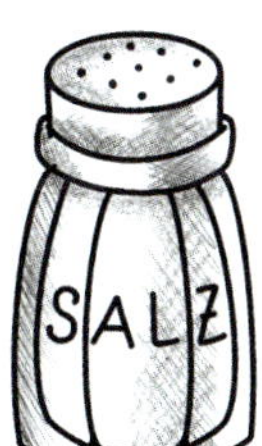

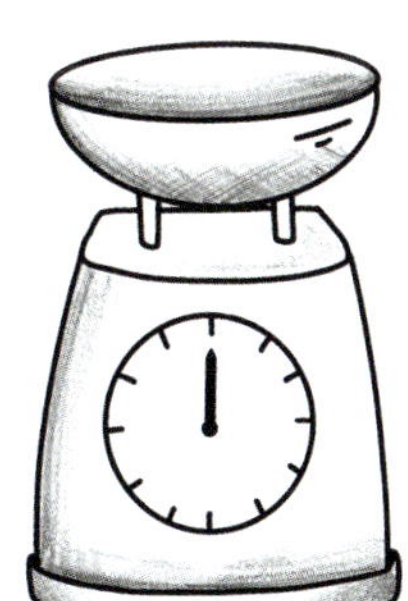

Tipp

Wer die Knete verschenken mag, kann sie etwa mit Keksstempeln wunderschön verzieren („Made with love …“) oder das Weckglas mit Borten, Anhängern usw. bestücken. Viel Freude beim Ausprobieren und Formen!

IHR BENÖTIGT
Kiste: 1 Karton eurer Wahl, weiße Acrylfarbe, Schwamm, Musterserviette, Klarlack, Borte, Pinsel
Scherenschnitt: Foto, schwarzer Marker, Schere, schwarzer Tonkarton, Bleistift, weißes Papier

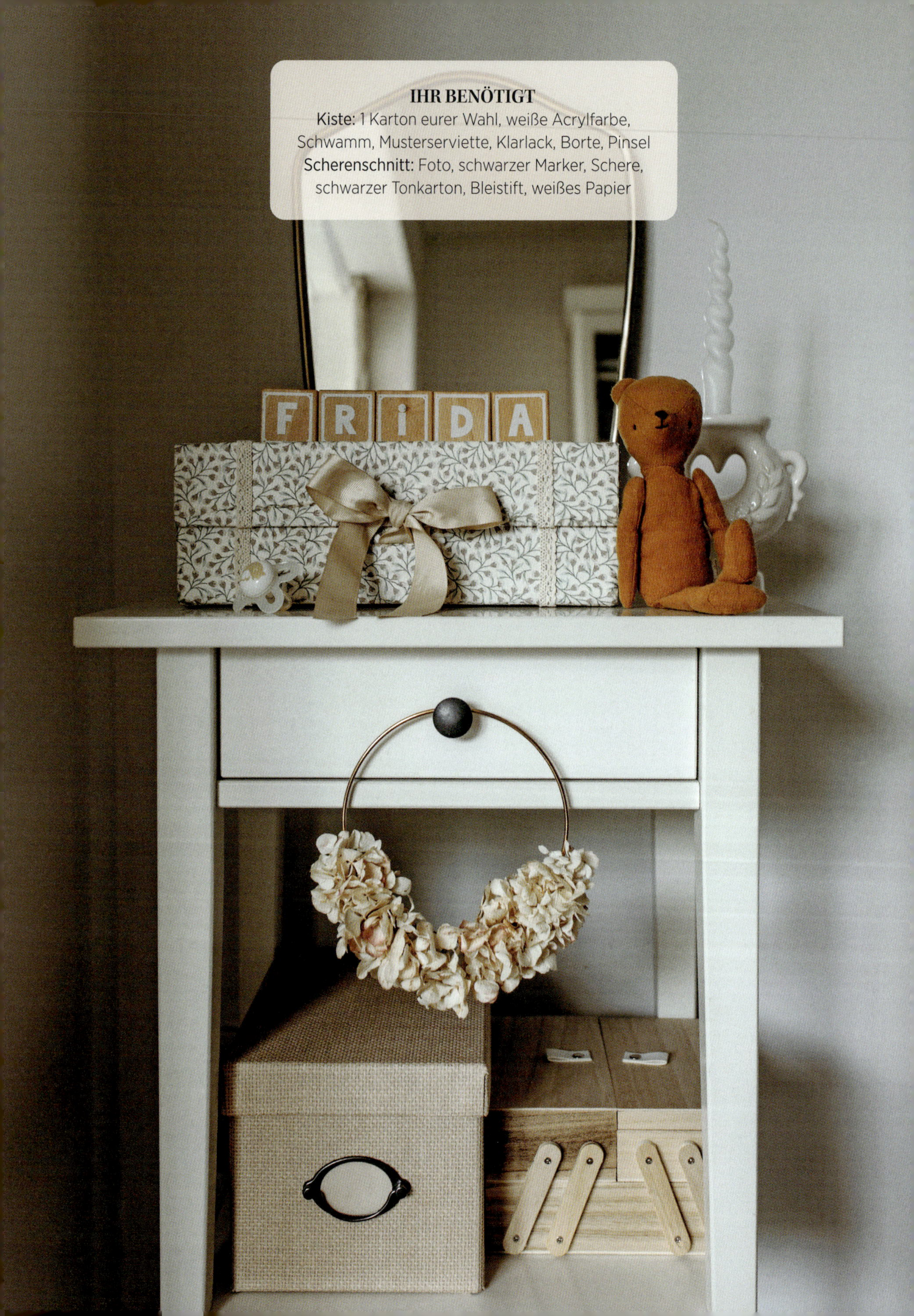

Erinnerungskiste und Scherenschnitt

„Sie werden so schnell groß!" Oh, wie wahr! Und als Mutter empfindet man das umso mehr. Da ist es schön, wenn man Erinnerungen und Momente festhalten kann. Deshalb beschloss ich, eine entsprechende Kiste für meine Mädchen zu packen. Ein besonders hübscher Karton sollte dafür noch viel schöner werden.

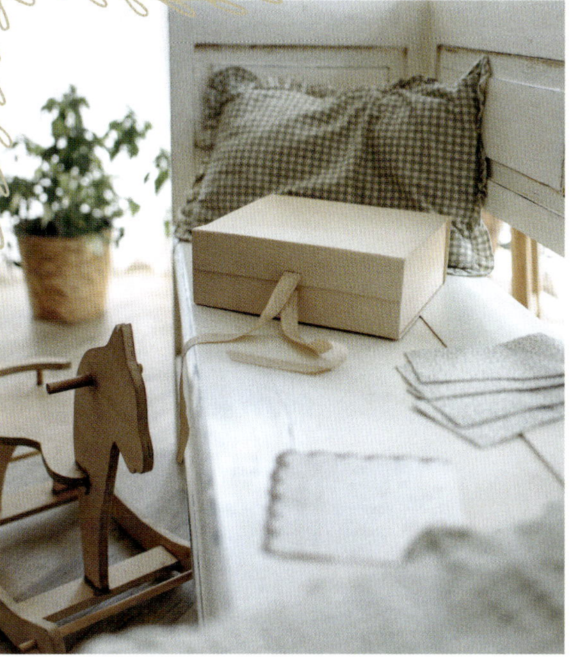

Übrigens ist es ganz egal, welches Volumen euer Karton hat – ob klein oder groß: Ran an den Schwamm für die Vorarbeiten!

1. Um eine schöne Serviette mit tollem Muster auf den Karton aufzubringen, sollte er – wie beim Puppenhaus – weiß grundiert sein. Dazu tragen wir Acrylfarbe mit dem Schwamm auf.
2. Ist der gesamte Karton von außen bemalt und getrocknet, kann die oberste Schicht einer Serviette mit Klarlack angebracht werden. Am schnellsten geht das mit einem großen Pinsel.
3. Zum Schluss kann die Kiste nach Lust und Laune verziert werden: mit einer Borte, Buchstaben und und und … so wie es am besten zum jeweiligen Kind passt!

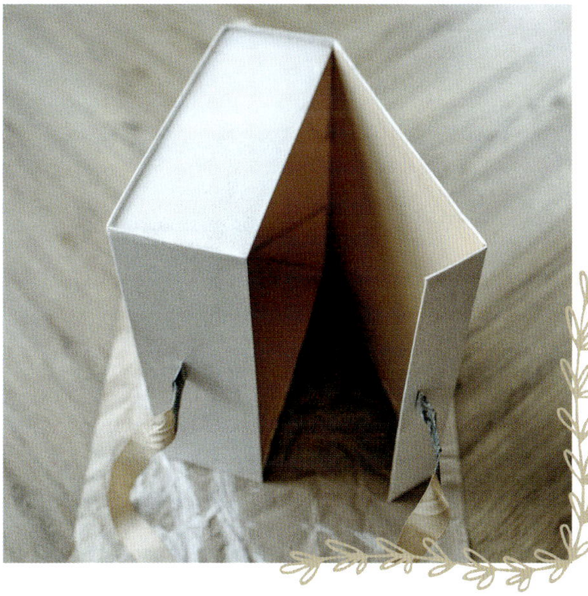

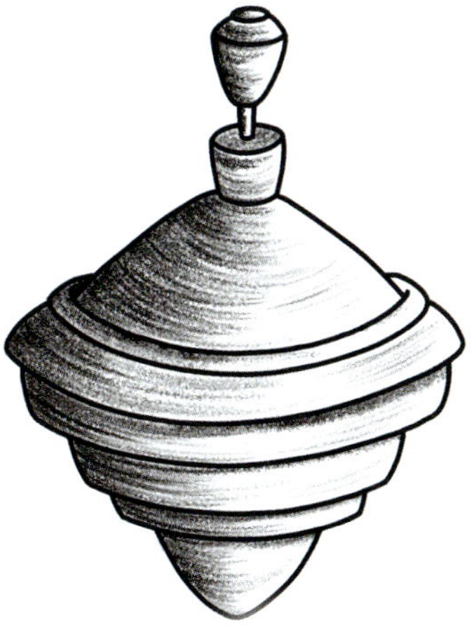

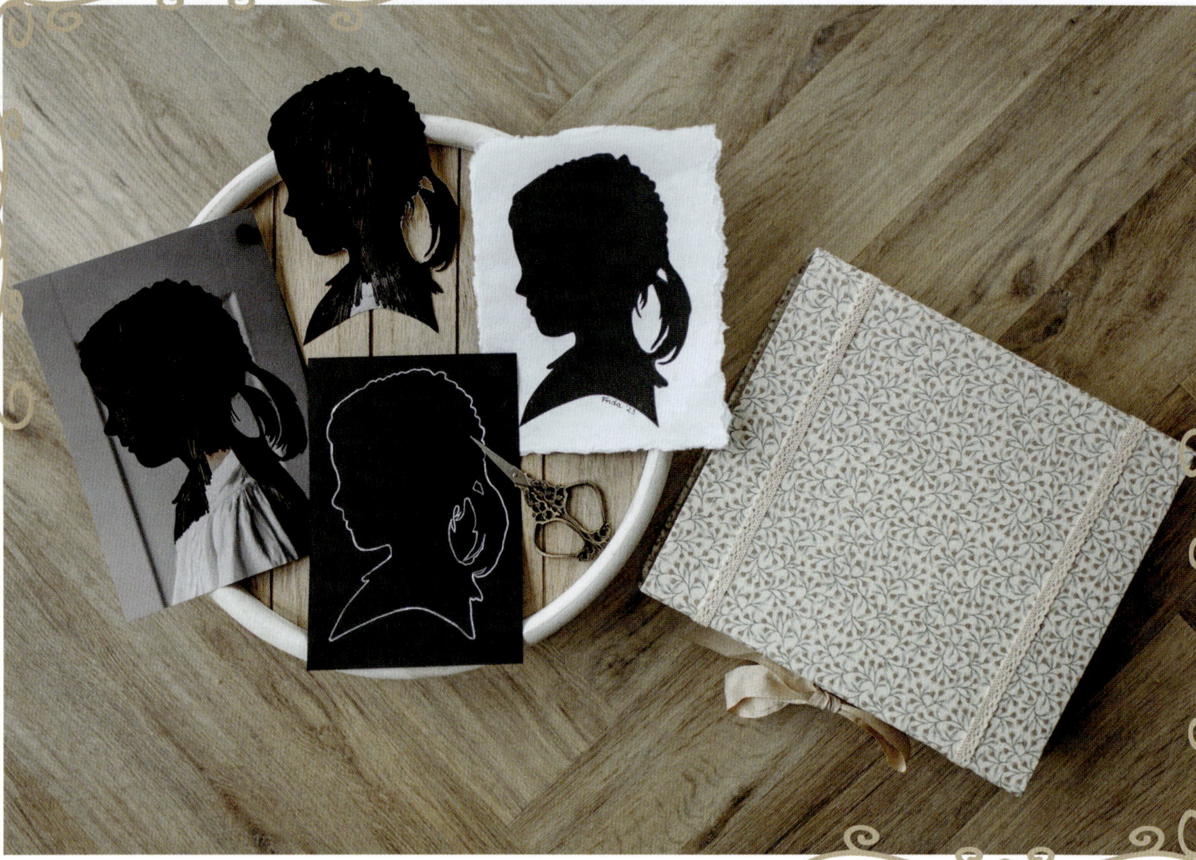

Hier hätte ich noch ein tolles Add-on: Vielleicht mögt ihr Scherenschnitte genauso gerne wie ich? Es ist so spannend, wie sich im Laufe der Zeit die Silhouette verändert. Wie aus runden Pausbäckchen immer mehr markantere Gesichtszüge werden, die Veränderung des Haarschnitts usw. Legt doch vielleicht zu jedem Geburtstag oder von besonderen Anlässen eine Silhouette mit in eure Box!

Für einen Scherenschnitt geht ihr wie folgt vor:

1. Fotografiert euer Kind von der Seite vor einem ruhigen Hintergrund. Druckt dieses Foto aus oder lasst es im Laden entwickeln.

2. Nehmt einen schwarzen Marker und malt die Konturen nach. Wer mag, kann natürlich auch mehr ausmalen.

3. Schneidet den Kopf und den Schulterbereich aus. Nutzt dies als Schablone und ummalt die Konturen auf einem schwarzen Tonkarton.

4. Schneidet eure Silhouette aus Tonkarton aus und klebt sie auf ein Papier eurer Wahl. Wir haben zu handgeschöpftem, strukturiertem gegriffen und die Ränder bewusst grob abgerissen.

Tipp

Auch eingerahmt ist ein Scherenschnitt ein toller Hingucker.
Vielleicht auch als Geschenk für Großeltern zu besonderen Anlässen.

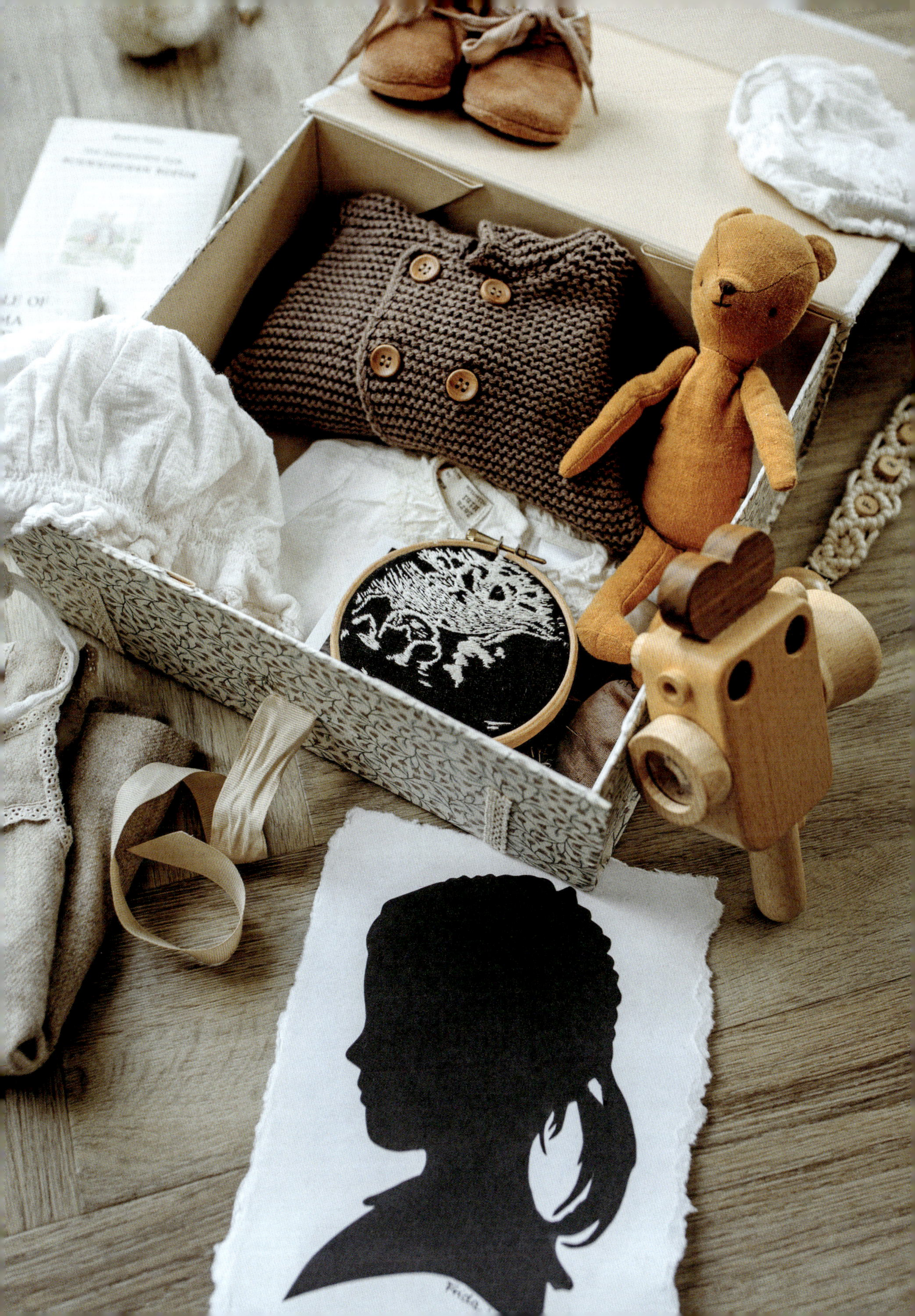

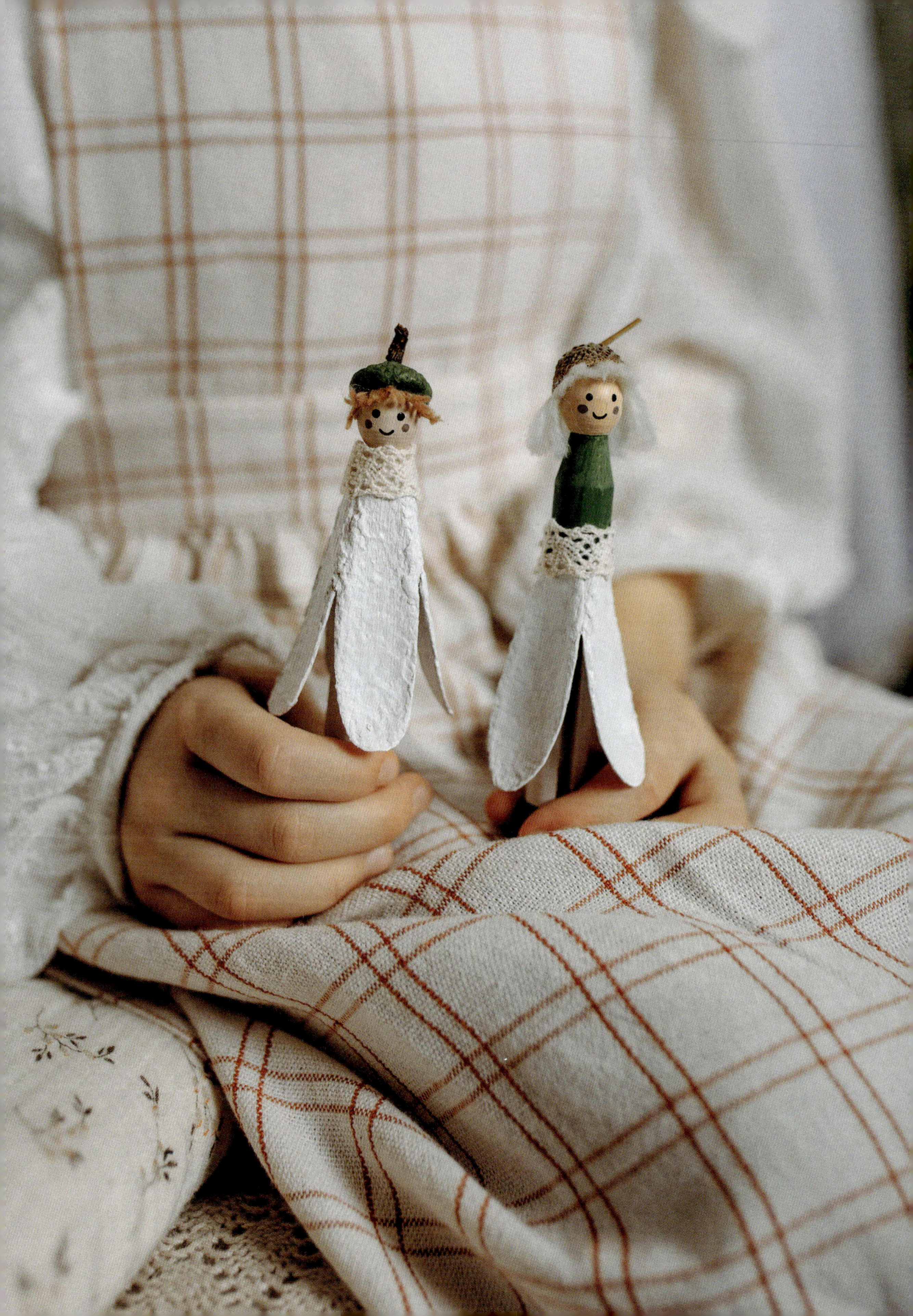

Schneeglöckchen aus Wäscheklammern

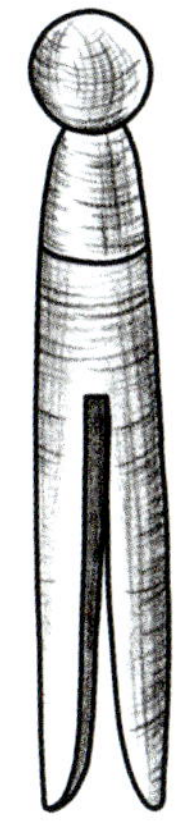

IHR BENÖTIGT
Rundholz-Wäscheklammern, Acrylfarbe, Eierkartonspitzen, Wollreste, Eichelhüte, Borte, Pinsel, Kleber, Schere

Der März hält den Frühling für uns bereit. Warum nicht also etwas nachhelfen und sich ein paar ganz besondere Schneeglöckchen ins Haus holen? Wieder einmal bedienten wir uns dabei an Haushaltsutensilien: Denn Holzklammern eignen sich für so viel mehr als nur zum Wäscheaufhängen. Etwa als Ausgangsmaterial für wundervolle Figuren.

Zunächst bemalten wir die Klammern mit Acrylfarbe: das Gesicht hautfarben, den Stängelteil grün und die Blüten weiß. Die Eierkartonspitzen wie gezeigt blütenartig zuschneiden und ebenfalls weiß anmalen. Mit einem Textmarker Augen, Mund und Wangen zeichnen. Die Köpfe mit 1–2 cm langen Wollresten als Haare bekleben und ihnen angemalte Eichelhüte aufsetzen. Wenn die Eierkartonspitzen getrocknet sind, stülpt man sie über den unteren Teil der Wäscheklammern. Mit Kleber auf Wunschhöhe fixieren. Einen Abschluss mit Spitzenborte zaubern, und schon geht's los mit dem Spiel!

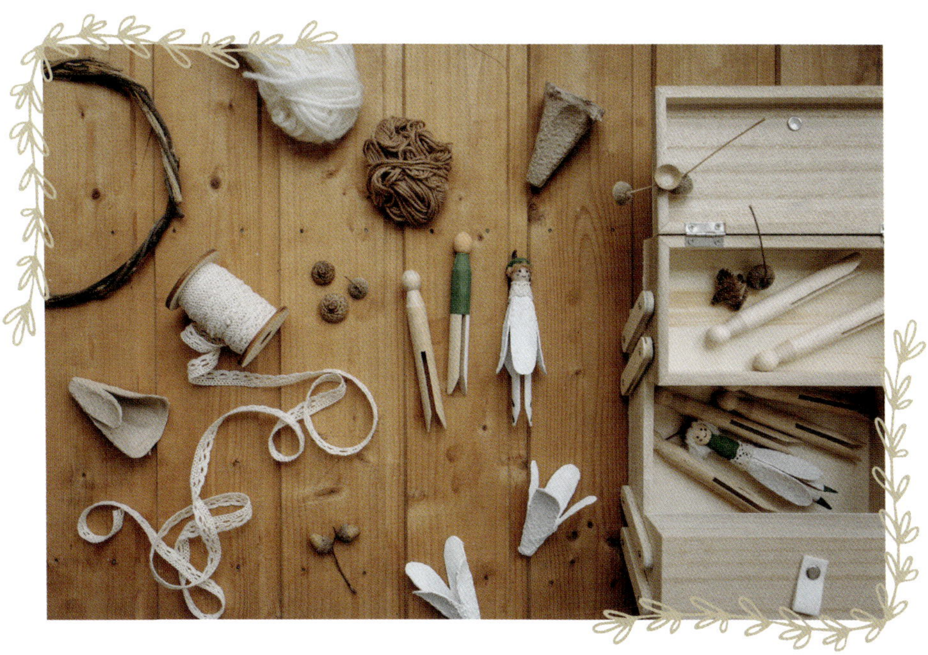

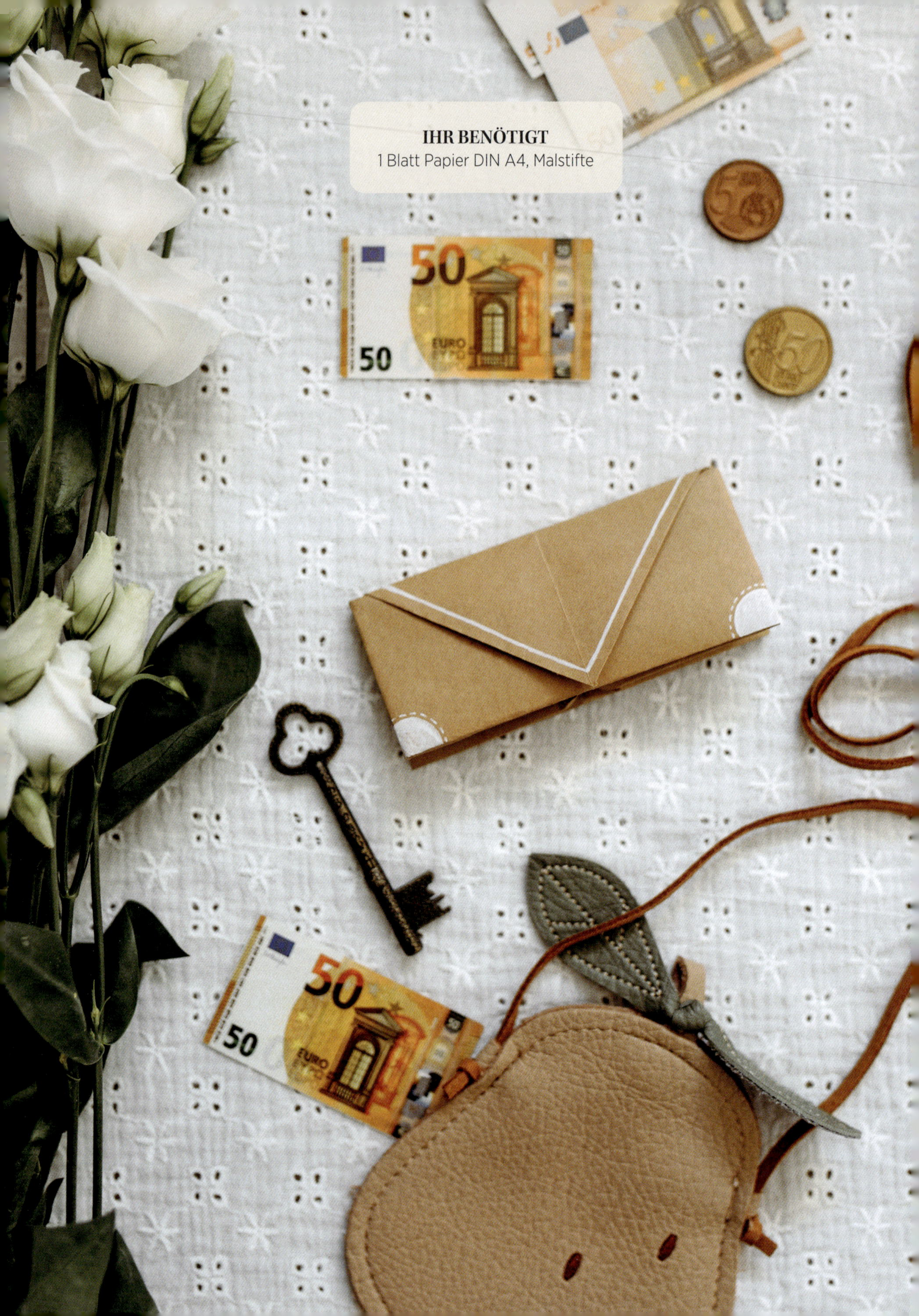

IHR BENÖTIGT
1 Blatt Papier DIN A4, Malstifte

Papiergeldbeutel

Beim Frühjahrsputz räumten wir wirklich jeden Schrank aus, und dabei fiel uns die Kiste mit dem Spielgeld in die Hände. Doch die Aufbewahrung war zum Spielen nicht die beste. Um alles im Spiel-Supermarkt oder auch außerhalb bezahlen zu können, musste etwas Handlicheres her. Ein Papiergeldbeutel ist da perfekt! In nur wenigen Schritten entsteht er kinderleicht aus einem Blatt Papier:

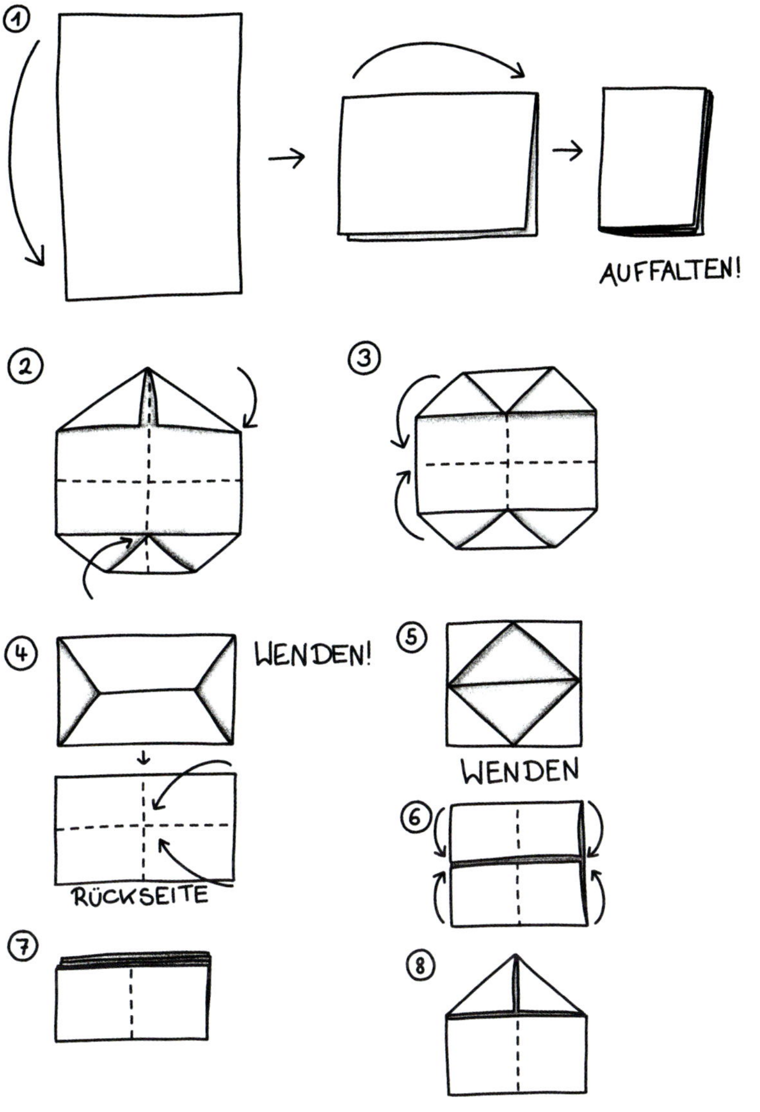

1. Ein DIN A4 großes Papier 2 x jeweils auf die Mitte falten, sodass ihr es in Postkartengröße vor euch liegen habt. Danach komplett wieder auffalten. In der Mitte ergibt sich nun ein Kreuz. Für die weiteren Schritte an den Knicklinien orientieren.

2. Die Papierecken oben und unten jeweils zur senkrechten Knicklinie knicken. Die entstandenen zwei Spitzen oben und unten umknicken, sodass ihr insgesamt ein Achteck erhaltet.

3. Faltet den oberen und den unteren Teil bis zur geknickten waagerechten Mittellinie.

4. Wendet das Papier auf die Rückseite und knickt die Enden komplett zur senkrechten Mittellinie.

5. Wendet erneut das Papier.

6. Klappt den Geldbeutel in der Hälfte nach hinten.

7. Ihr müsstet nun mehrere Fächer sehen. Aus dem hintersten könnt ihr ein gefaltetes Dreieck herausnehmen.

8. Dieses ist nun der Verschluss für den Geldbeutel, den ihr jetzt noch nach Belieben verzieren könnt.

Tipp

Faltet sehr genau, damit euer Geldbeutel gelingt: also wirklich Ecke auf Ecke und Kante auf Kante falten!

April

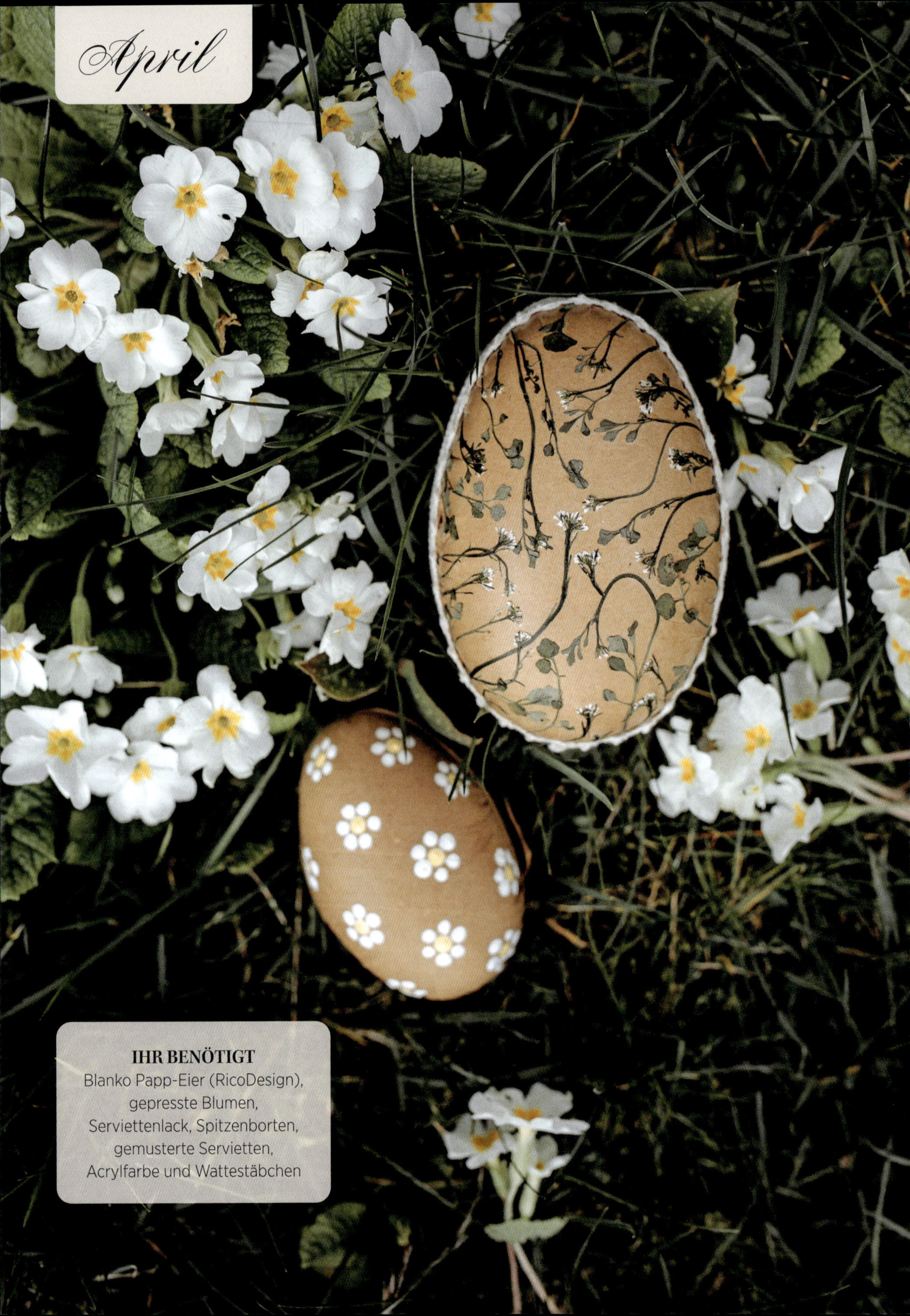

IHR BENÖTIGT
Blanko Papp-Eier (RicoDesign),
gepresste Blumen,
Serviettenlack, Spitzenborten,
gemusterte Servietten,
Acrylfarbe und Wattestäbchen

Papp-Eier mit gepressten Blumen

Im skandinavischen Raum, vor allem in Schweden, gehören zur Osterzeit definitiv Papp-Eier. Zu Ostersonntag finden die Kinder darin Süßigkeiten oder kleine Geschenke. Dieser Brauch begeisterte uns so sehr, dass wir seit einiger Zeit mit den Mädchen ähnliche gestalten und im Garten verstecken. Ich hoffe, dass sich in Zukunft unsere Sammlung noch vergrößert.

Gepresste Blüten-Version:

1. Legt euch zunächst die getrockneten Blumen auf eine Rohlinghälfte und ordnet sie so an, dass euch das entstandene Muster gefällt. Ob ihr ausschließliche Blüten(-blätter) oder auch Stängel mit verwendet, liegt ganz bei euch.

2. Nehmt ca. ¼ eures Musters wieder von dem Ei herunter und streicht die Fläche mit Serviettenkleber ein. Legt mit der Hand oder mithilfe einer Pinzette die Blumen in den noch feuchten Kleber. Wiederholt diesen Schritt für die restliche Fläche der Eihälfte.

3. Im Anschluss eine weitere Schicht Serviettenkleber über die Blüten pinseln. Gut trocknen lassen und die zweite Eihälfte analog bearbeiten.

4. Die Verschlussränder jeweils mit einer Borte bekleben. Bitte dabei darauf achten, dass ihr die Hälften noch gut ineinaderstecken könnt.

Betupftes Ei:

1. Wieder beide Hälften vor euch legen und festlegen, wie viele Blüten ihr auf die jeweiligen Flächen setzen möchtet. Malt zunächst mit dem Wattestäbchen und gelber Acrylfarbe entsprechend viele gelbe Tupfen.

2. Taucht nun mit der anderen Seite des Wattestäbchens in die weiße Farbe und tupft um die gelben Punkte sechs weiße Punkte rund herum. So entstehen viele süße Gänseblümchen.

Serviettentechnik-Variante:

Wer am Malen keine Freude hat, kann zu schön bedruckten Servietten greifen. Einfach gemäß der Form die Serviette auf das Ei legen und mit Serviettenkleber sowie Pinsel fixieren. Überstehende Reste können abgeschnitten werden. Auch hier können Borten zu einem sauberen Abschluss beitragen. Wieder darauf achten, dass alles gut haftet und trocknet!

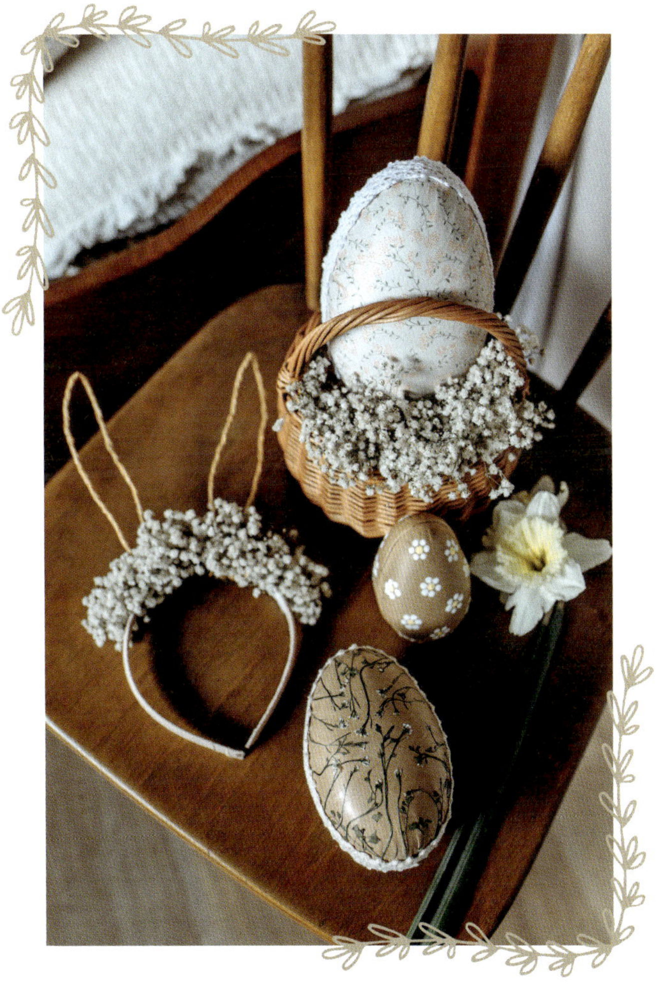

Pompomhasen

IHR BENÖTIGT
Wolle, Pappe, Schere, Kleber, Puppenaugen, Tiernase, Filz, Filzkugel

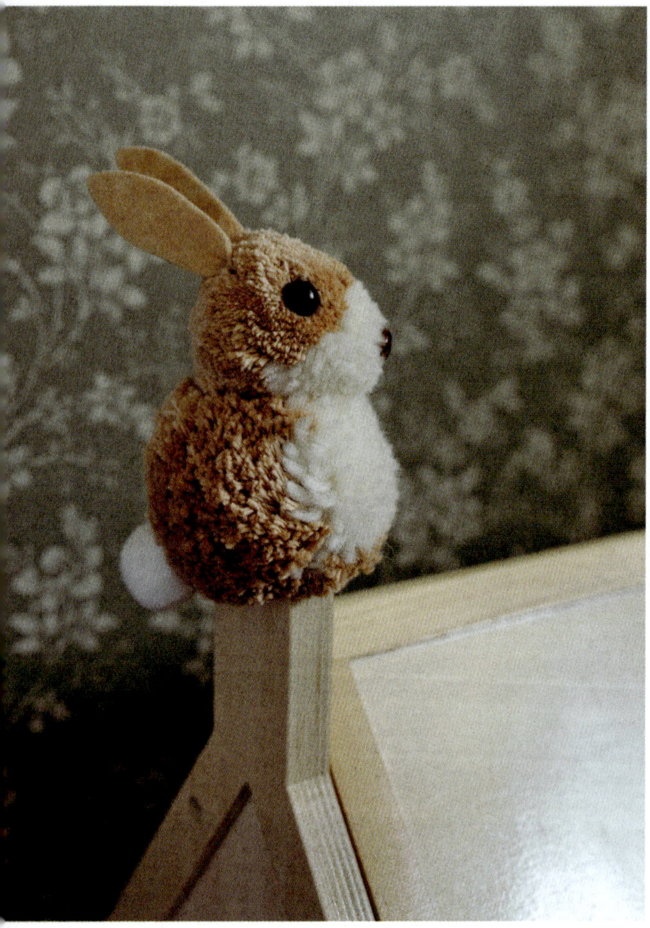

Nach dem Schneemann zum Kuscheln im Winter darf es jetzt im Frühling gern ein kleiner Osterhase sein. Ein tolles Projekt für den April!

1. Aus Pappresten dafür einfach zwei exakt gleich große Ringe mit ca. 7 cm Durchmesser pro Kugel ausschneiden. Ihr wollt größere Fellnasen? Dann den Durchmesser vergrößern und mit mehr Wolle planen!
2. + 3. Danach eure Wolle so lange um die Ringe wickeln, bis in der Mitte fast keine Öffnung mehr zum Durchschieben eines Fadens zu erkennen ist. Wenn ihr ein mehrfarbiges Häschen wünscht, dann pro Kugel jeweils ein komplettes Viertel eurer Ringe in einer anderen Wollfarbe umwickeln.
4. Im Anschluss mit der Schere um die Pappringe herum die Wolle aufschneiden.
5. Die Pappringe aufeinanderlegen und mit einem weiteren Wollfaden genau zwischen die Pappscheiben gehen und ihn ganz eng und fest mehrfach verknoten.
6. Sobald es sich straff genug anfühlt, können die Pappscheiben aufgerissen und aus dem nun entstandenen Pompom genommen werden. Überstehende Reste abschneiden und ggf. die Kugel runder zuschneiden. Genauso für eine zweite Kugel vorgehen. Aus Filz Ohren und Puppenaugen schneiden und eine Tiernase aufkleben. Wer mag, kann eine Filzkugel zum Puschelschwänzchen umfunktionieren.

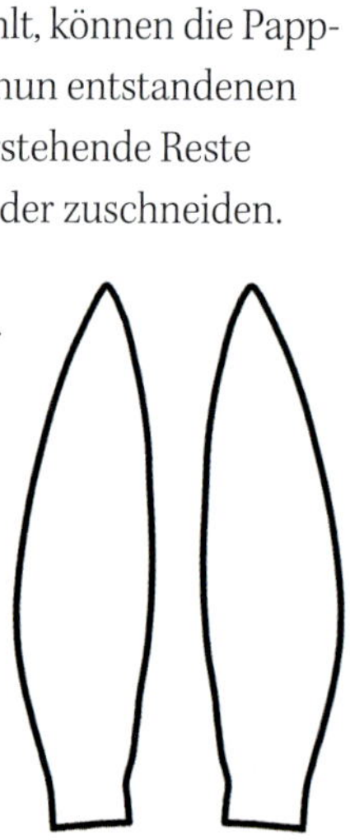

Tipp

Euer Häschenkopf soll aussehen wie ein echter Meister Lampe? Dann schneidet die Kugel nicht ganz rund, sondern zur Nase hin spitzer verlaufend. Generell könnt ihr auch mindestens einen Zentimeter Umfang wegschneiden, sodass der Kopf etwas kleiner als der Körper wirkt. Ob euer Osterhase sitzt oder liegt, hängt davon ab, wo ihr Gesicht und Puschelschwänzchen anklebt. Bastelt doch einfach viele unterschiedliche und probiert euch mit verschiedenen Fellmustern für einen witzigen, lebensechten Wurf aus!

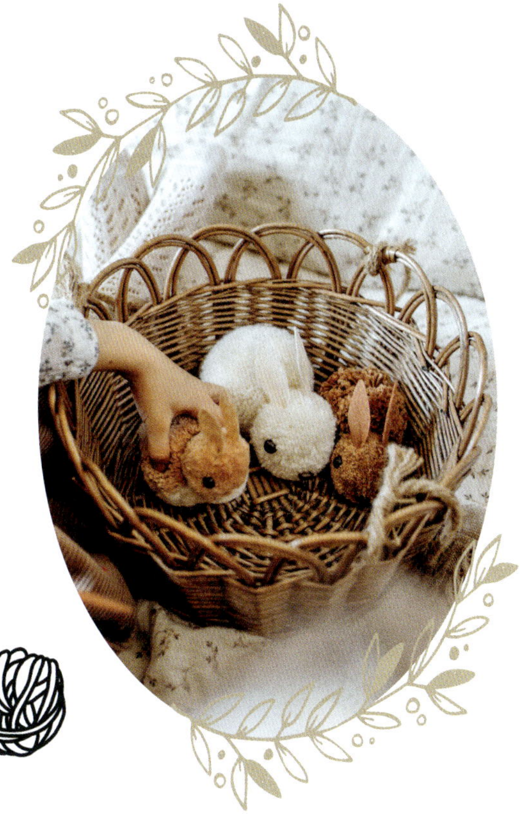

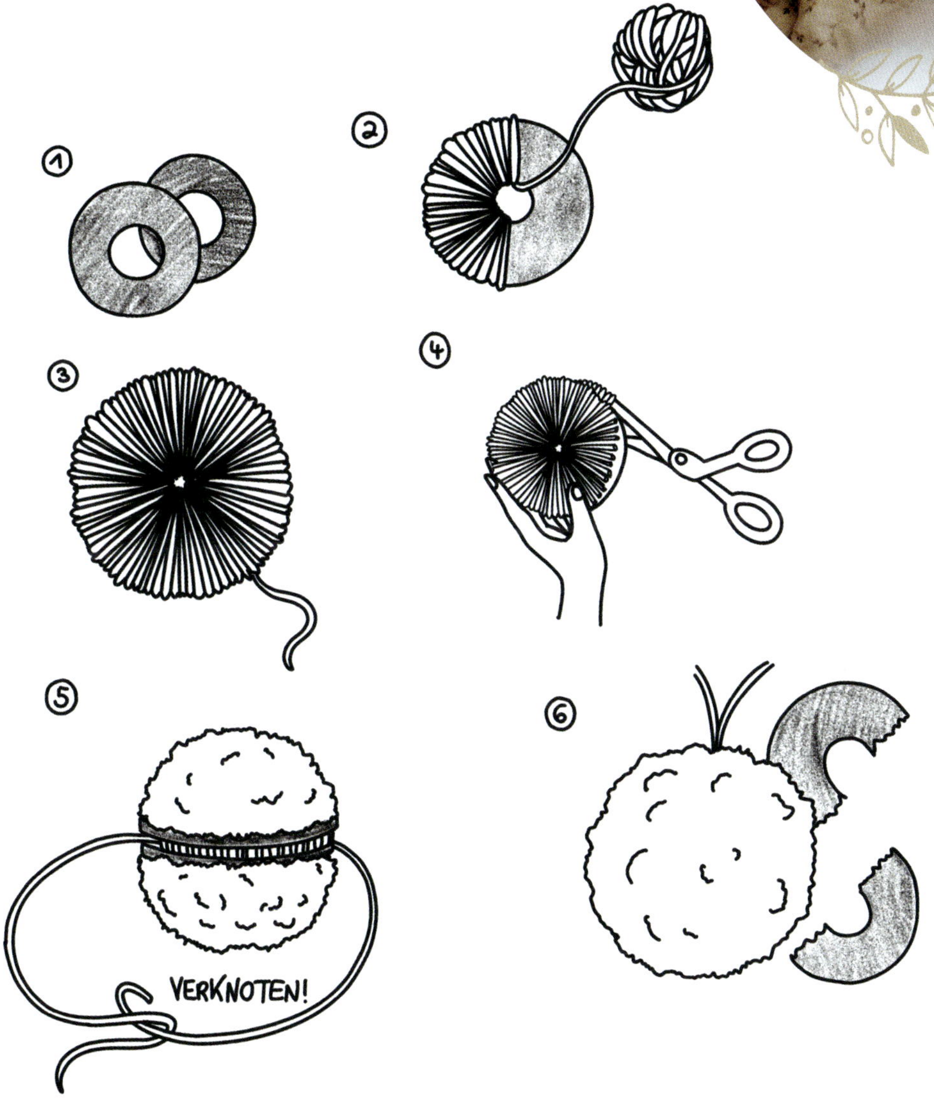

IHR BENÖTIGT

Pro Heißluftballon: 1 ausgeblasenes Ei, Gemüsenetz, Küchengummi, Garn, Eierpalette, Schere, Acrylfarben, Pinsel, Nadel, Zahnstocher, Figur als Passagier

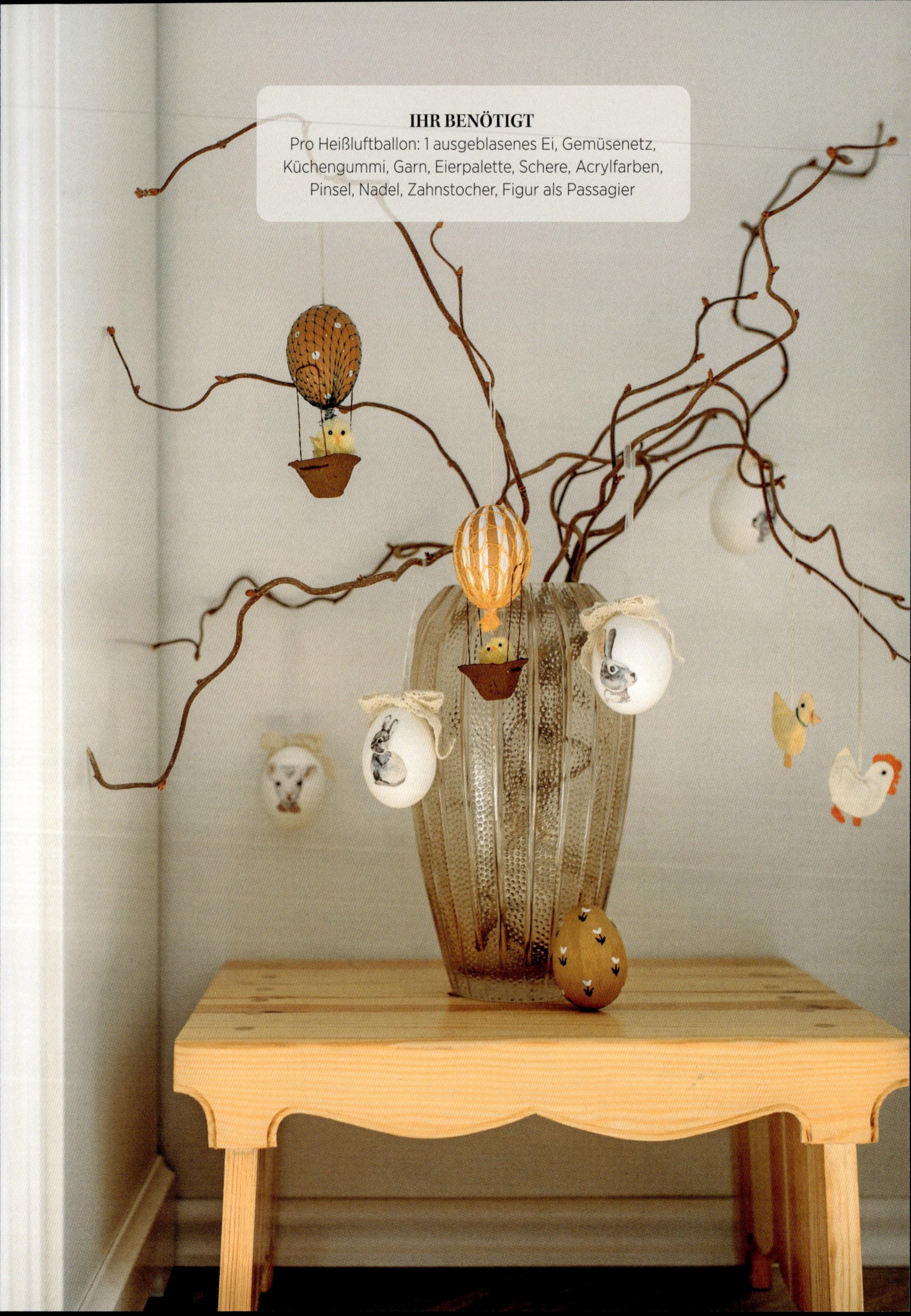

Eier-Heißluftballons

F.: „Mama, der Weihnachtsmann hat ja seinen Schlitten mit den Rentieren. Aber wie kommt der Osterhase denn in andere Länder?“
E.: „Ich denke, er fliegt mit einem Heißluftballon!“

Tja ... jetzt wisst ihr, warum wir Eier-Heißluftballons basteln mussten. Wie ihr den Osterhasen auch bei euch zu Hause abheben lassen könnt, erfahrt ihr hier:

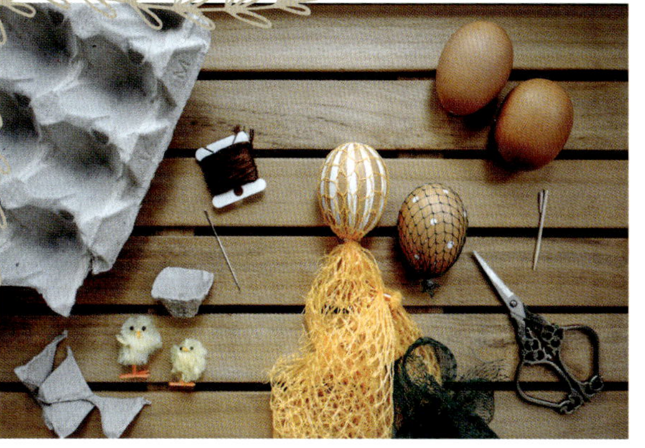

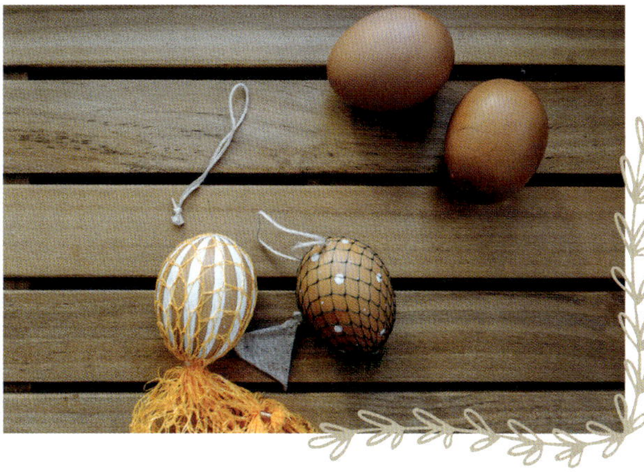

1. Eier auspusten. Dafür oben und unten mittig ein Loch mit einer Nadel vorsichtig hineinpiksen.
2. Bemalt eure Eier nach Lust und Laune: mit nur einer Farbe oder mehreren, Streifen oder Punkten. Ganz nach eurem Gefallen!
3. Stülpt ein Gemüsenetz über euer Ei und verknotet es am spitzeren Ende oder bringt einen Küchengummi an. Schneidet Überstehendes ab. Schneidet ca. 1,5 cm von einem Zahnstocher ab und knotet an dem kleinen Stückchen eine Garnschlaufe fest.
4. Steckt den Zahnstocher komplett in das obere Loch, sodass er mit der Schlaufe im Inneren des Eis verschwindet. Wenn ihr vorsichtig wieder an der Schlaufe zieht, sollte er sich im Ei quer stellen, sodass er nicht mehr herausfallen kann.
5. Schneidet aus einer Eierkartonpalette (z.B. aus dem Supermarkt) euren „Korb“ aus. Bemalt ihn und stecht mit einer Nadel vier Löcher, wie in der Skizze gezeigt, vor.
6. Verbindet nun das Ei mit dem Eierkarton: Verknotet ein ca. 15 cm langes Fadenende und führt es zunächst vom ersten Kartonloch zum nächsten, fädelt euch dann durch das Netz und landet wieder beim Loch im Karton, mit dem ihr begonnen habt. Knotet euren Faden an euren Fadenanfang. Wiederholt dies auf der anderen Seite.

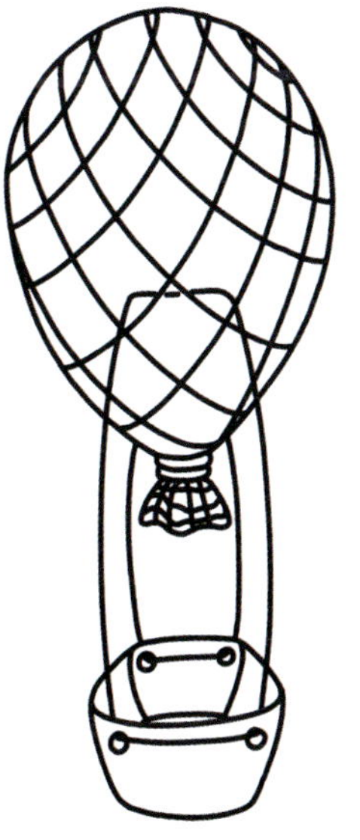

Tipp

Übrigens auch nach Ostern noch eine schöne Idee fürs Kinderzimmer. Neben Hühnereiern sind auch welche von Gänsen denkbar.

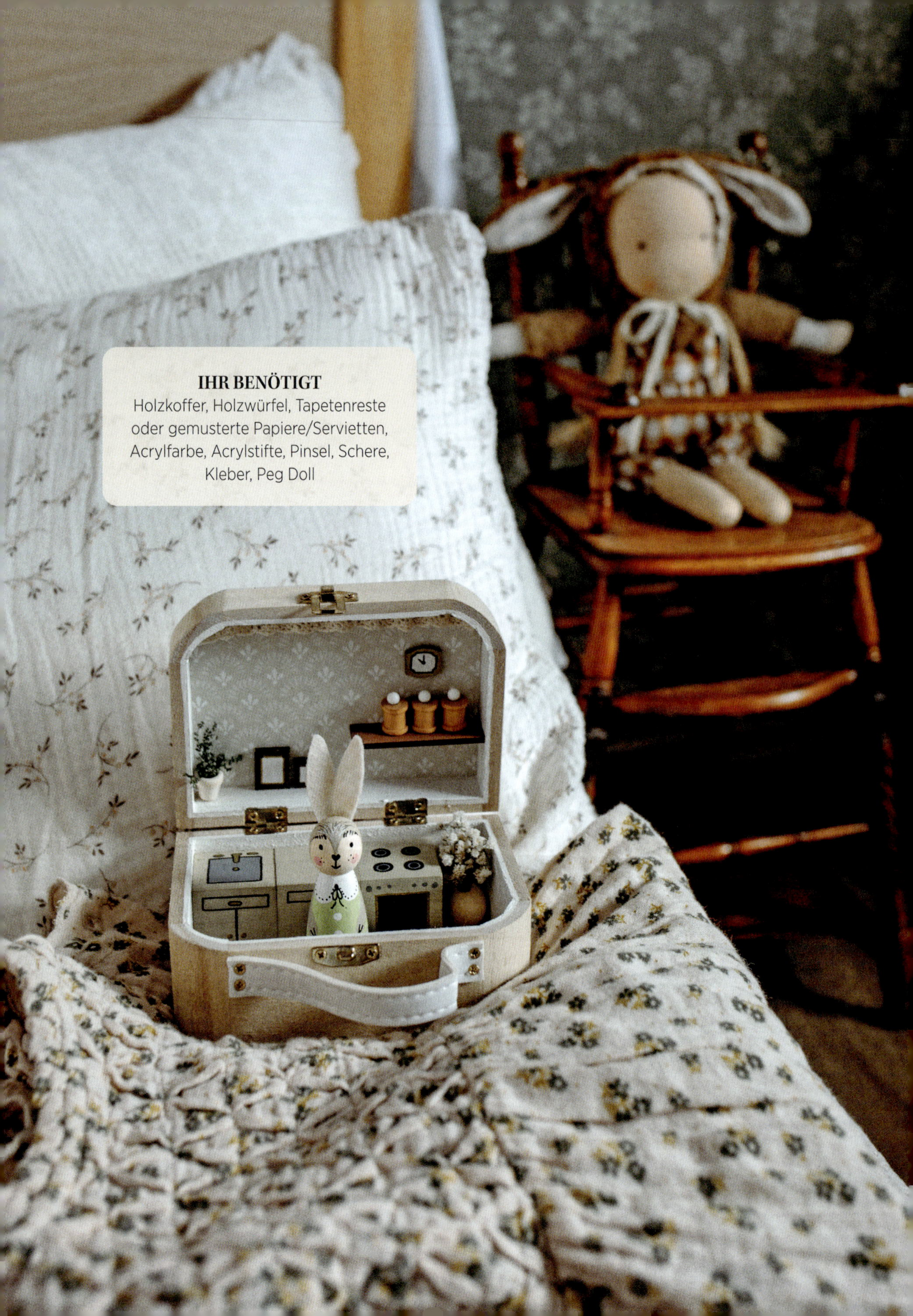

IHR BENÖTIGT

Holzkoffer, Holzwürfel, Tapetenreste oder gemusterte Papiere/Servietten, Acrylfarbe, Acrylstifte, Pinsel, Schere, Kleber, Peg Doll

Hasenkoffer

Habt ihr Lust auf eine weitere österliche Idee? Und liebt ihr es auch, Unerwartetes zu entdecken oder Alltägliches zweckzuentfremden? So wollte ich für Reisen eine Art tragbares Miniatur-Puppenzimmer für die Mädchen zu Ostern gestalten. Angelehnt an das liebste Hobby meiner Kleinen, das Backen, sollte es eine Küche werden.

Dafür beklebte ich die obere Kofferhälfte mit einem zurechtgeschnittenen Tapetenmuster. Dieses ummalte ich mit Acrylfarbe. Dann fertigte ich aus einem nicht ganz gerafften Spitzenkragen eine Art Gardine. Zurechtgeschnittene Holzeisstiele färbte ich erneut mit Acrylfarben dunkel ein und kürzte sie um die runden Enden, sodass daraus eine Uhr, ein Regal sowie mehrere festgeklebte Bilderrahmen entstanden.

Im nächsten Schritt bemalte ich mit Acrylfarben die untere, innere Kofferhälfte braun. Für saubere Kanten klebte ich mir die entsprechenden Bereiche ab und ließ alles gut trocknen. Währenddessen konnten die Holzwürfel zur Küchenzeile umgestaltet werden. Ein Backofen mit Kochfeldern, ein Unterschrank mit Spüle und ein weiterer mit Arbeitsfläche waren im Handumdrehen gemalt. Zuletzt wurde eine Holzperle zur Vase und Holzspulen mit Wasserperlen zu Vorratsdosen umfunktioniert. Schleierkraut sieht auch im getrockneten Zustand noch sehr schön aus, sodass dieses in die Perle geklebt wurde. Der Hase kann natürlich durch jede andere Art von Peg Doll ausgetauscht werden.

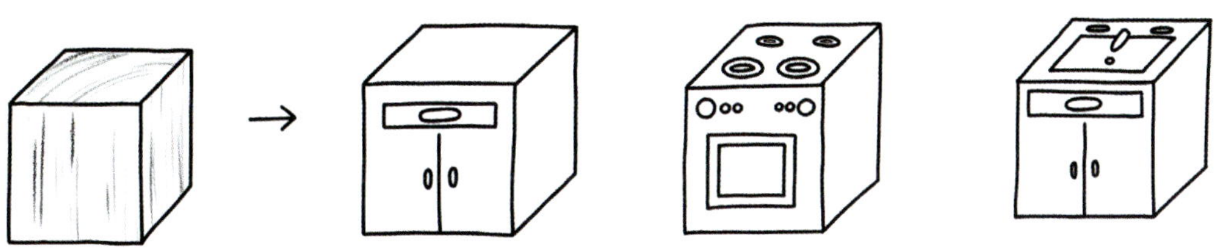

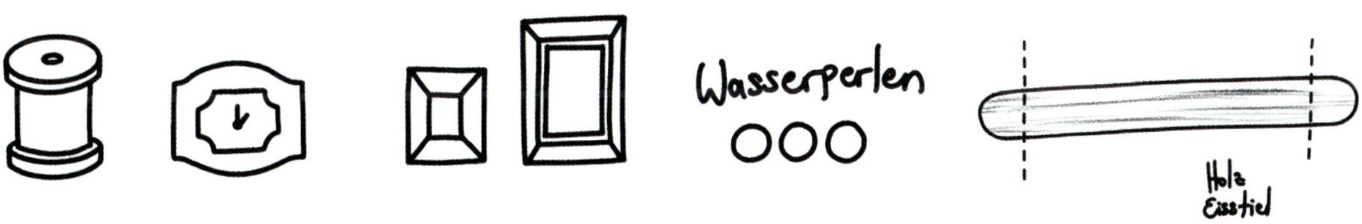

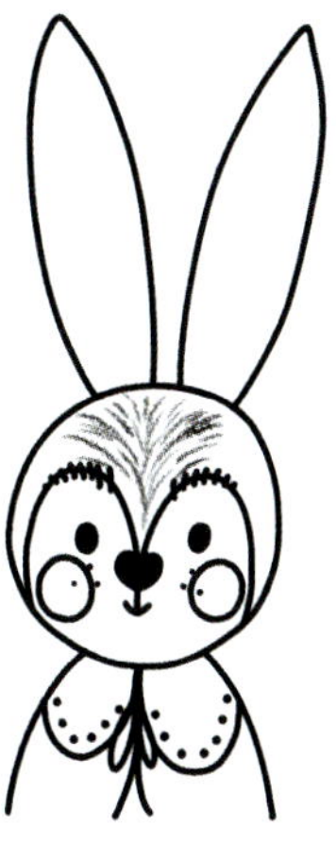

Tipp

Bevor ihr alles im Koffer verklebt, achtet darauf, dass ihr die Bestandteile so anordnet, dass sich der Koffer noch schließen lässt. Im Fall der Küche würde ich immer zuerst die Teile der unteren Kofferhälfte fest verkleben, bevor die Elemente der oberen Hälfte angebracht werden. Das Regal und die Wanddeko lassen sich flexibler anderweitig anordnen als z. B. die Küchenzeile.

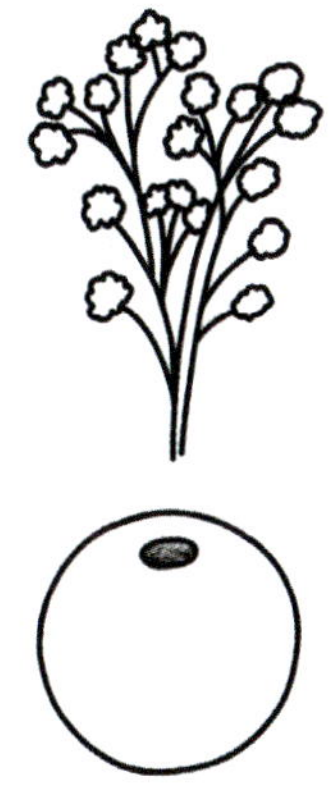

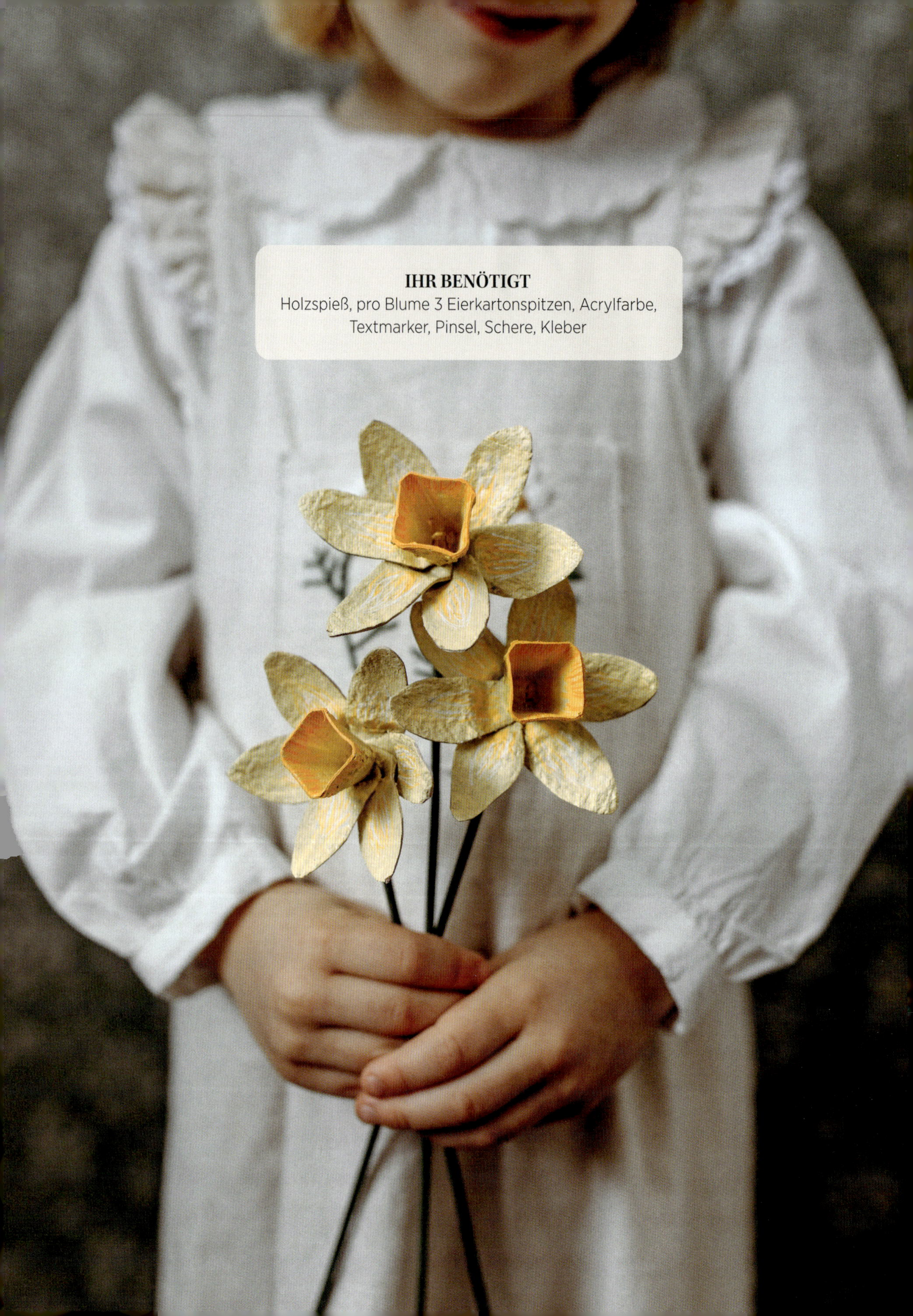

IHR BENÖTIGT
Holzspieß, pro Blume 3 Eierkartonspitzen, Acrylfarbe, Textmarker, Pinsel, Schere, Kleber

Osterglocken aus Eierkartons

Frühblüher geben einen ersten Vorgeschmack auf die kommende Blütenpracht, wenn die Natur aus dem Winterschlaf erwacht. Strahlende Vorboten sind die Osterglocken, die nicht nur im Garten nett anzusehen sind. Wer zu Hause keine pflücken kann, bastelt sie sich nach dieser Anleitung. Und versprochen: Sie halten auch deutlich länger :-)!

Wie bei den Schneeglöckchen-Wäscheklammerfiguren zu Eierkartonspitzen greifen und diese blütenförmig aufschneiden, um einzelne Blütenblätter zu erhalten. Pro Osterglocke sechs Blütenblätter ausschneiden und noch einmal eine separate Spitze auf ca. 3 cm kürzen. Alles gelb bemalen und mit Textmarkern Blattadern mitsamt der gezeigten Details aufmalen. Einen Holzspieß z.B. mit Acrylfarbe grün einfärben. Im Anschluss die sechs Blütenblätter übereinanderkleben und in die Mitte die gekürzte Spitze setzen. Zuletzt den Holzspieß von unten befestigen, und schon kann eure Osterglocke in eine Vase einziehen!

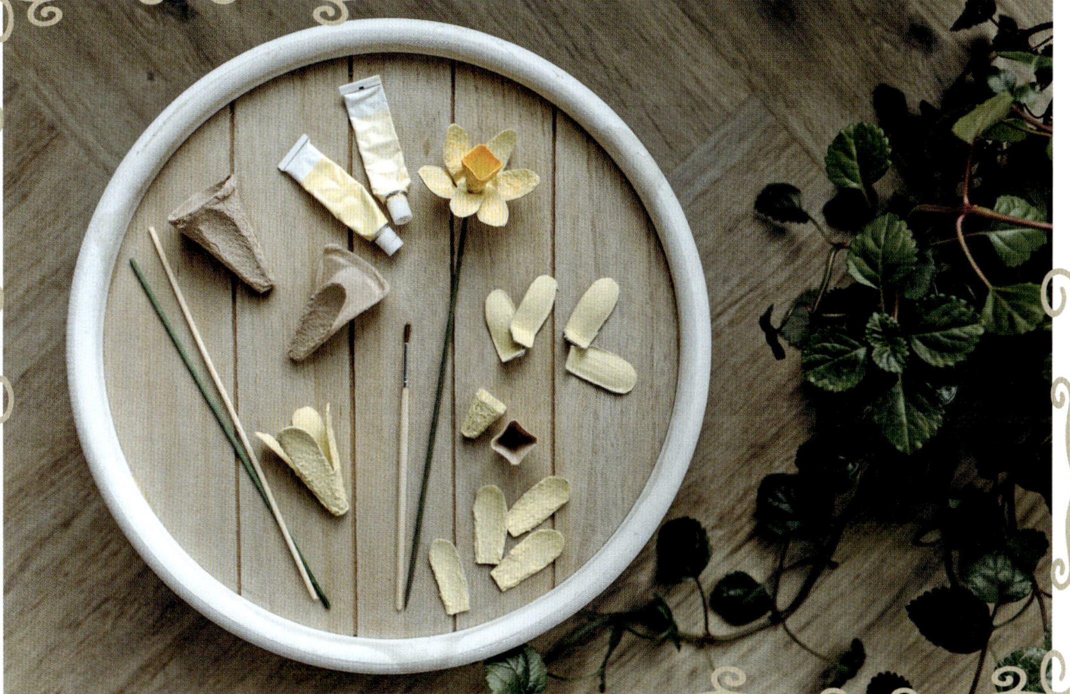

Tipp

Aus Krepppapier könnt ihr bei Lust und Laune auch Blätter für den Stiel fertigen. So wirken eure Blumen noch echter!

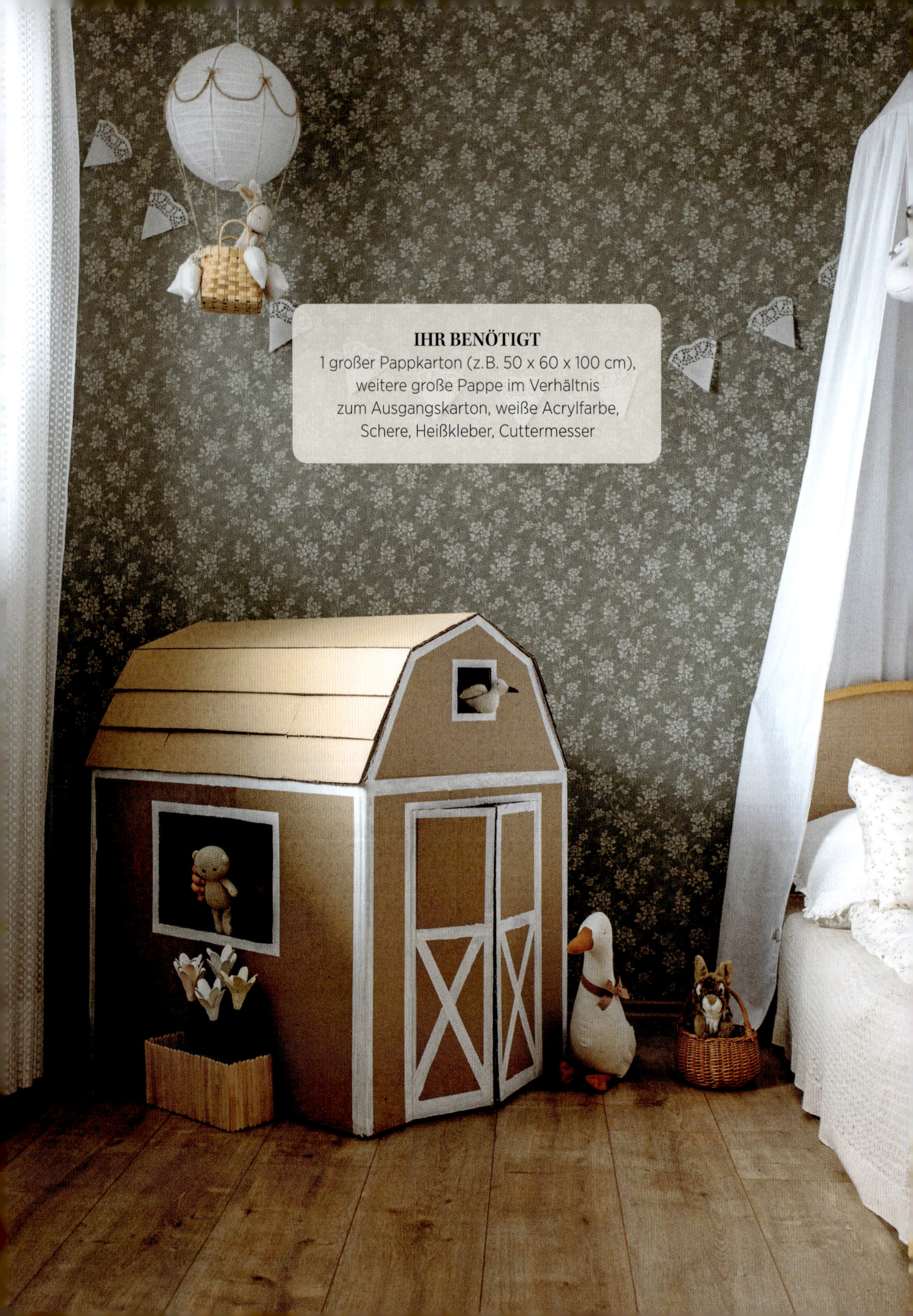

IHR BENÖTIGT

1 großer Pappkarton (z.B. 50 x 60 x 100 cm), weitere große Pappe im Verhältnis zum Ausgangskarton, weiße Acrylfarbe, Schere, Heißkleber, Cuttermesser

Scheune

Nachdem klar war, wie der Osterhase reist, stellte sich gleich die nächste Frage …
Damit wurde eine weitere DIY-Idee geboren:
F.: „Mama, wo wohnt eigentlich der Osterhase?"
E.: „Mama, ich weiß es, ich weiß es!"
F.: „Wo denn?"
E.: „Natürlich in einer Scheune! Schließlich hat er dort auch seine Werkstatt, wo er die ganzen Eier bemalt!"

Um die Chancen zu erhöhen, dass der Osterhase auch bei uns seine Malkünste spielen lässt, bauten wir eine Scheune wie folgt:
1. + 2. Einen großen Karton mit Öffnung nach oben hin wurde folgendermaßen skizziert, um Türen sowie Fenster mit einem Cuttermesser einzuschneiden:

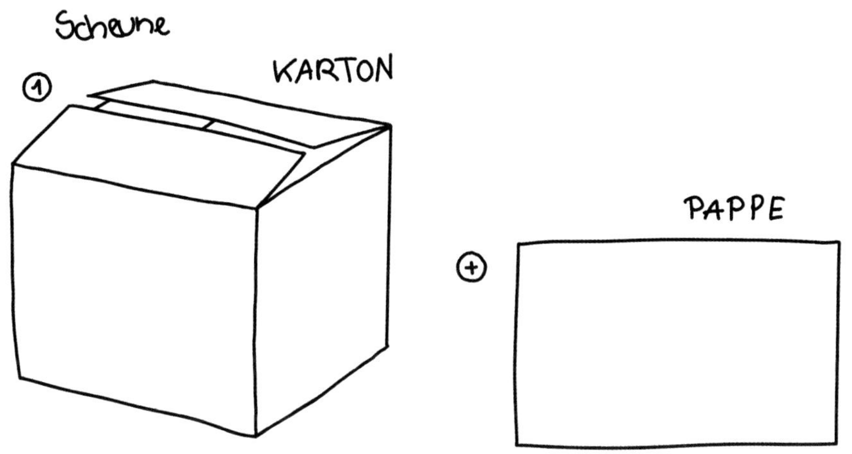

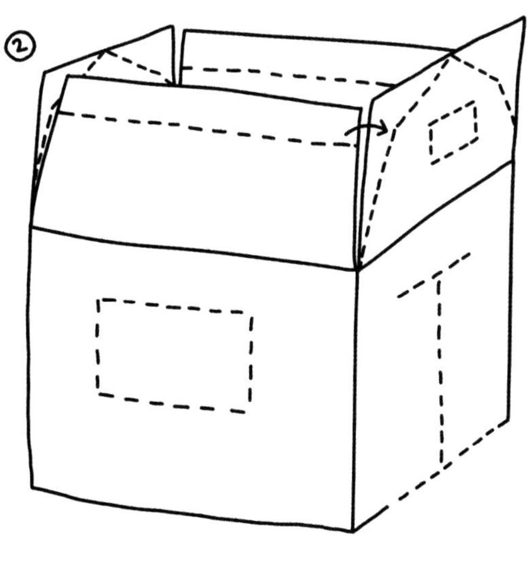

Abbildung
Ein weiteres Stück Pappe war nötig, um daraus Elemente für das Dach zu bauen (Größe abhängig von eurer Kartongröße → ist z.B. euer Karton 1 m tief, muss die Pappe ebenfalls mindestens 1 m lang sein).

3. Schneidet aus dieser Pappe Streifen, die so lang wie die Seite eures Kartons sind. Aus den oberen Seitenklappen der Front und der Rückseite eurer Scheune schneidet ihr einen Giebel für ein Mansardendach (5-eckig). Die anderen Seitenklappen des Kartons so kürzen, dass sie bündig zur Front werden, und sie mit dieser verkleben. Vor der Fertigstellung des Daches unbedingt noch die Umrandungen der Fenster, das Türmuster usw. mit weißer Acrylfarbe aufmalen.

4. Von eurer separaten Pappe ein Stück so knicken, dass es die Öffnung des Daches verschließen kann. Minimal überlappend auf den aufgestellten Seitenklappen festkleben und die zuvor ausgeschnittenen Streifen als Abschluss ebenfalls aufkleben.

Nun sollte der Osterhase bereit sein, seine Werkstatt zu beziehen!

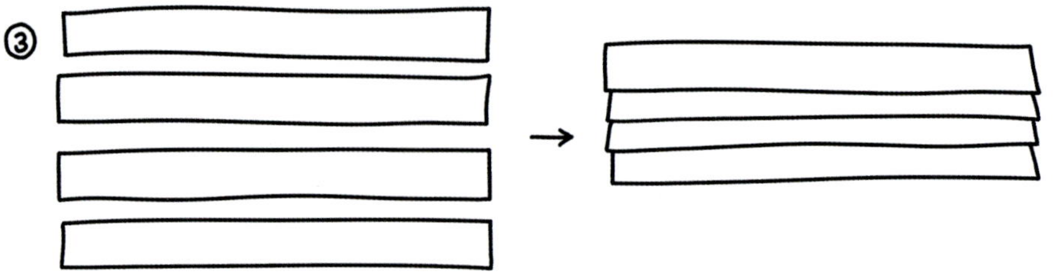

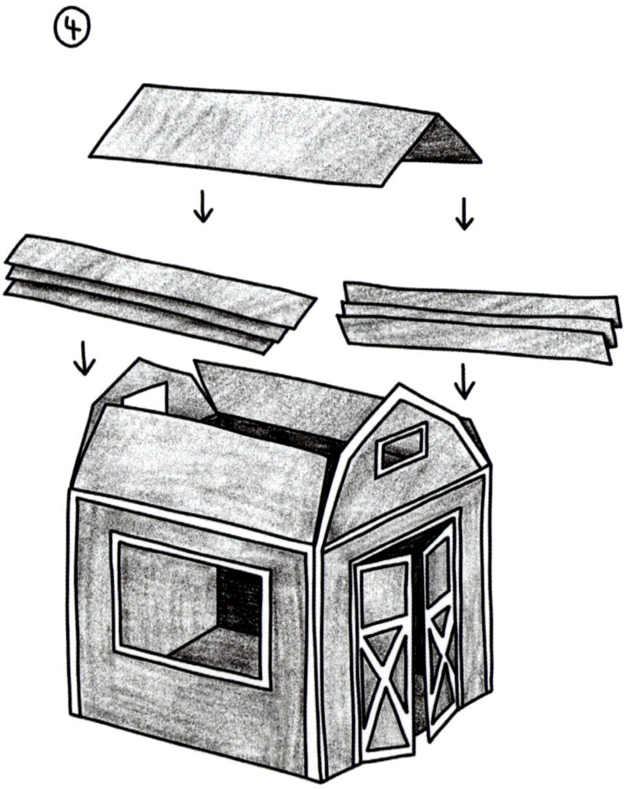

Tipp

Für gerade Kanten eurer Malereien nutzt gerne Washitape oder Malerkrepp. Aus Kartonresten lassen sich wunderbar Blumenkästen zaubern, die ihr einfach mit Holzeisstielen bekleben könnt, um noch mehr Countryfeeling entstehen zu lassen.

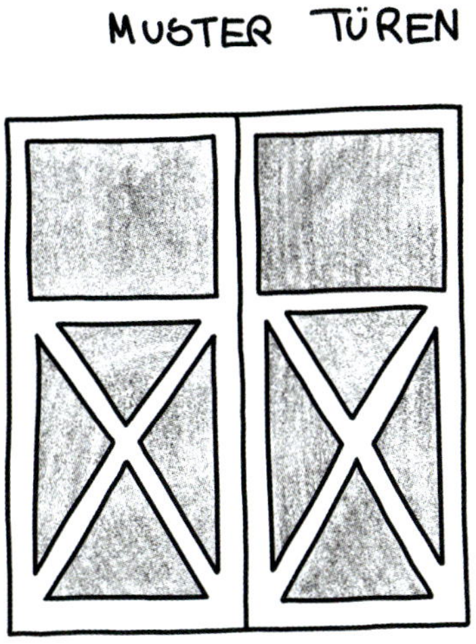

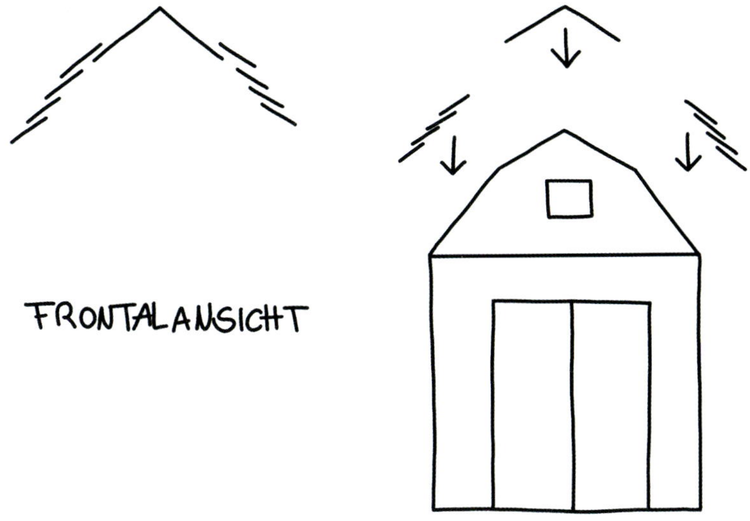

Bei den Osterglocken seid ihr bereits auf den blumigen Geschmack gekommen? Dann staffiert euren Blumenkasten mit einer weiteren Version aus: Schneidet 2 Eierkartonspitzen blütenartig, malt diese an und klebt sie wie gezeigt ineinander. Der Holzspieß wird grün bepinselt und im Blüteninnere wird noch eine Filzkugel angebracht.

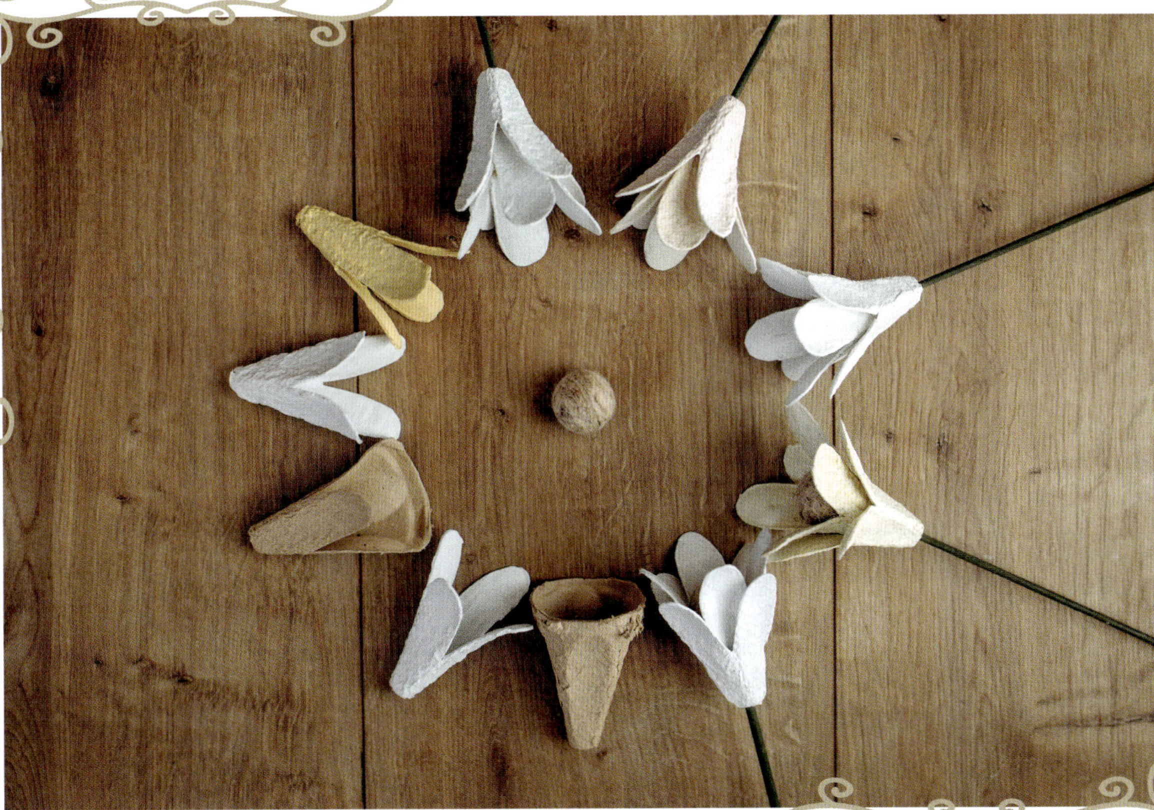

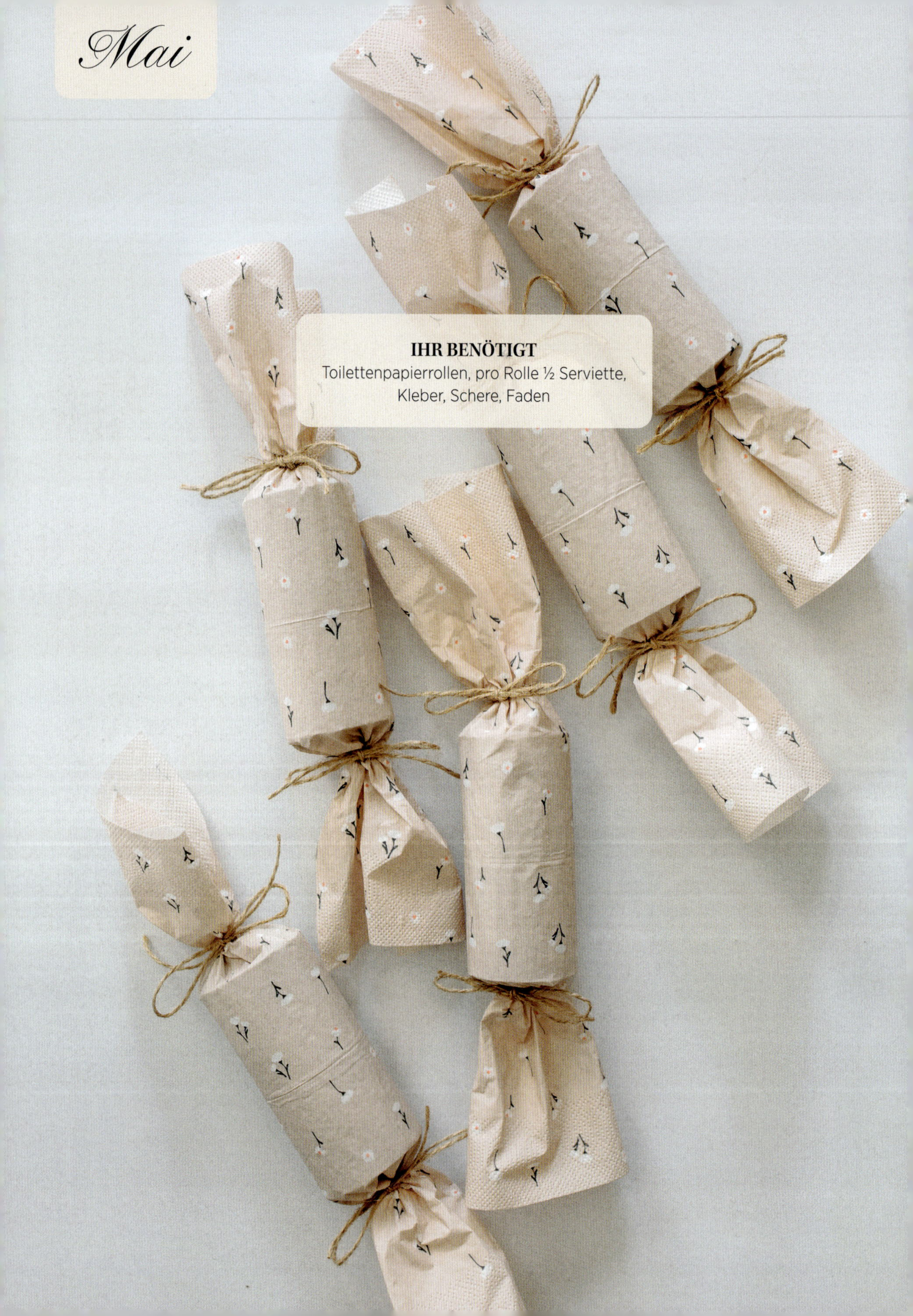

IHR BENÖTIGT

Toilettenpapierrollen, pro Rolle ½ Serviette, Kleber, Schere, Faden

Bonbonverpackung

Hat sich im April noch alles um Ostern gedreht, darf der Mai mit einer wahrhaft süßen Idee glänzen: Wozu Toilettenpapierrollen alles gut sein können, oder? Beispielsweise wenn wieder Kindergeburtstage bevorstehen oder man einfach mit einem kleinen Wow-Effekt ein paar Süßigkeiten verschenken mag. Dann bietet es sich doch an, die Leckereien in einem XXL-Bonbon zu verpacken …

Dafür eine quadratische Papierserviette auf die Hälfte schneiden und ein Teilstück um eine Toilettenpapierrolle kleben. Die Süßigkeiten hineinfüllen und die Enden mit einer Schnur verknoten. Definitiv ein Hingucker und schon fast mit einer Geling-Garantie!

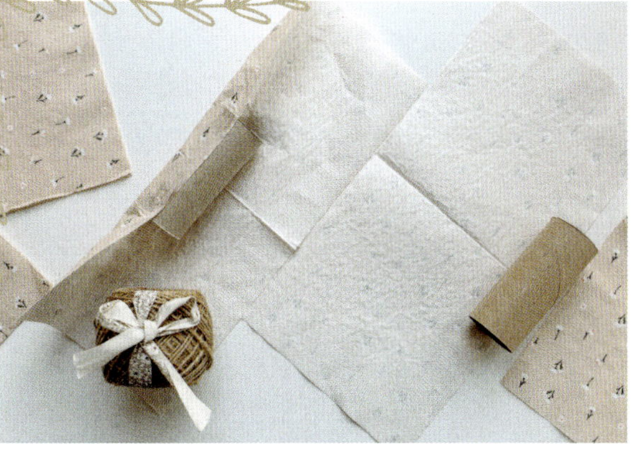

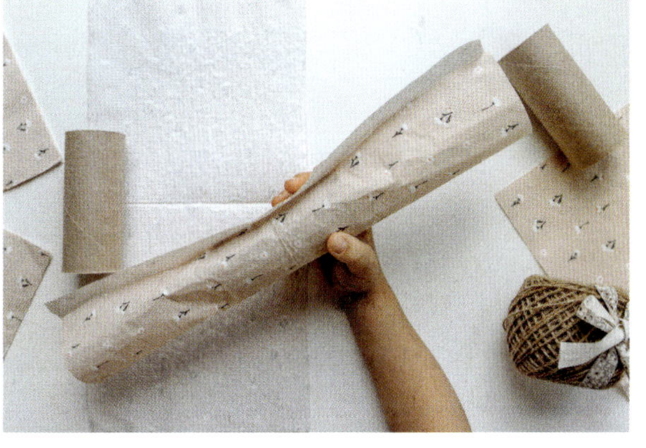

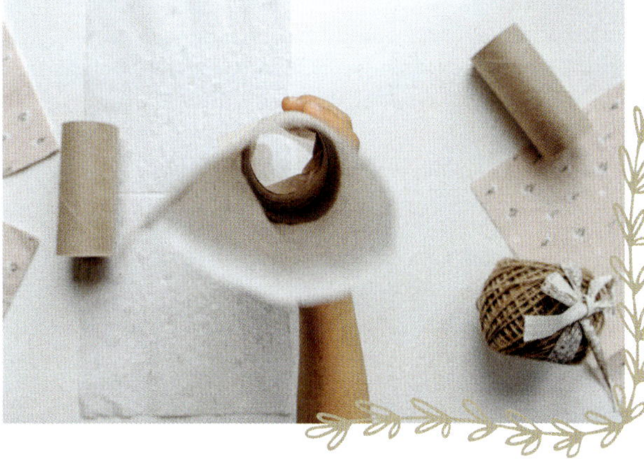

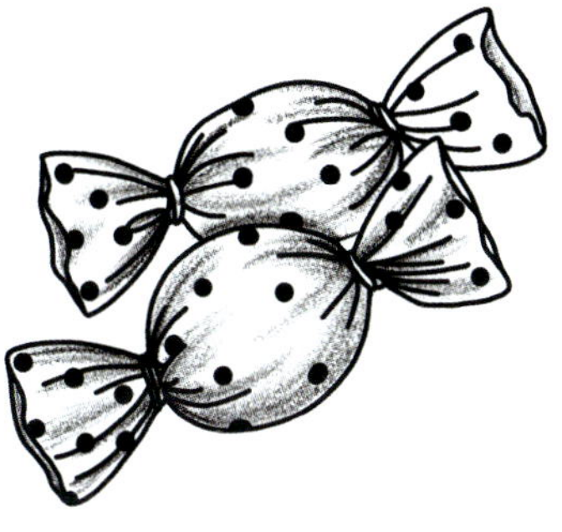

Tipp

Wer noch Tüllreste oder Verpackungspapiere übrig hat, kann sie zusätzlich nutzen oder als Alternative, um die Bonbonverpackungen aufzuhübschen.

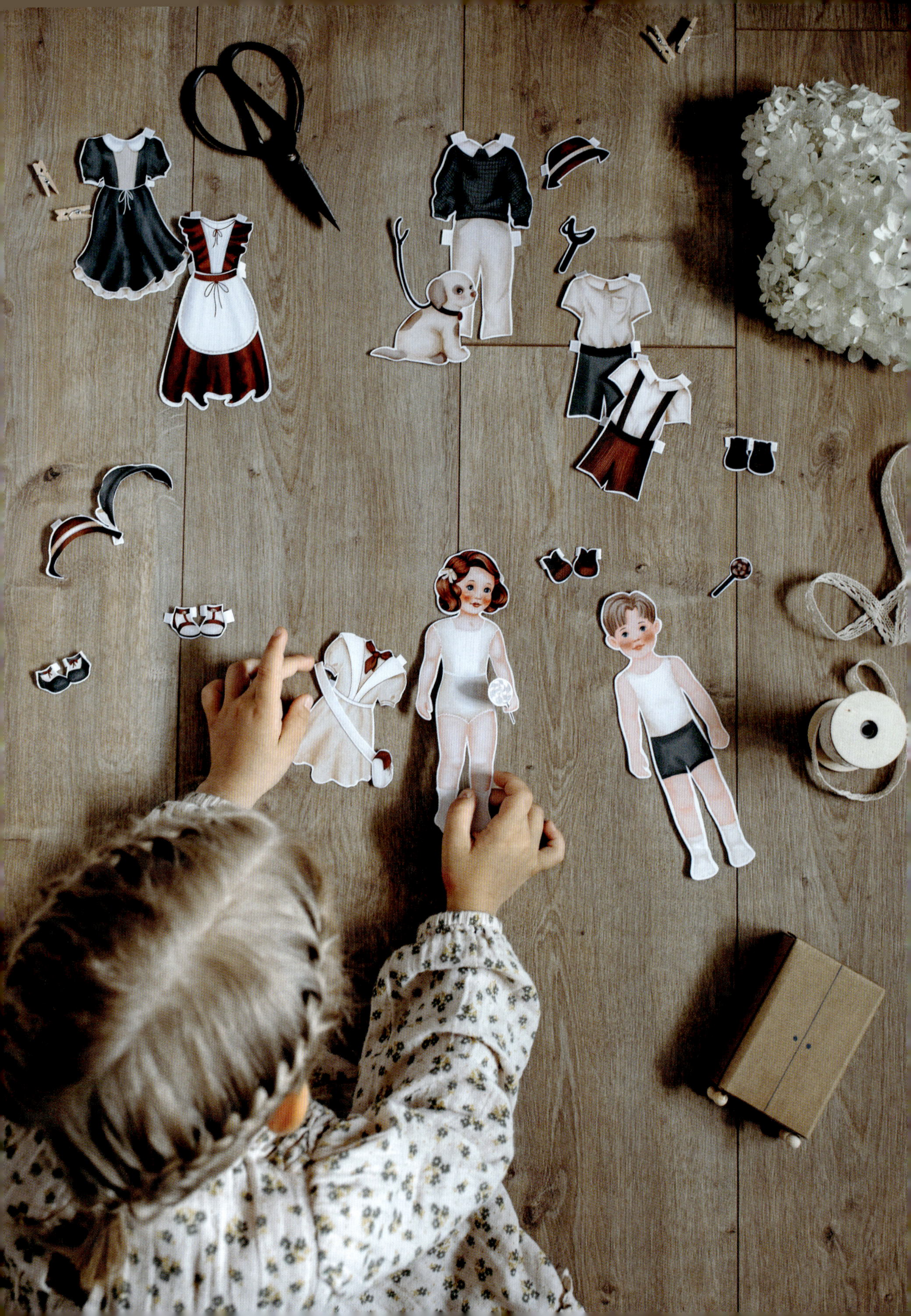

Anziehpuppen

IHR BENÖTIGT
Schere, für den Schrank einen Karton, Kleber, 4 kleine Holzperlen nach Wahl

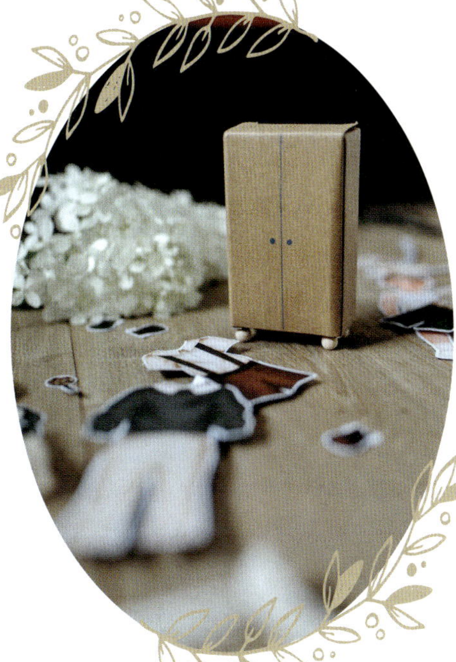

Ich kann mich noch sehr gut daran erinnern, dass ich selbst als kleines Kind Anziehpuppen besaß. Ganz akkurat musste alles mit der Kinderschere ausgeschnitten werden, und in einem Karton bewahrte ich sehr lange alle Kleidungsstücke auf. Sogar ein Bettchen wurde ihnen gezaubert. Eine Erinnerung, die ich meinen und vielen anderen Kindern da draußen nicht vorenthalten wollte. Deshalb sind im Anhang (Seite 169/170) ein Mädchen und ein Junge samt vieler liebevoll gestalteter Accessoires und Kleidungsstücke zu finden.
So können die Kinder nicht nur nach Belieben die Puppen umziehen, sondern auch direkt ein Projekt des Buches umsetzen und die Feinmotorik schulen.
Um nichts zu verlieren, empfehle ich eine Aufbewahrung. Aus kleineren Kartons lässt sich im Handumdrehen ein Kleiderschrank zaubern, um noch mehr die Fantasie zu beflügeln. Einfach vier Holzperlen als Füße darunter kleben, alles bemalen, und schon kann es los gehen :)

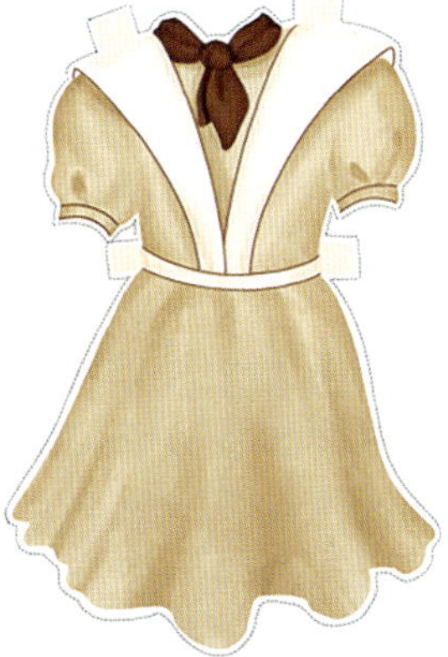

Tipp

Um den Lolly in die Hände der Puppen zu stecken, mit dem Cuttermesser vorher einen Schlitz in die jeweilige Hand schneiden.

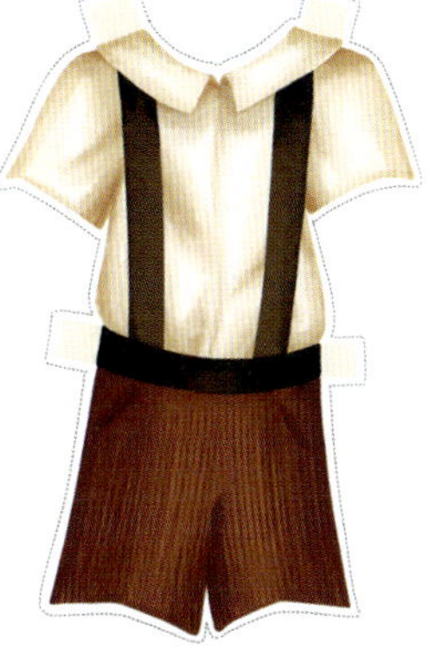

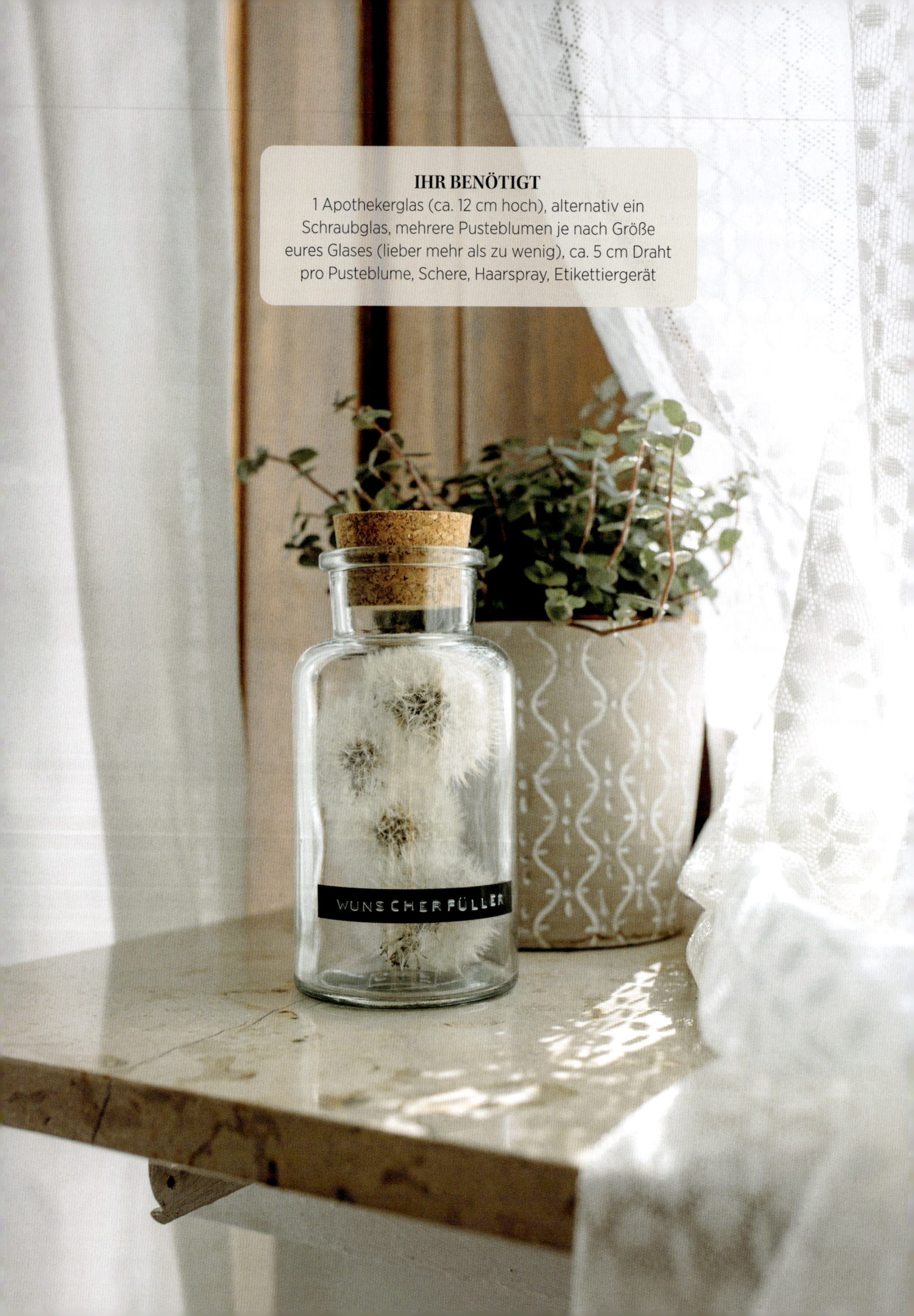

IHR BENÖTIGT

1 Apothekerglas (ca. 12 cm hoch), alternativ ein Schraubglas, mehrere Pusteblumen je nach Größe eures Glases (lieber mehr als zu wenig), ca. 5 cm Draht pro Pusteblume, Schere, Haarspray, Etikettiergerät

Wunsch-Erfüller

Pusteblumen sind einfach unendlich magisch. Und es gehört irgendwie dazu, sich jede greifbare zu schnappen, tief Luft zu holen und gaaaanz fest zu pusten – und manchmal mit den fliegenden Schirmchen in Gedanken einen Wunsch auf die Reise zu schicken. Wie wäre es aber, Pusteblumen haltbar zu machen und sie vielleicht einem lieben Menschen zu einem besonderen Anlass zu schenken?

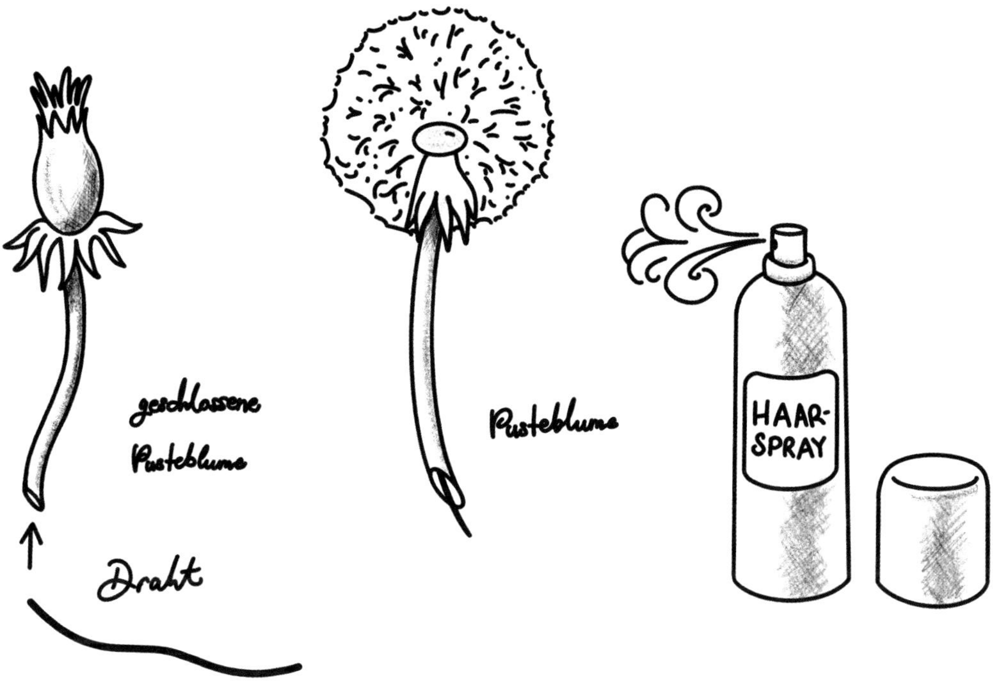

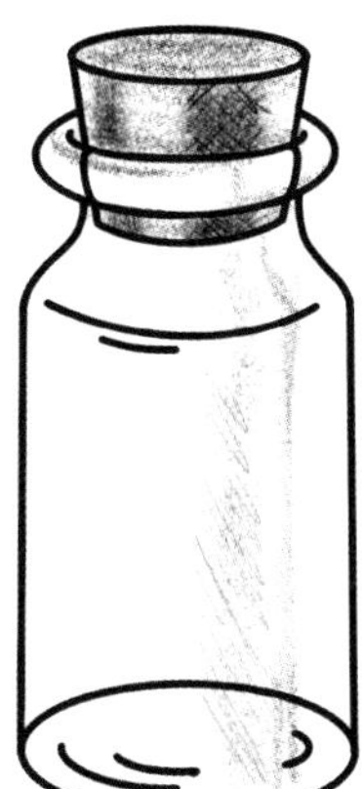

Nicht nur ein Hingucker, sondern auch super einfach in die Tat umgesetzt! Ihr müsst lediglich eine geschlossene Pusteblume am Vorabend pflücken. In den hohlen Stängel führt ihr bis zum Stempel einen Draht ein und wartet, bis sich die Pusteblume am nächsten Morgen komplett geöffnet hat. Nun besprüht ihr sie an der frischen Luft ganz vorsichtig mit Haarspray, bis sie komplett damit benetzt ist. Tastet vorsichtig, ob alles fest erscheint und trocken ist. Denn jetzt könnt ihr den Stängel so weit kürzen, dass ihr mehrere Exemplare in ein Apothekerglas stecken könnt. Nur noch mit einem Etikettiergerät den Schriftzug „Wunsch-Erfüller“ auf die Flasche kleben, und schon könnt ihr einem Herzensmenschen eine Freude bereiten.

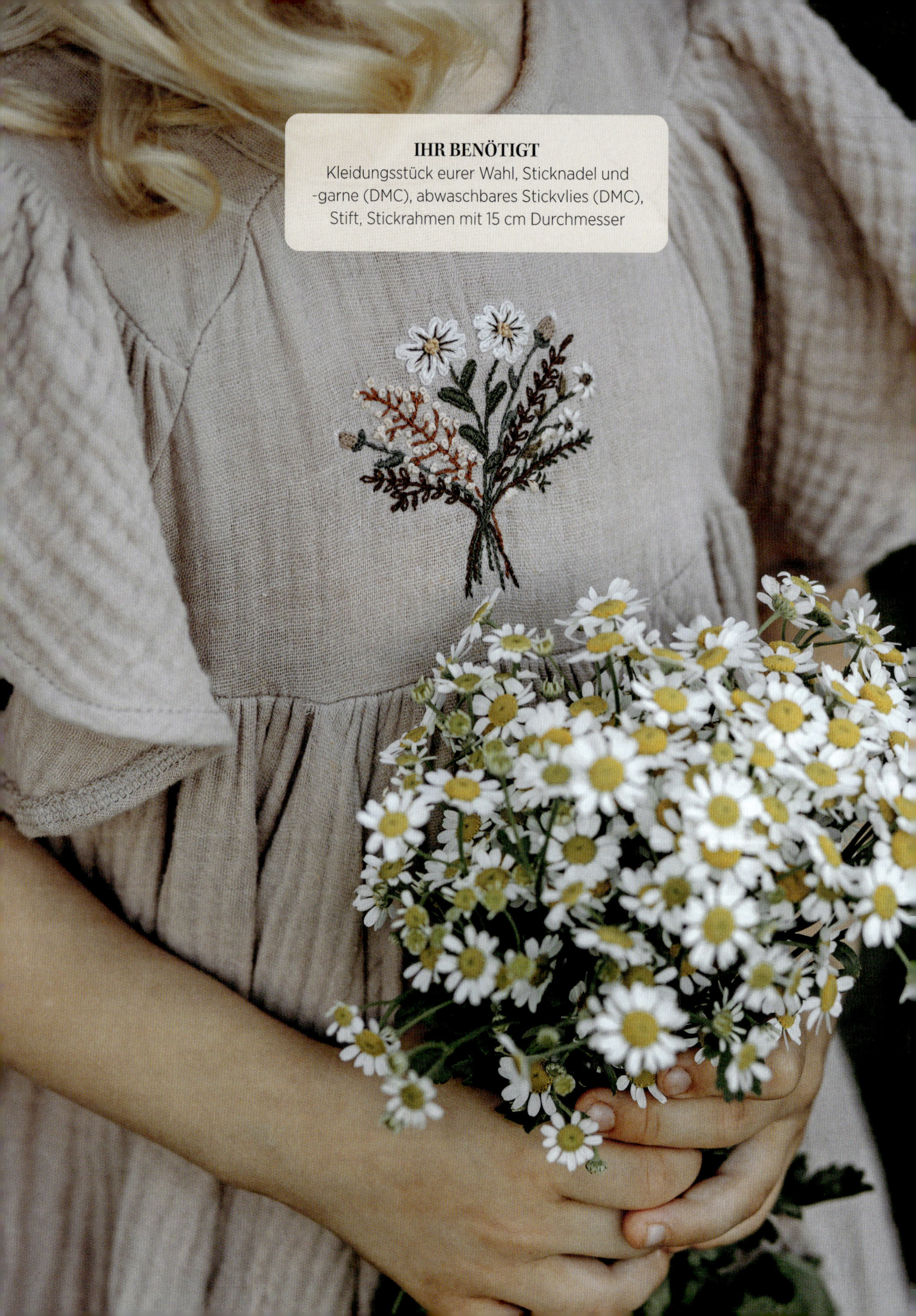

IHR BENÖTIGT

Kleidungsstück eurer Wahl, Sticknadel und -garne (DMC), abwaschbares Stickvlies (DMC), Stift, Stickrahmen mit 15 cm Durchmesser

Kleidung besticken

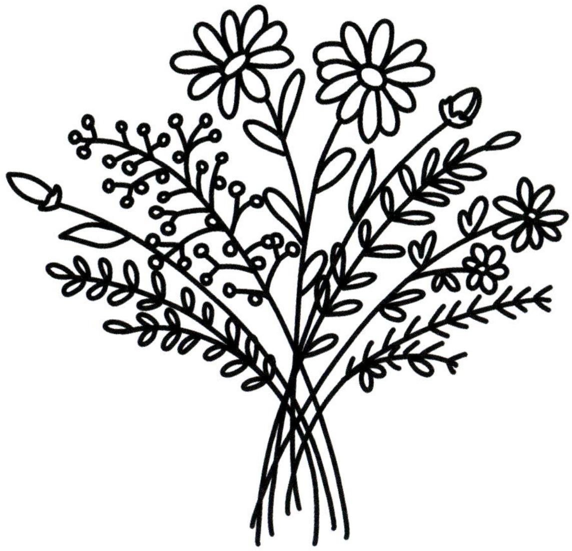

Im Mai wird es so langsam wärmer, die Kleidung luftiger … und hin und wieder verliebt man sich in ein Kleidungsstück, aber es fehlt etwas. Oder man hat einfach Lust, es zu individualisieren? Oder gar ein Loch nett abzudecken? Dann bietet sich Sticken dafür bestens an! Mit wenigen, einfachen Stichen und etwas Geduld entstehen oft richtige Eyecatcher! So wirkt zum Beispiel das Kleidchen hier mit dem von mir aufgestickten Blumenstrauß schon ganz anders! Für den Anfang sind auch Halstücher oder Haarspangen tolle Projekte.
Zunächst möchte ich euch aber ein paar Infos an die Hand geben. Dann könnt ihr gerne sofort loslegen. Anfangs ist zu sagen, dass nicht jeder Stoff für Anfänger geeignet ist. So lässt sich etwa Cord nur schwer mit der Hand besticken. Und wie in meinem Fall sollte bei Musselin das Motiv immer auf abwaschbares Stickvlies gemalt werden. So verzieht sich euer Motiv nicht, und ihr könnt es sauber aufzeichnen.
Am einfachsten lässt sich, meiner Meinung nach, Leinen besticken. Generell sind alle luftigen, glatten, nicht-stretchigen Stoffe super, wenn ihr noch keine Erfahrungen mitbringt.

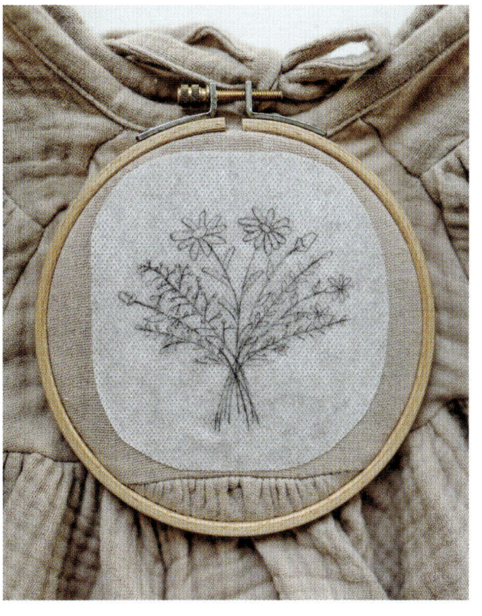

Gut zu wissen ist außerdem, dass ein Stickgarn immer aus sechs einzelnen Fäden besteht. Um filigrane Motive sticken zu können und weniger 3D zu arbeiten, verwende ich häufig immer nur zwei bis drei Fäden. Beim Blumenstrauß benötigt ihr nur für den Knötchenstich drei Fäden pro Farbe, sonst immer zwei! Generell empfehle ich euch auch hier, immer wertige Materialien zu verwenden. Gerade bei Kleidung, die mehrfach getragen

Kettenstich

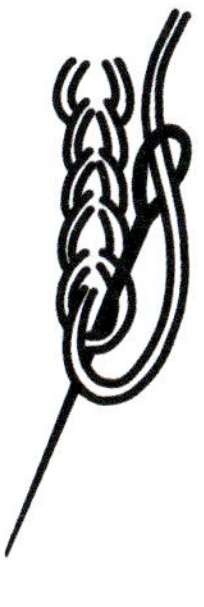

Plattstich

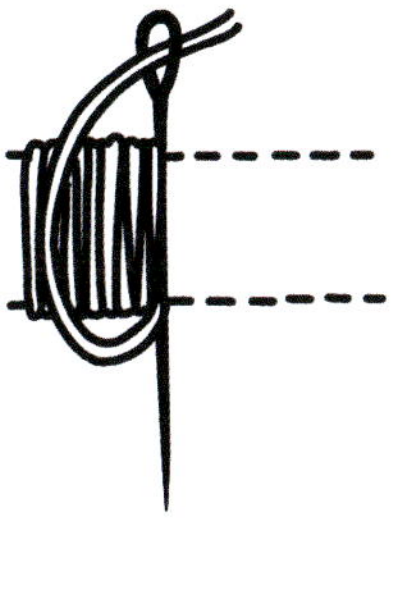

Stielstich

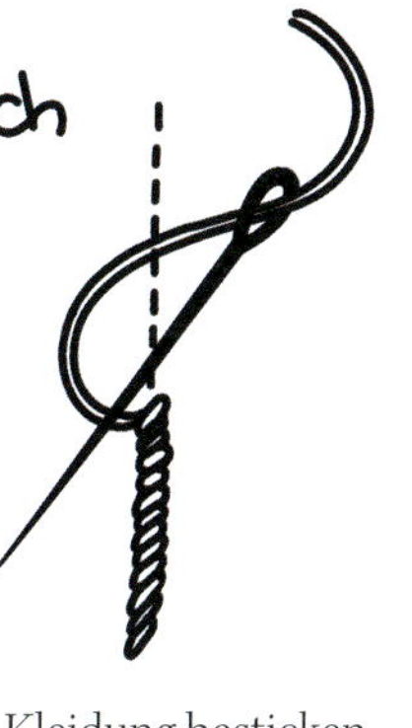

werden soll, wäre es schade um eure Mühe, wenn nach einmal Waschen das Motiv fusselt oder sich ggf. verzieht. Achtet beim Kauf auch darauf, dass euer Garn sich bis 90 Grad waschen und somit auch bügeln lässt. Am liebsten kaufe ich meine bei DMC oder Anchor und mische ähnliche Farbpaletten, beispielsweise Herbsttöne für den Strauß.
Habt ihr euch nun für ein Kleidungsstück entschieden, so könnt ihr mein Straußmotiv folgendermaßen nachsticken:

1. Spannt euren Stickrahmen um die Stelle, die ihr besticken wollt, und malt (z.B. abpausen) eure Vorlage auf das Stickvlies. Dafür könnt ihr z.B. einen Kugelschreiber oder Fineliner nehmen, um die durchgedruckten Konturen zu verstärken. Schneidet danach mit etwas Rand das Vlies so zurecht, dass ihr es auf den Stoff in den Rahmen kleben könnt.
2. Stickt alle Halme/Äste mit dem Stielstich. Wählt jeden Stich ca. 0,5 cm groß.
3. Bei den dunkelbraunen Ästen verwendet ihr für die ebenfalls dunkelbraunen Blätter den Kettenstich. Die Kugeldisteln links und rechts in Dunkelbeige werden ebenfalls mit diesem Stich gearbeitet.
4. Alle dunkelgrünen Blätter und weißen Blütenblätter werden im Plattstich gearbeitet. Bei Blumen kommt noch hinzu, dass bei den grünen Blättern wie auch den Blütenblättern eine Umrandung mit dem umwickelten Vorstich gestickt wird. Die braunen Details auf den Margeriten-Blütenblättern sind einfache Stiche vom Blütenblatt Richtung Blütenstempel mit jeweils einem von sechs Fäden.
5. Der Knötchenstich wird bei dem rostfarbenen Zweig mit Hellbeige gestickt. Auch die Blütenstempel der Margerite werden mit insgesamt drei Knötchenstichen pro Blüte und bei den zwei kleineren weißen Blümchen mit einem Knötchenstich mit drei Fäden gestickt.
6. Mit Cremeweiß und erneut drei Fäden stickt ihr weitere Knötchenstiche an den rostfarbenen Zweig.
7. Der Blattstich folgt dann wieder mit zwei Fäden an den Halmen der kleinen, weißen Blumen.
8. Ganz zum Schluss beendet ihr euer Projekt mit einfachen Rückstichen an den ganz rechten, unteren Zweig mit Dunkelgrün.
9. Nun löst ihr den Stickrahmen und taucht eure bestickte Stelle in kaltes Wasser. Reibt vorsichtig das Stickvlies ab, lasst den Stoff trocknen und bügelt das Kleidungsstück gegebenenfalls.

Tipp

Ihr möchtet euer Motiv auch von der Rückseite schützen, so dass sich keine Knoten oder andere Fäden lösen? Dann verwendet im Anschluss zusätzlich aufbügelbares permanentes Stickvlies im Kleidungsinneren. Es ist ebenfalls bei DMC im Shop zu finden.

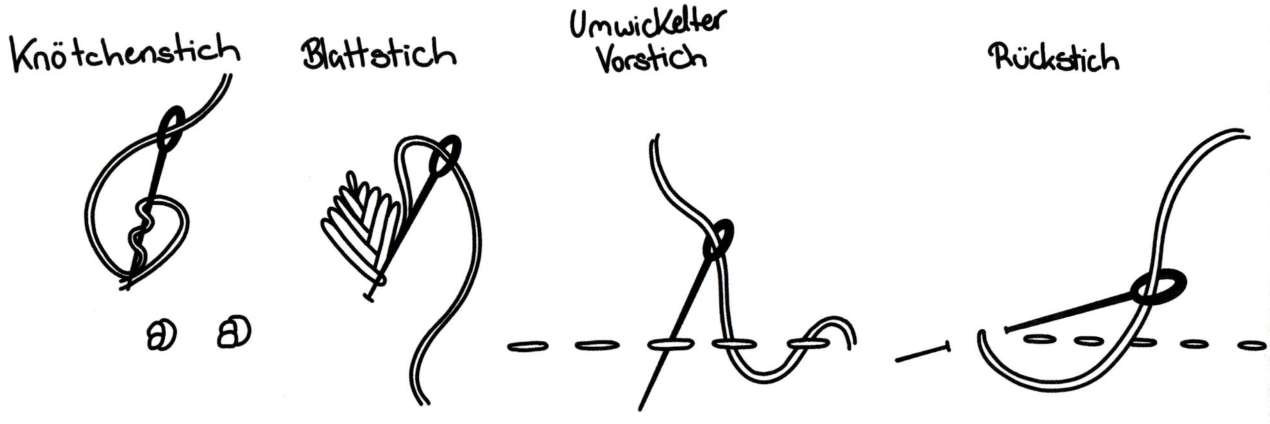

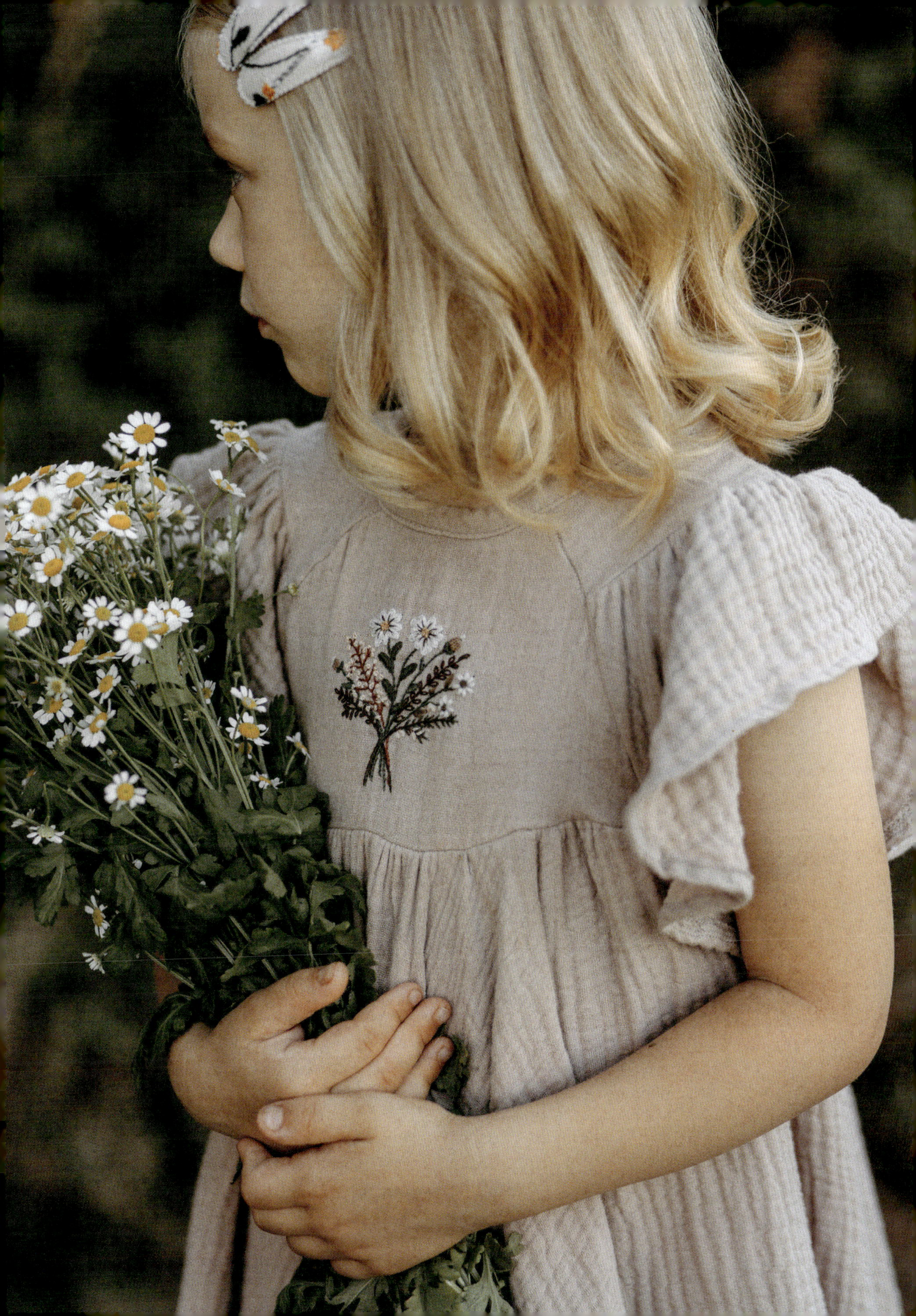

IHR BENÖTIGT

Gepresste Blüten, Pappkarton, Kraftpapier, Stempel + Stempelkissen, ggf. Laminierfolie, Kleber, Schere

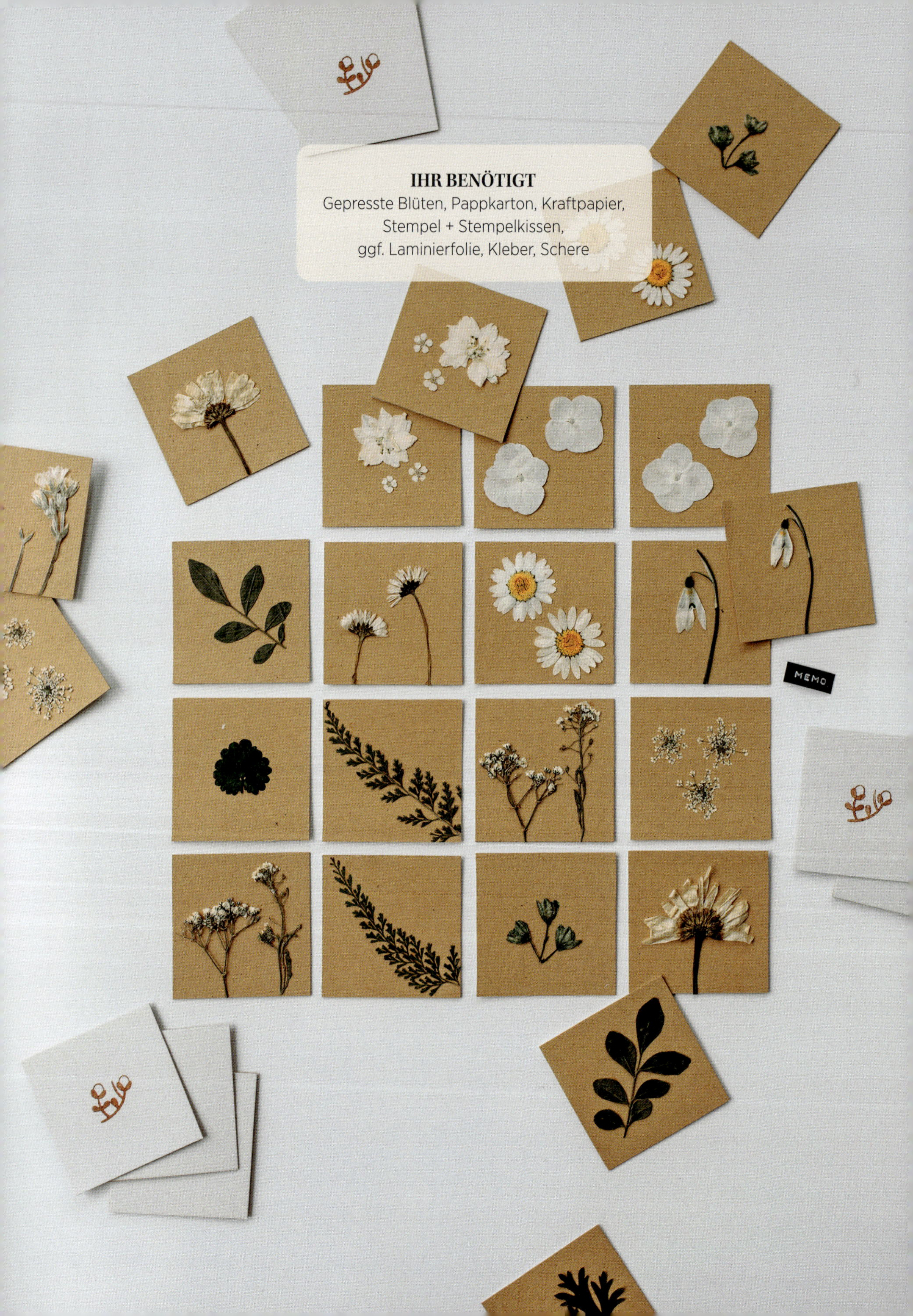

Blumen-Memory

Memory, ein Spiel, an das ich mich wirklich sehr gut erinnere – und selbst als Erwachsene habe ich mich nie zu alt dafür gefühlt. Es hält gedanklich fit und wird nie langweilig, vor allem, wenn man es selbst gestaltet.
Als es um die Frage der Motive ging, haben wir uns für selbst gepresste Blumen entschieden, die es als Paare zusammenzufinden gilt. Das Schöne dabei ist, dass man es jederzeit erweitern kann. Außerdem ist es eine wunderbare Gelegenheit, die heimischen Blumen noch näher kennenzulernen.
Zur Vorbereitung beklebt man weißes Papier von einer Seite mit Kraftpapier, oder man nimmt gleich Karton. Das Material wird zu gleich großen Quadraten zugeschnitten. Dann die gepressten Blumen aufkleben und die Karten gegebenenfalls laminieren, damit sie länger halten. Wichtig: Die Blumen müssen wirklich trocken sein, da sich sonst Schimmel unter der Folie bildet. Neben Blumen bieten sich auch Blätter und Gräser an. Um den Rätselspaß zu steigern, können optional auch gleiche Blumen in unterschiedlichen Stadien (geschlossene Blüte, offene Blüte usw.) gepresst und beschriftet werden.
Als kleines i-Tüpfelchen haben wir unsere Rückseiten noch bestempelt.

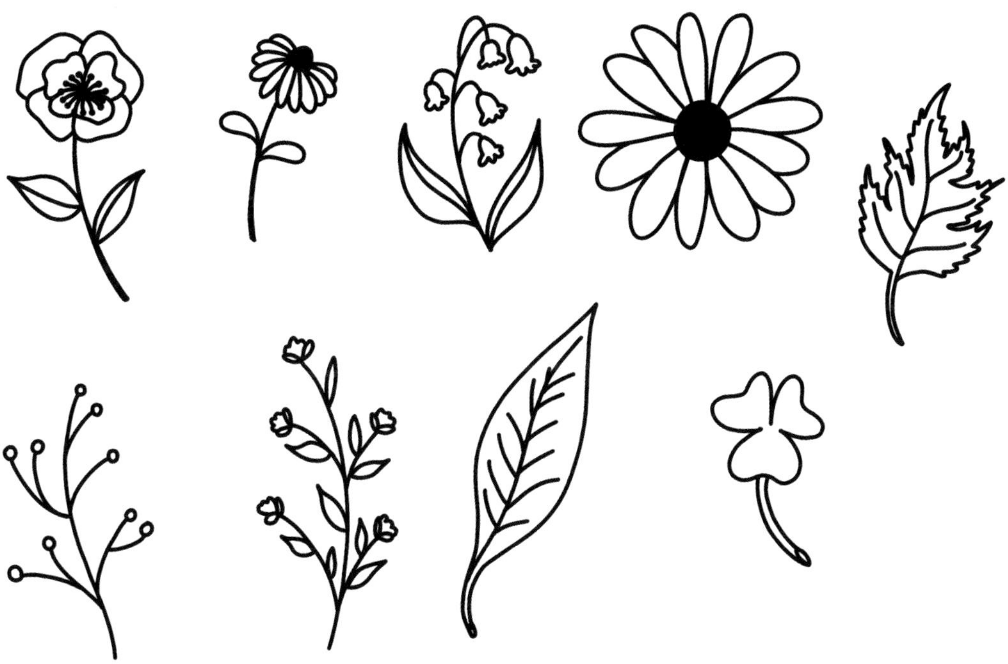

Ganz passend dazu noch ein Zitat, an das ich bei diesem Projekt denken musste:

„Drei Dinge sind uns aus dem Paradies geblieben:
die Sterne der Nacht, die Blumen des Tages und die Augen der Kinder.“

Dante Alighieri

Bastelt ihr noch oder spielt ihr schon?

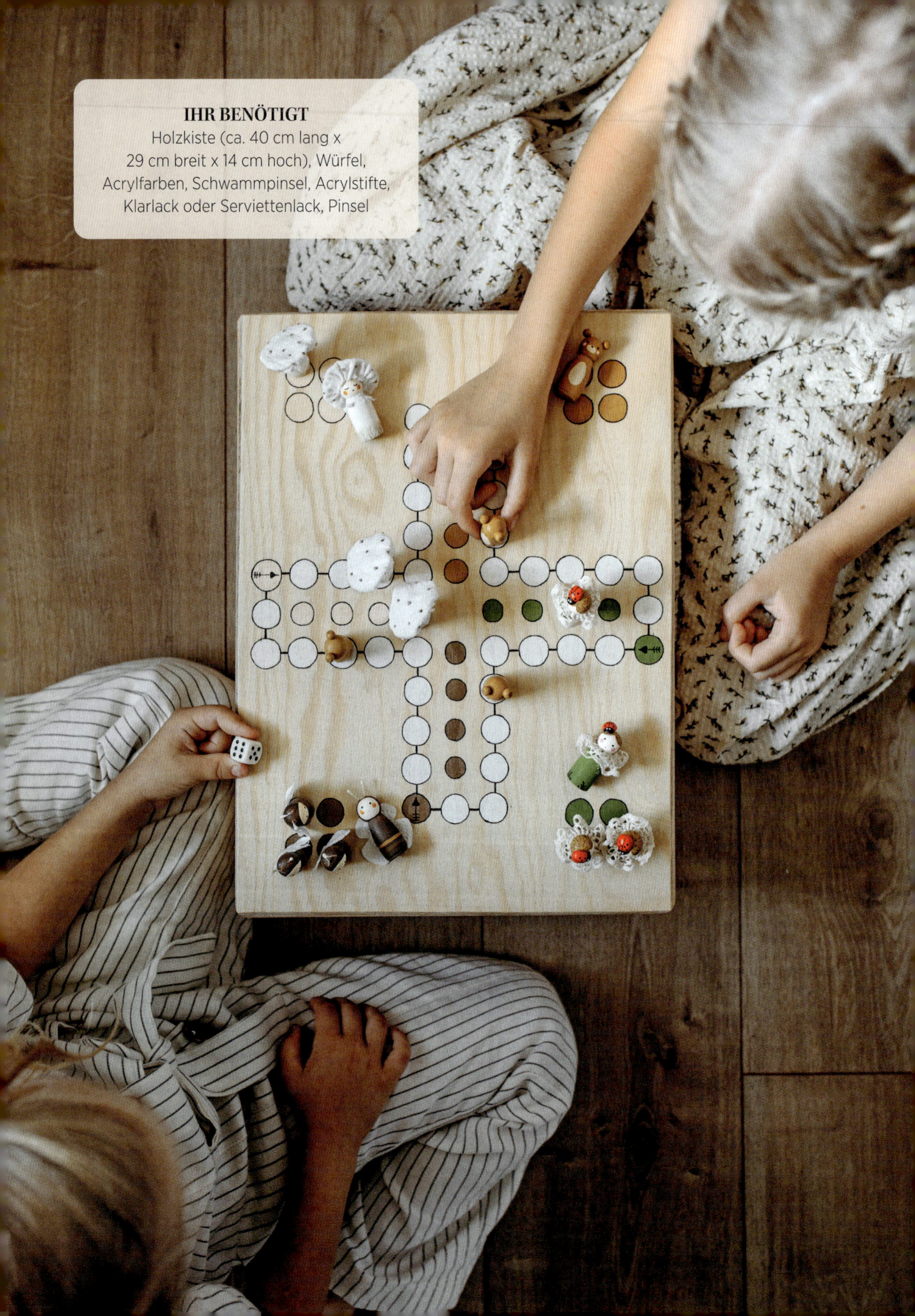

IHR BENÖTIGT

Holzkiste (ca. 40 cm lang x 29 cm breit x 14 cm hoch), Würfel, Acrylfarben, Schwammpinsel, Acrylstifte, Klarlack oder Serviettenlack, Pinsel

Peg-Doll-Mensch-ärgere-dich-nicht

Nun zu einem wahren Klassiker: Wer hat sich noch nie dabei aufgeregt …? Und wer hat sich immer tierisch gefreut, als Erster alle vier Figuren im Häuschen platziert zu haben? Spiel wiedererkannt? Na klar! Und deshalb definitiv ein Must-have für jedes Kinderzimmer. Schön für Jung und Alt, oder wenn die Kleinen gerade das Zählen erlernen!

Für einen ganz besonderen Spielspaß wollten wir eigene Figuren zaubern. Unsere Wahl fiel wieder auf die Peg Dolls. Generell gilt: Meine Maßangaben müssen nie 1:1 umgesetzt werden. Wenn eure Kinder lieber größere Figuren in die Hand nehmen oder ihr euch auch kleinere Varianten zutraut, ist das völlig ok! Ändert alles entsprechend euren Bedürfnissen ab!

Als Spielbrett kann ein Stück Pappe herhalten. Wer aber etwas Langlebiges wünscht, sollte besser zu Holz greifen. Schließlich weiß man ja nie, wie sehr sich mancher Spieler in Aktion ärgert! :-) Alternativ funktionieren auch super gut Holzkisten aus dem Baumarkt. Der Deckel der Kiste wird als Spielfeld bemalt, und gleichzeitig habt ihr direkt eine Spielekiste für z.B. Kartensets, das Memory aus dem vorherigen Projekt, einen Platz für eure Würfel samt Figuren und und und.

Bei den Spielfiguren gibt es schier unendliche Möglichkeiten, sie zu gestalten. Im einfachsten Fall malt man sie wie beim Klassiker einfach in unterschiedlichen Farben an. In unserer Ausführung wünschten sich die Mädchen Figuren aus dem Themenfeld „Wald". So entstanden Schmetterlinge, Blütenkinder mit Marienkäfer, Bären und Pilze.

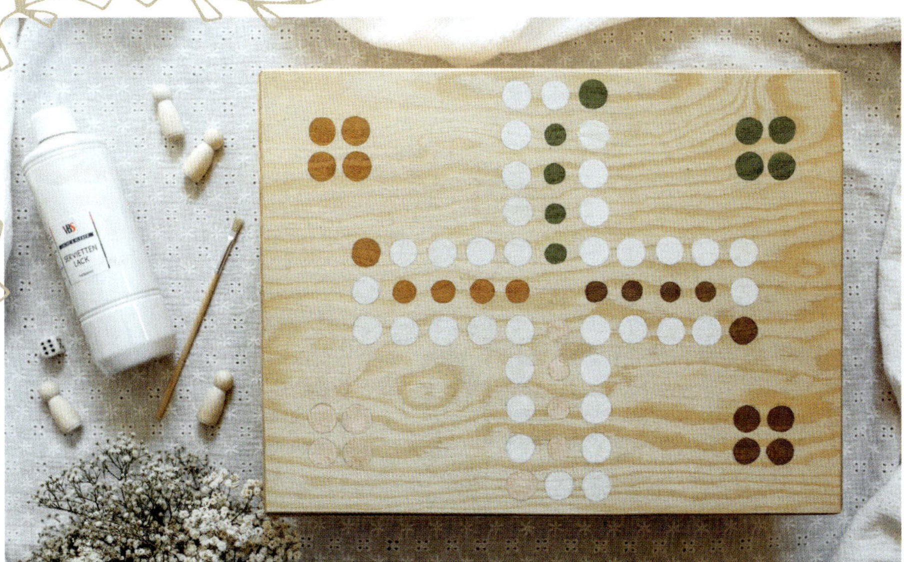

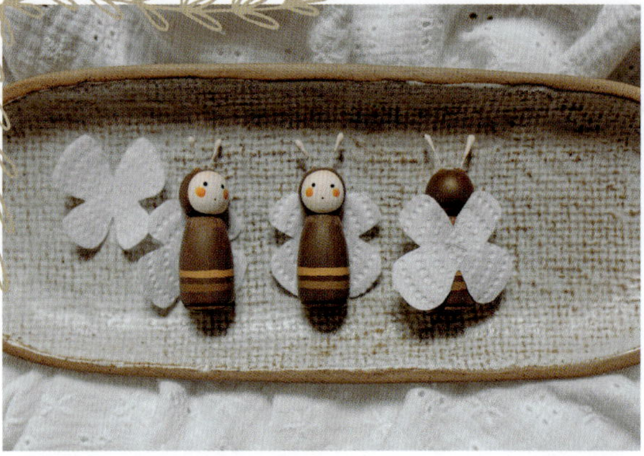

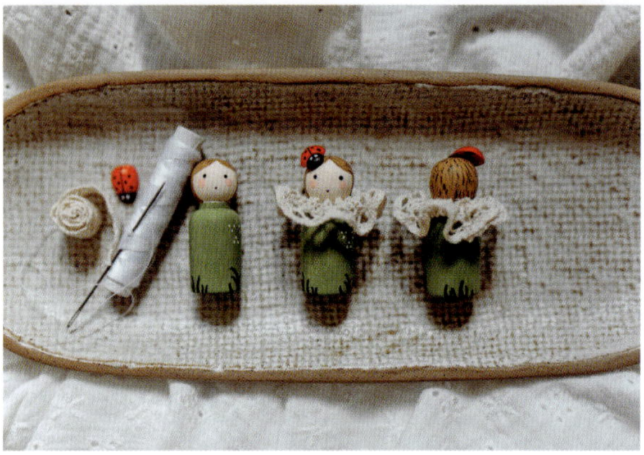

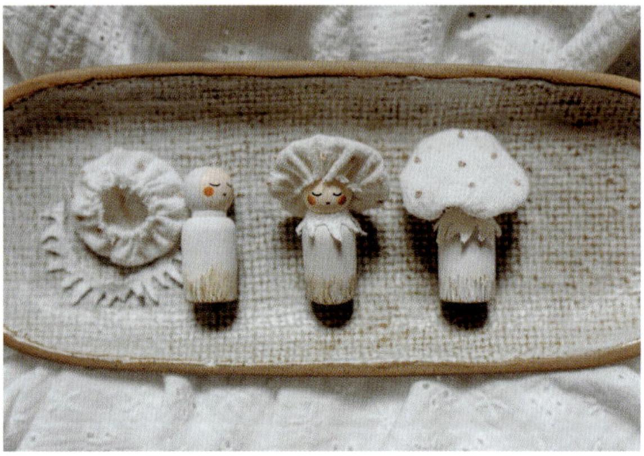

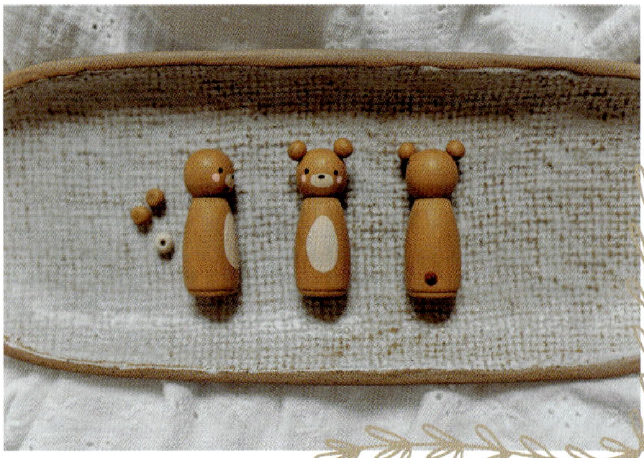

Das Spielfeld
Das Spielfeld wurde mit Acrylfarbe und einem Schwammpinsel gestaltet. Acrylstifte kamen für die Details zum Einsatz. Solltet auch ihr zu Holz greifen, dann am besten euer Spielfeld erst minimal anschleifen/anrauen und nach dem Gestalten mit einem Klarlack versiegeln, um Abplatzungen zu vermeiden und die Stoßfestigkeit zu erhöhen. Solltet ihr gerne mit Serviettentechnik arbeiten, funktioniert auch dieser Lack dafür bestens!

Schmetterlinge wie gezeigt malen, Fühler und Flügel aufkleben. Wir waren uns im Endeffekt nicht ganz einig, ob es auch Motten sein könnten :)

Blütenkinder wie gezeigt bemalen, Marienkäfer auf den Kopf kleben und wie bei der Clowntütenpuppe den Kragen mit einer Borte gestalten. Von oben betrachtet, wirkt die Borte später wie ein Kranz Blütenblätter.

Pilze wie gezeigt bemalen und dann auf Stoff (z.B. Leinen) einen Kreis mit 8,5 cm Durchmesser aufmalen und ausschneiden. Diesen wie im Kapitel September „Kürbisse und Pilze" gezeigt mit dem Faltenkragen-Prinzip „nähen". Final den Faden erst zusammenraffen, wenn ihr der Peg Doll den Pilzhut aufgesetzt habt. Gut verknoten und mit Kleber noch einmal den gesamten Pilzhut fixieren. Danach aus Stoffresten gezackt einen Kragen ausschneiden und um den Hals kleben.

Bären wie gezeigt malen und jeweils 2 kleine Perlen als Ohren aufkleben. Wenn ihr mögt, kann das Perlenloch mit Kleber ausgefüllt und ebenfalls mit Farbe betupft werden.

Tipp

Bei der Gestaltung der Figuren darauf achten, dass sie sich immer noch gut greifen und bespielen lassen. Wenn ihr nicht sicher seid, ob das funktioniert, gestaltet sie lieber minimalistischer. Nach dem Spielen kann man die Figuren auch in die Kinderzimmer-Deko integrieren. Bitte auf kleine Mitspieler achten, die Kleinteile verschlucken könnten!

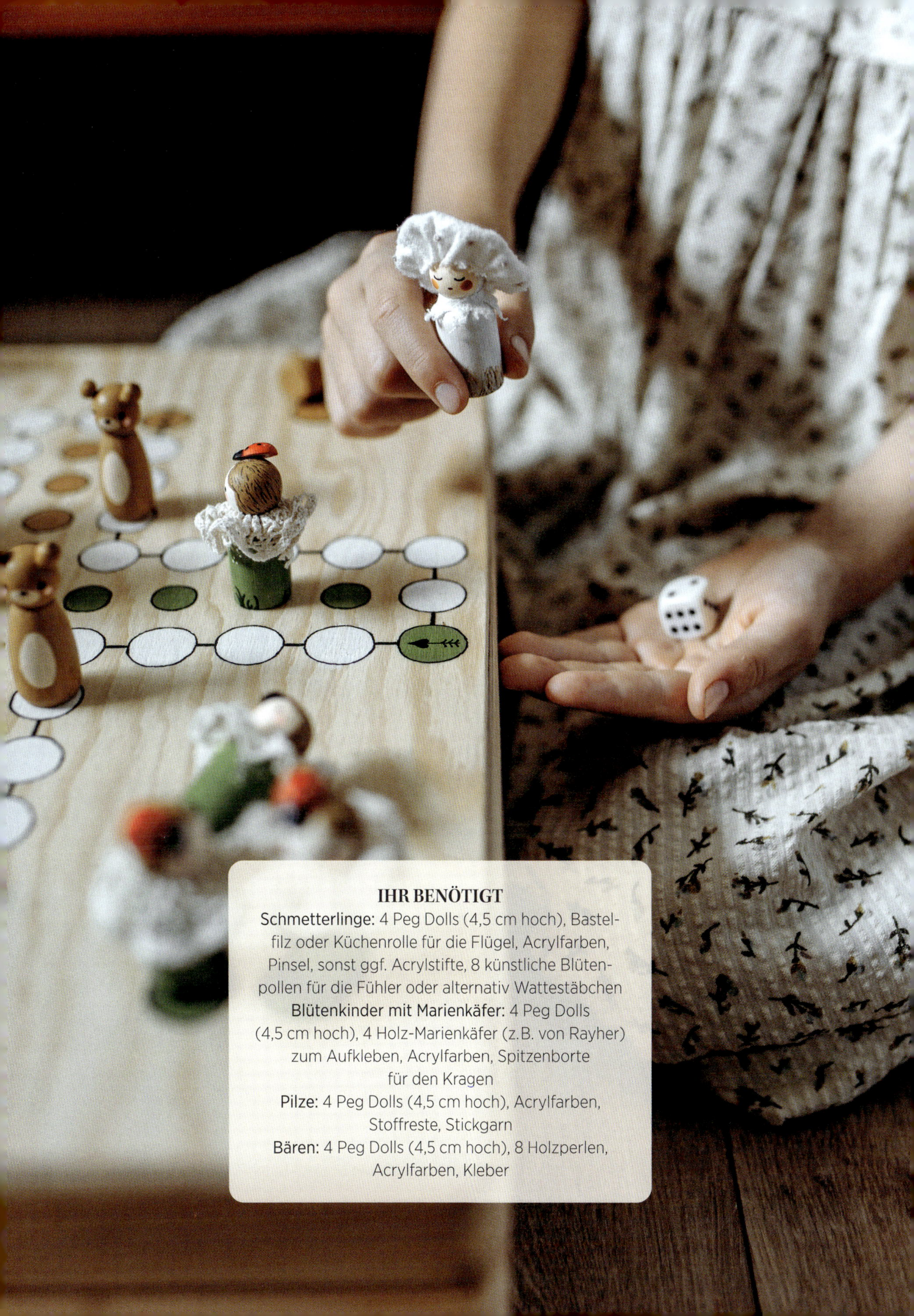

IHR BENÖTIGT

Schmetterlinge: 4 Peg Dolls (4,5 cm hoch), Bastelfilz oder Küchenrolle für die Flügel, Acrylfarben, Pinsel, sonst ggf. Acrylstifte, 8 künstliche Blütenpollen für die Fühler oder alternativ Wattestäbchen
Blütenkinder mit Marienkäfer: 4 Peg Dolls (4,5 cm hoch), 4 Holz-Marienkäfer (z.B. von Rayher) zum Aufkleben, Acrylfarben, Spitzenborte für den Kragen
Pilze: 4 Peg Dolls (4,5 cm hoch), Acrylfarben, Stoffreste, Stickgarn
Bären: 4 Peg Dolls (4,5 cm hoch), 8 Holzperlen, Acrylfarben, Kleber

Juni

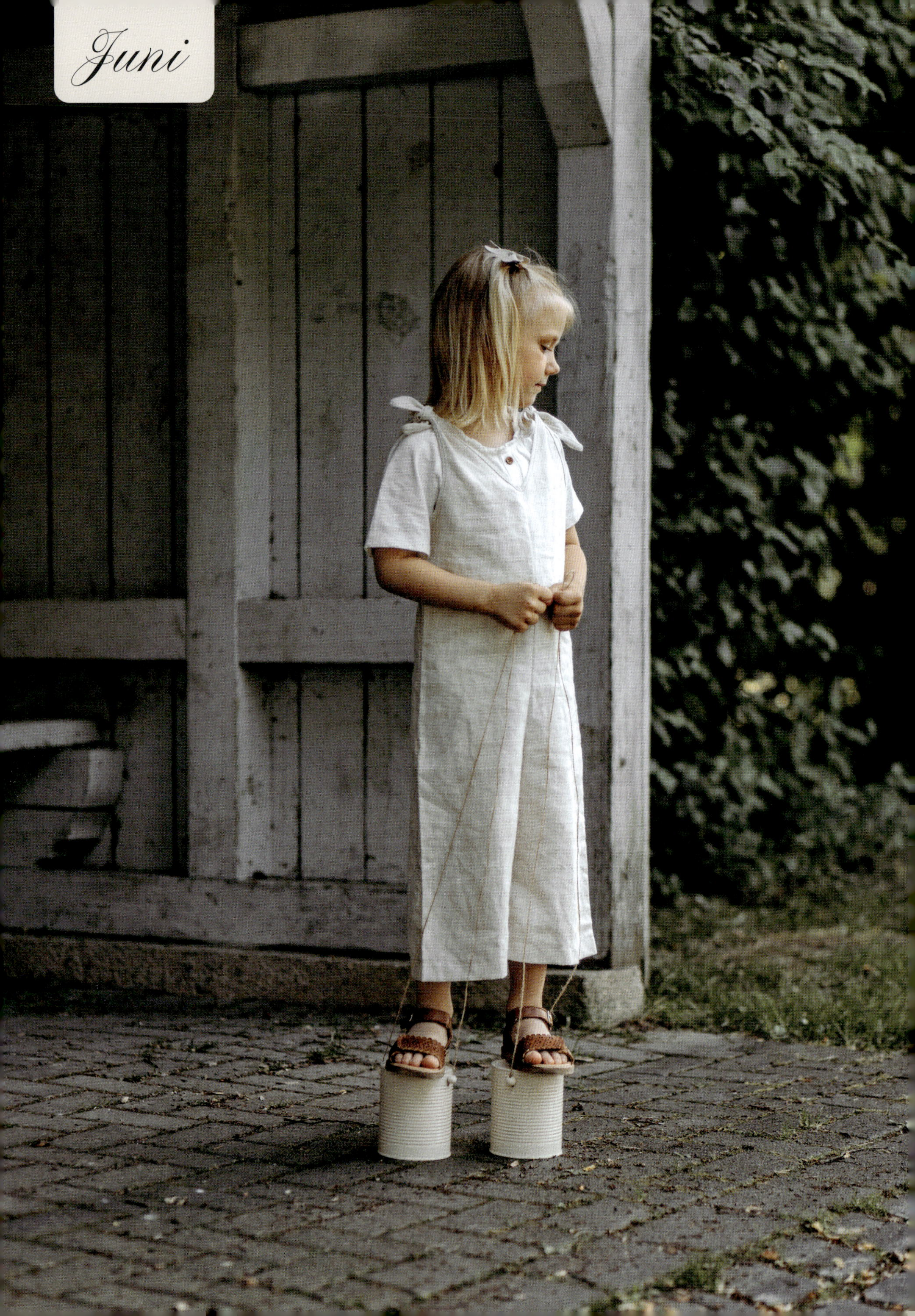

Dosenstelzen

IHR BENÖTIGT
2 leere, große Konservendosen, 4 Holzperlen, Schnur, Farbspray, Metallbohrer

Im Juni wird es sommerlich, und gerade in der Ferienzeit kommen immer wieder Erinnerungen hoch: Wer kann sich noch daran erinnern, wie toll es doch war, endlich größer zu werden? Doch leider war der Schub nicht immer so planbar wie gewünscht und irgendwie hatte man nie das richtige Alter oder die richtige Größe. Für die einen war man zu klein bzw. zu jung und für die anderen zu groß bzw. zu alt.
Daher musste ich sehr schmunzeln, als Mini mal wieder darüber stöhnte, dass die „Größeren" meinten, sie sei zu klein zum Mitspielen. Wie durch Zufall wollte ich gerade Konservenbüchsen entsorgen und war bereits auf dem Weg zur Mülltonne, als mich der Gedanke an Dosenstelzen doch wieder zurückhielt.
So besprühten wir kurzerhand die Blechbüchsen an der frischen Luft, bohrten seitlich jeweils 2 Löcher hinein und befestigten eine Schnur.
Tadaaaa! Ihr hättet die Augen der älteren Kinder sehen sollen, als Mini nun endlich genauso groß wie die anderen war. Nicht nur ein tolles Upcycling, sondern auch definitiv für die Motorik ein geniales DIY. An die Kreativen: Es lassen sich mit Tapes durch Abkleben auch wunderbare Muster auf die Dosen sprühen. Bitte schaut nur vorab, dass alle Kanten kindersicher entschärft sind. Im Supermarkt findet man manchmal Dosen mit Plastikdeckeln. Verklebt man diese mit der Blechbüchse, hat man gleich eine kindersichere Alternative.

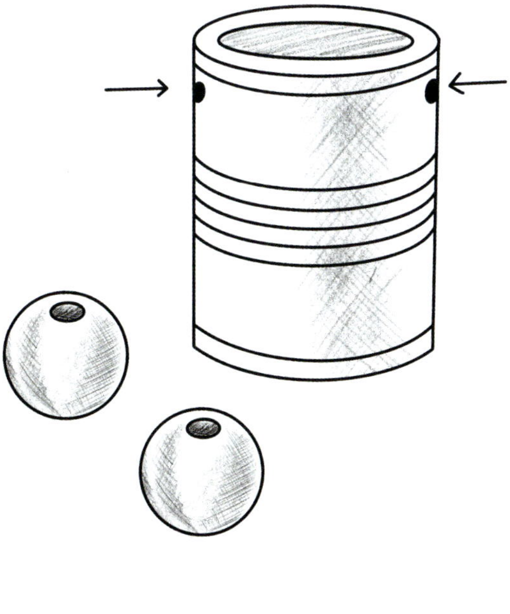

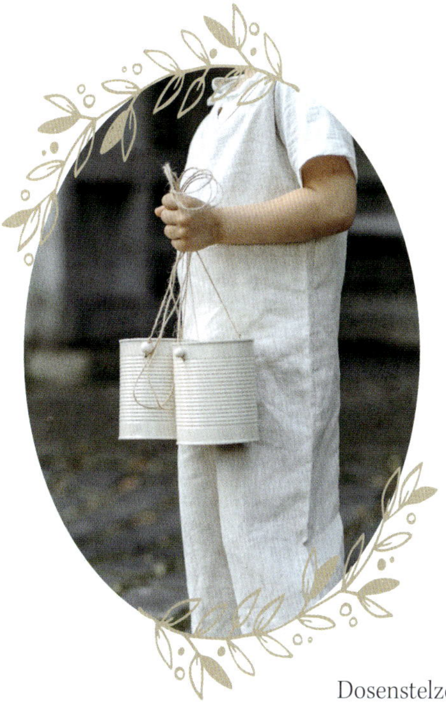

IHR BENÖTIGT

Pompom-Eis: Wollpompoms bzw. Wolle und Pompommaker wie bei dem Hasenprojekt erklärt, Eierkartonspitzen, Kleber

Stoff-Eis: Stoffreste, große Holzperlen oder Styroporkugel, Eierkartonspitzen, Kleber, Schere, Faden

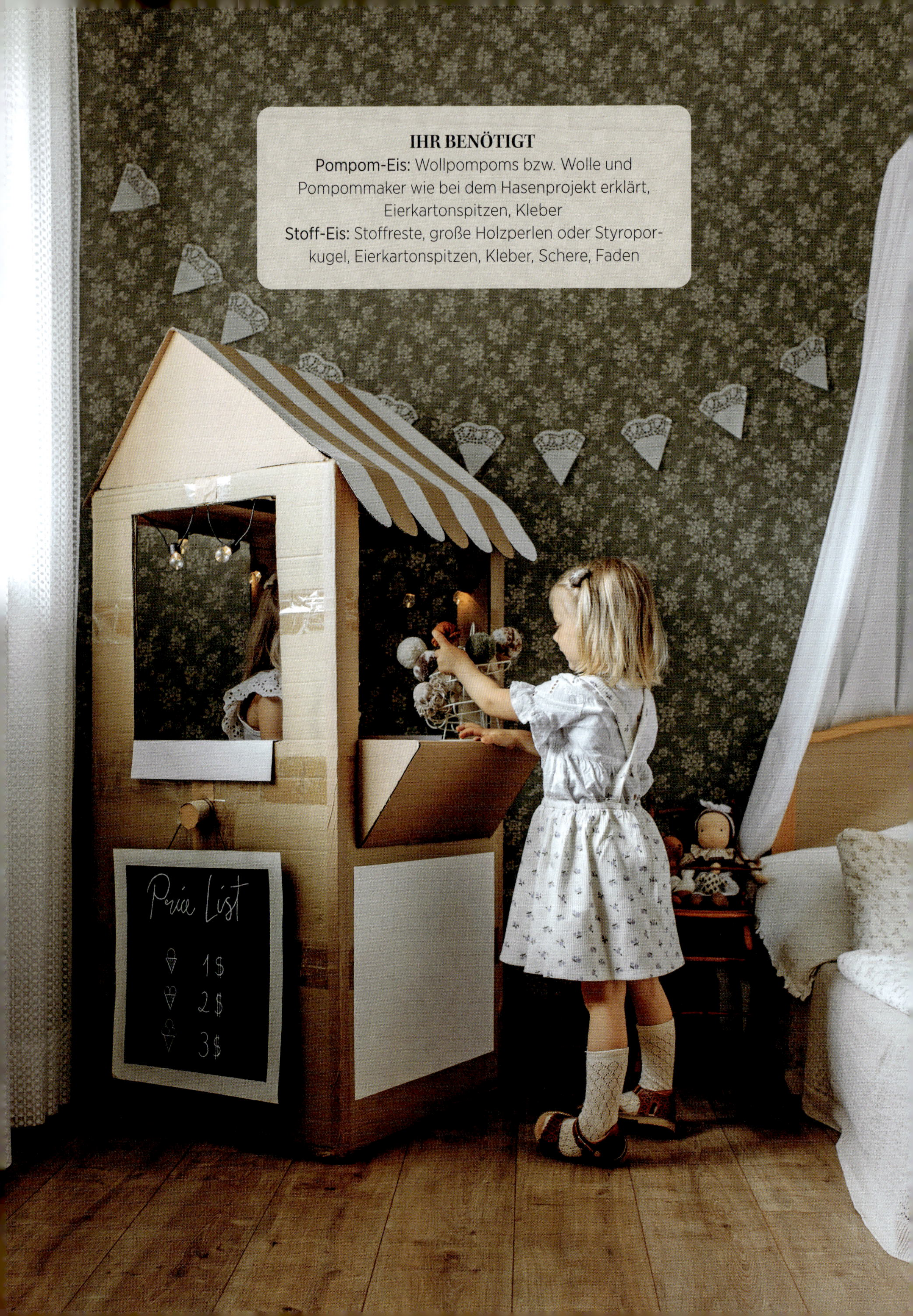

Eisstand

Pompom-Eis
Abkühlung gewünscht? Welches Kind liebt kein Eis? Der perfekte Begleiter im Sommermonat Juni. Wie wäre es, welches für die Spielküche oder einen Verkaufsstand zu fertigen? Bei der Anleitung der Pompomhasen habt ihr bereits gesehen, wie ein- und mehrfarbige Pompoms entstehen. Sie werden zu dem tollsten Eis, wenn ihr sie auf Eierkartonspitzen klebt! Mit kleinen Filzkugeln könnt ihr außerdem wunderbare Toppings zaubern. Oder klebt einfach zwei unterschiedliche für eine doppelte Portion übereinander!

Stoff-Eis
Eine Alternative zu den Pompoms bilden die Stoff-Eistüten. Zwar werden wieder Eierkartonspitzen als Waffeln benötigt, aber auch Stoffreste, und die ebenfalls bereits gezeigte Variante des Faltenkragens kommt hier zum Tragen. Nachdem eine Styropor- oder Holzkugel mit Stoff umklebt wurde (überstehende Reste einfach in der Eierkartonspitze verschwinden lassen), vier Stoffstreifen à 20 cm wie in der Anleitung zum Faltenkragen raffen und als Übergang von der Waffel zur Kugel ankleben.

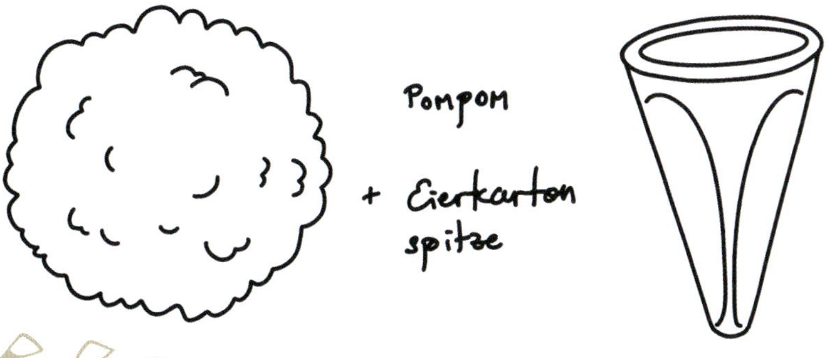

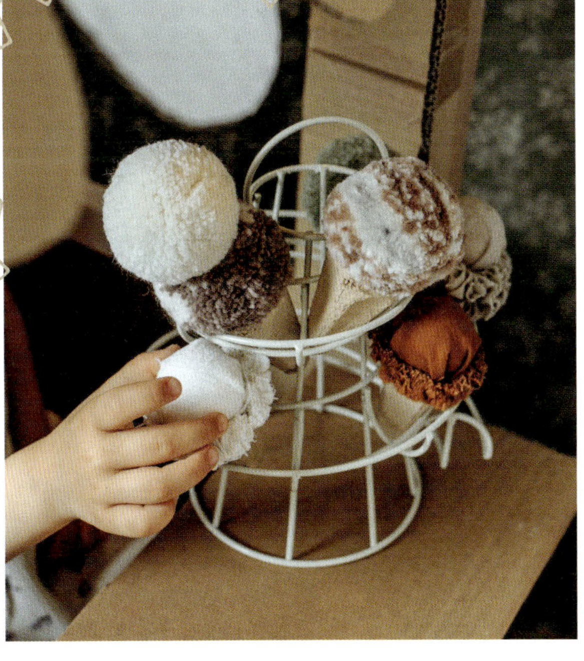

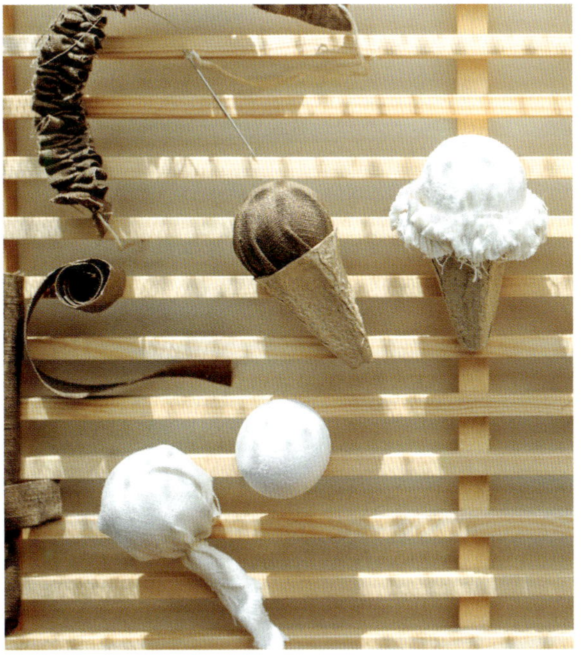

Stand selbst

Nun aber zum Stand selbst: Als die Große zur Schule kam und sie Gefallen an Zahlen und dem Geldzählen fand, musste ein Verkaufsstand her. Im Sommer ist natürlich der Limonadenstand ein wahrer Klassiker oder auch wie in unserem Fall die Eisdielen-Variante. Ein ca. 1,40 m hoher Karton wurde hierfür seitlich aufgeschnitten, um ihn begehbar zu machen. Es sollte auch ein Hocker im Inneren platziert werden können. Auch hier gilt: Passt euer Projekt der Größe eurer Kinder an. Darauf folgten vier große Öffnungen, um die Auswahl des Sortiments bestaunen zu können. Mit einem dünneren Stück Pappe, das sich leicht knicken ließ, formten wir die Theke und verkleideten die seitlichen Öffnungen.

IHR BENÖTIGT

Stand selbst: großer Karton (z.B. 50 x 140 x 40 cm) + weitere Kartonreste, schwarzer + weißer Tonkarton, Toilettenpapierrolle, Draht, Lichterkette, weiße Acrylfarbe, weißer Textmarker, Schere, Cuttermesser, Kleber

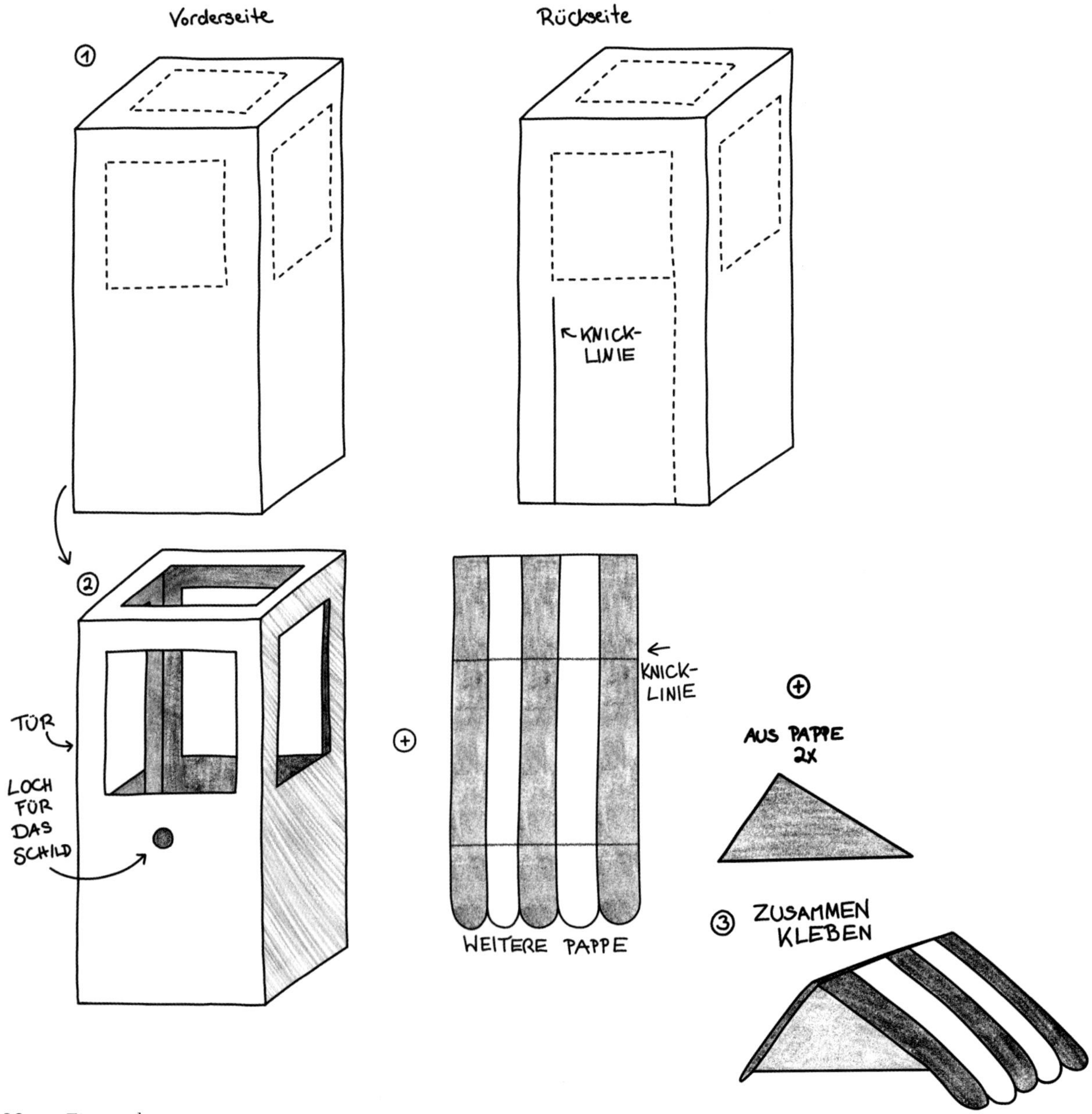

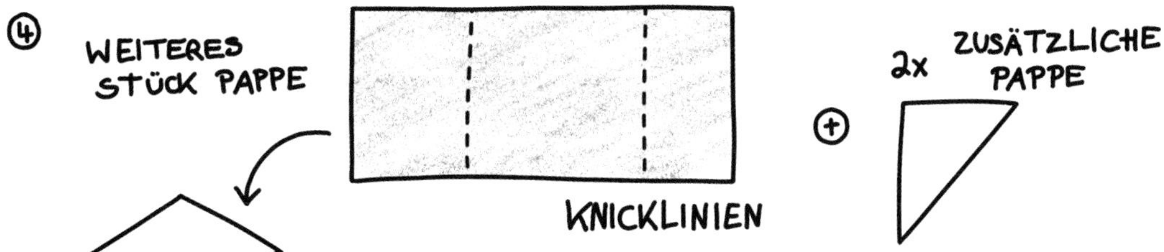

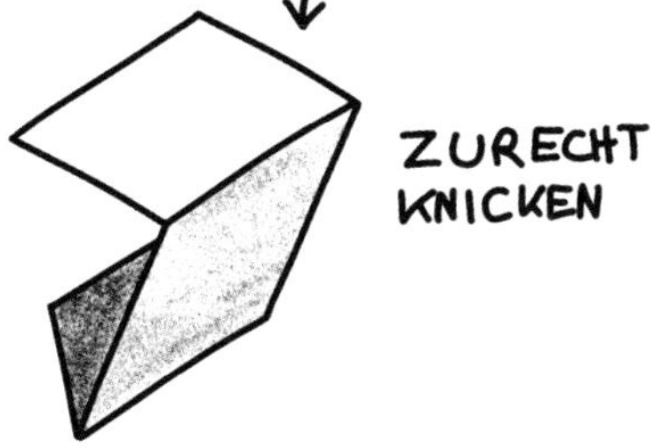

Auf die gleiche Art ließen wir das Dach entstehen, das wir zur Front hin streifenförmig abrundeten. Mit Acrylfarbe wurde jeder zweite Streifen weiß angemalt.
Für das Preisschild wurde ein Loch in die Seite geschnitten, in das eine Toilettenpapierrolle passte, um das aus Tonkarton gefertigte Preisschild mit Draht zu befestigen. Reste des Tonkartons kamen als Zierelemente an den Stand, damit z.B. Klebebandreste der vorigen Nutzung des Kartons nicht mehr so sichtbar waren. Im Inneren wurde die Lichterkette lediglich mit Klebeband befestigt, sodass sie abnehmbar blieb.

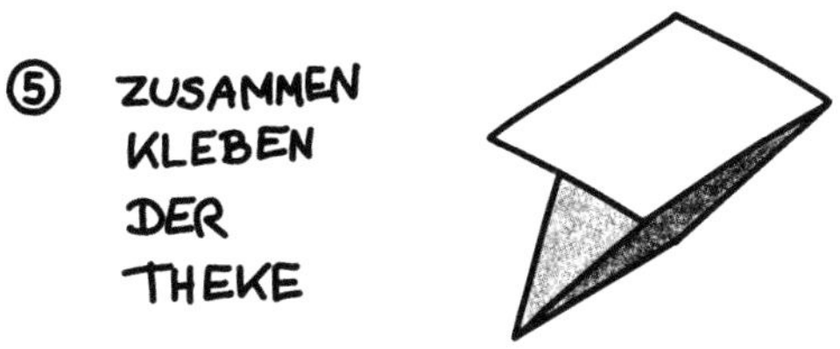

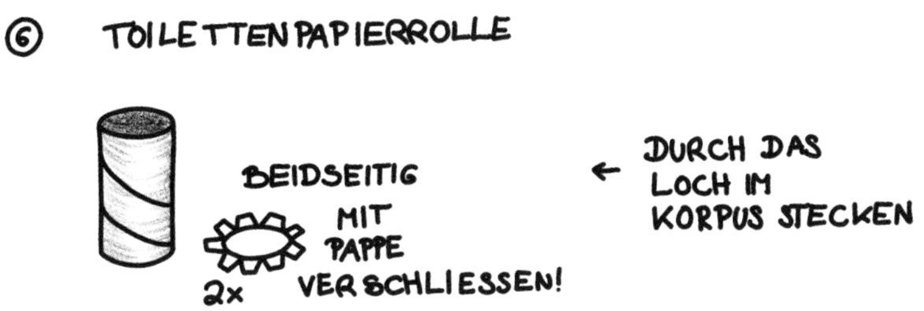

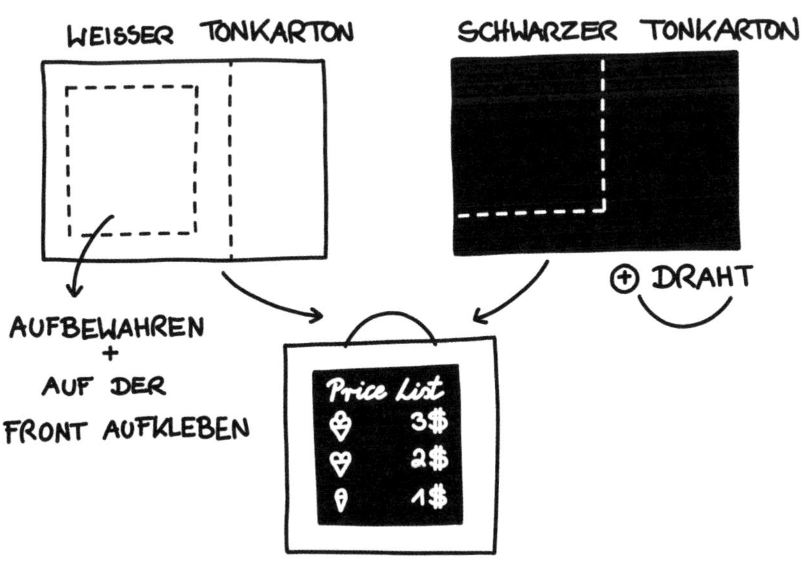

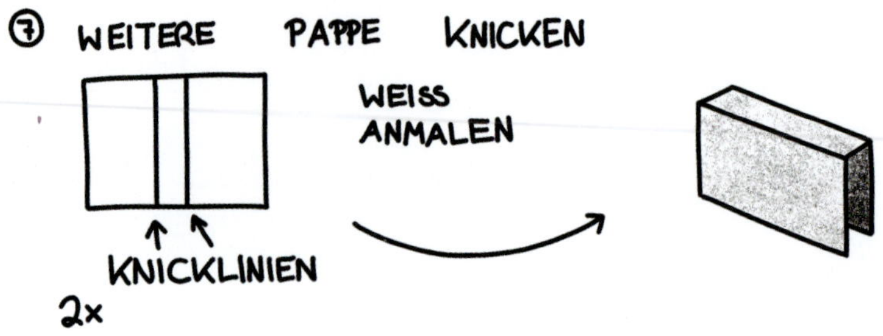

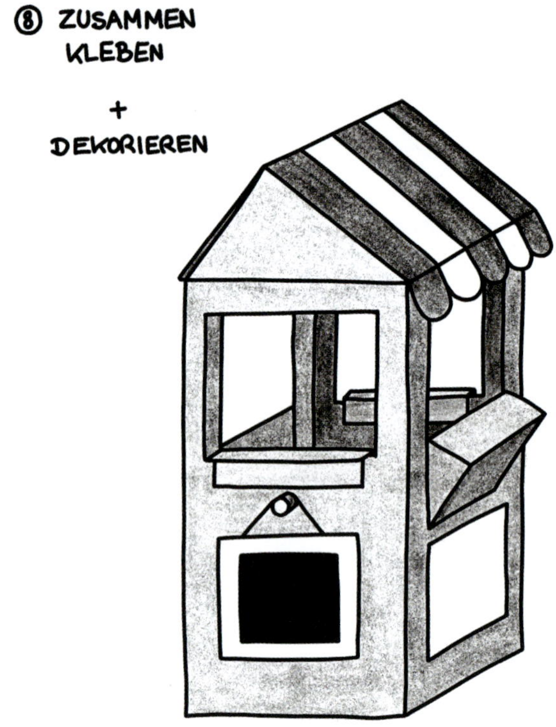

Tipp

Fertigt unterschiedliche Verkaufsschilder an, sodass die Kinder aus einem Laden ihrer Wahl immer all ihre Waren und Dienstleistungen verkaufen können. Ihr habt noch Mandarinen- oder Orangenkisten im Keller? Nutzt sie! Oder wie wäre denn ein Blumenstand mit Putzeimern, um bunte Sträuße darin anzubieten?

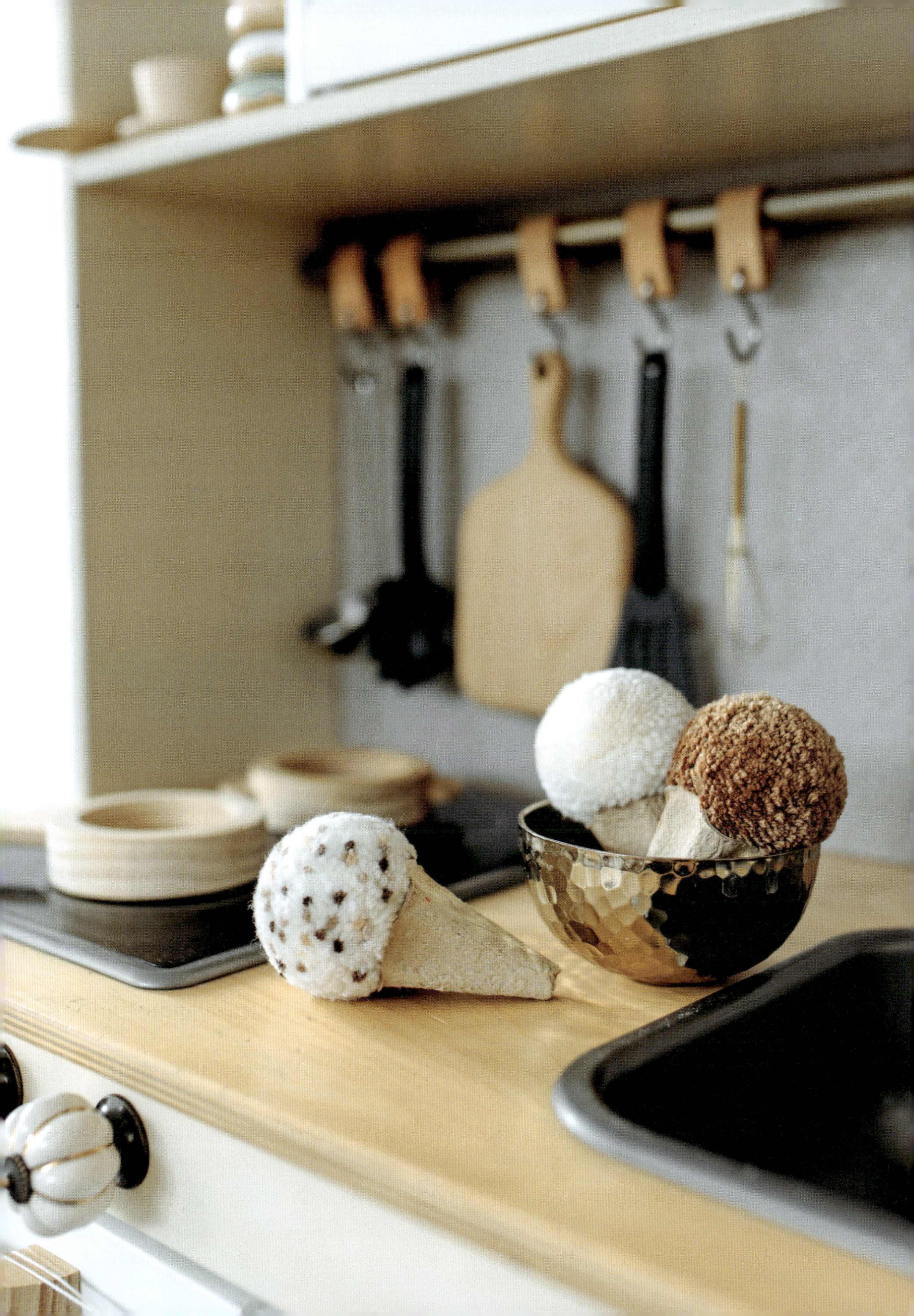

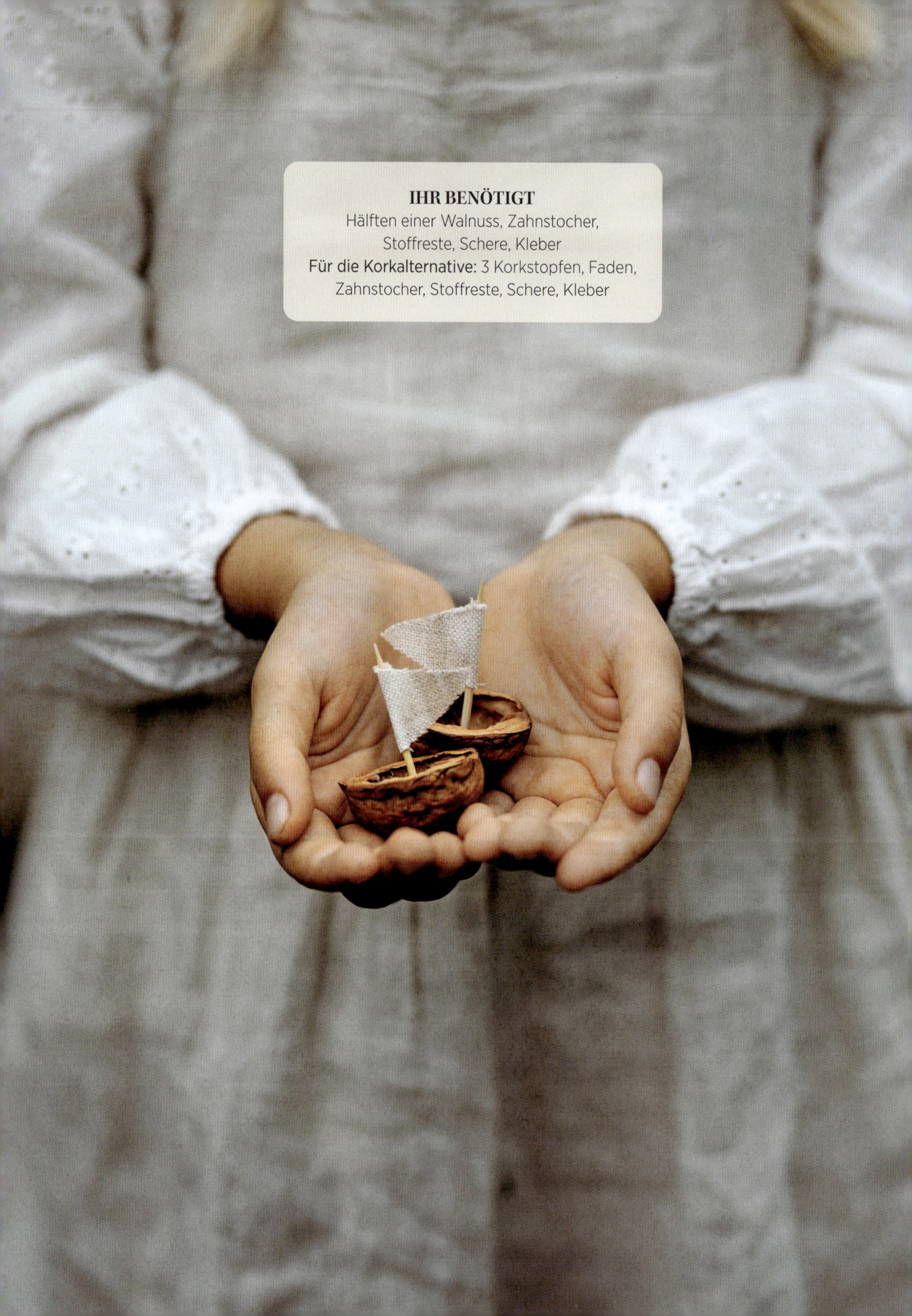

IHR BENÖTIGT

Hälften einer Walnuss, Zahnstocher, Stoffreste, Schere, Kleber

Für die Korkalternative: 3 Korkstopfen, Faden, Zahnstocher, Stoffreste, Schere, Kleber

Walnussboote

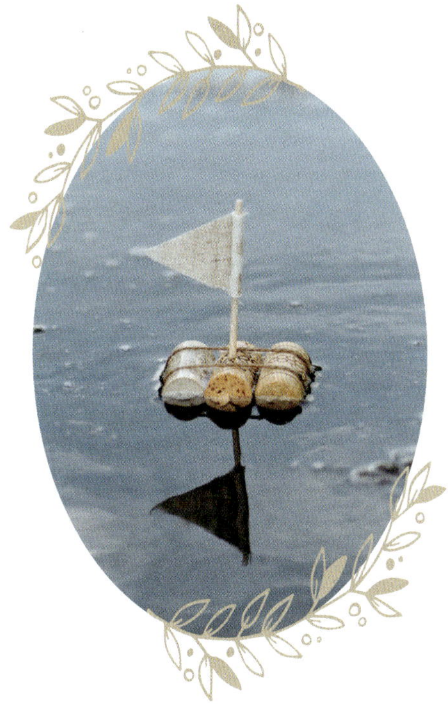

Die nahe gelegenen Wasserstellen in unserer Region ziehen die Kinder fast magisch an. Da wir keine Rinde finden konnten, die super auf dem Wasser trieb, wollten wir selbst etwas „Fahrbares" basteln. Durch ein Kinderexperiment hatten sich die Mädchen gemerkt, dass Walnussschalen wie auch Kork wunderbar in Wasser treiben können, sodass wir uns dieser Materialien sofort bedienten.

Zwar mussten wir recht viele Nüsse knacken, um hier und da ganz saubere Hälften zu bekommen, aber so perfektionistisch muss man gar nicht sein!

Einfach die Schalen entweder ohne Mast treiben lassen oder aus Stoffresten gemäß der Vorlage ein Segel zaubern, es an einen unten gerade geschnittenen Zahnstocher kleben, und das Ganze in der Nusshälfte befestigen.

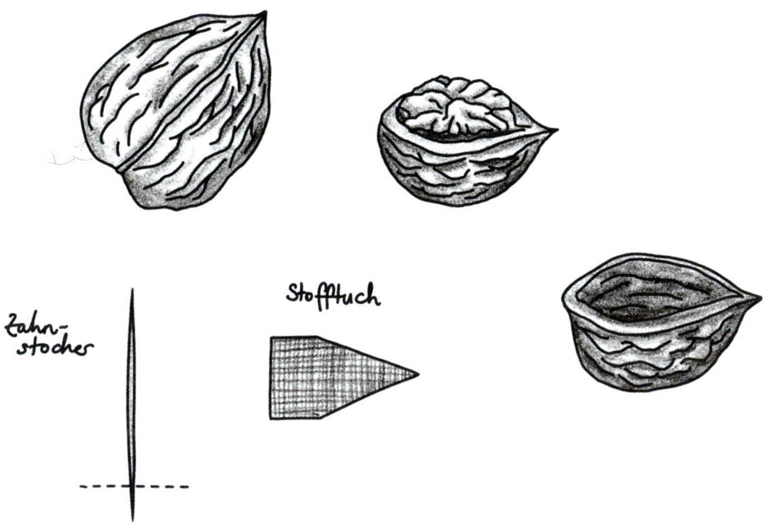

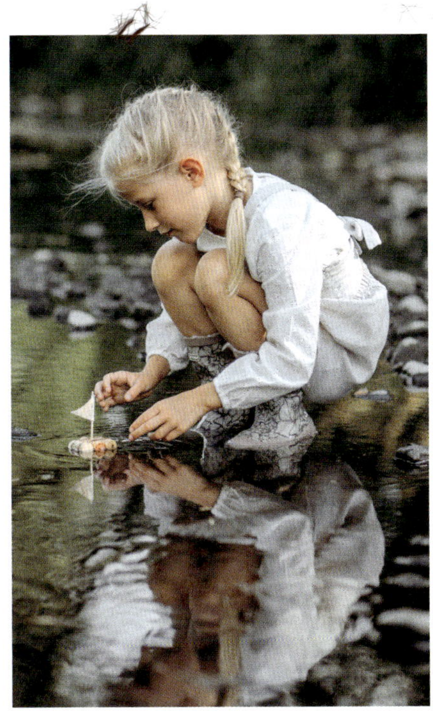

Die Korkvariante funktioniert fast analog. Damit der Kleber sich nicht sofort löst, am besten die drei Korkstopfen noch einmal mit einem oder zwei Fäden fixieren.

Und? Wer hatte das schnellste Bötchen? Wer segelte zuerst ins Ziel? Welche Boote trieben besser: Walnuss oder Kork?

IHR BENÖTIGT

Schere, Kleber, Geschenkpapier, 2 Toilettenpapierrollen, Faden, Nadel, 4 Holzperlen, ggf. Borte

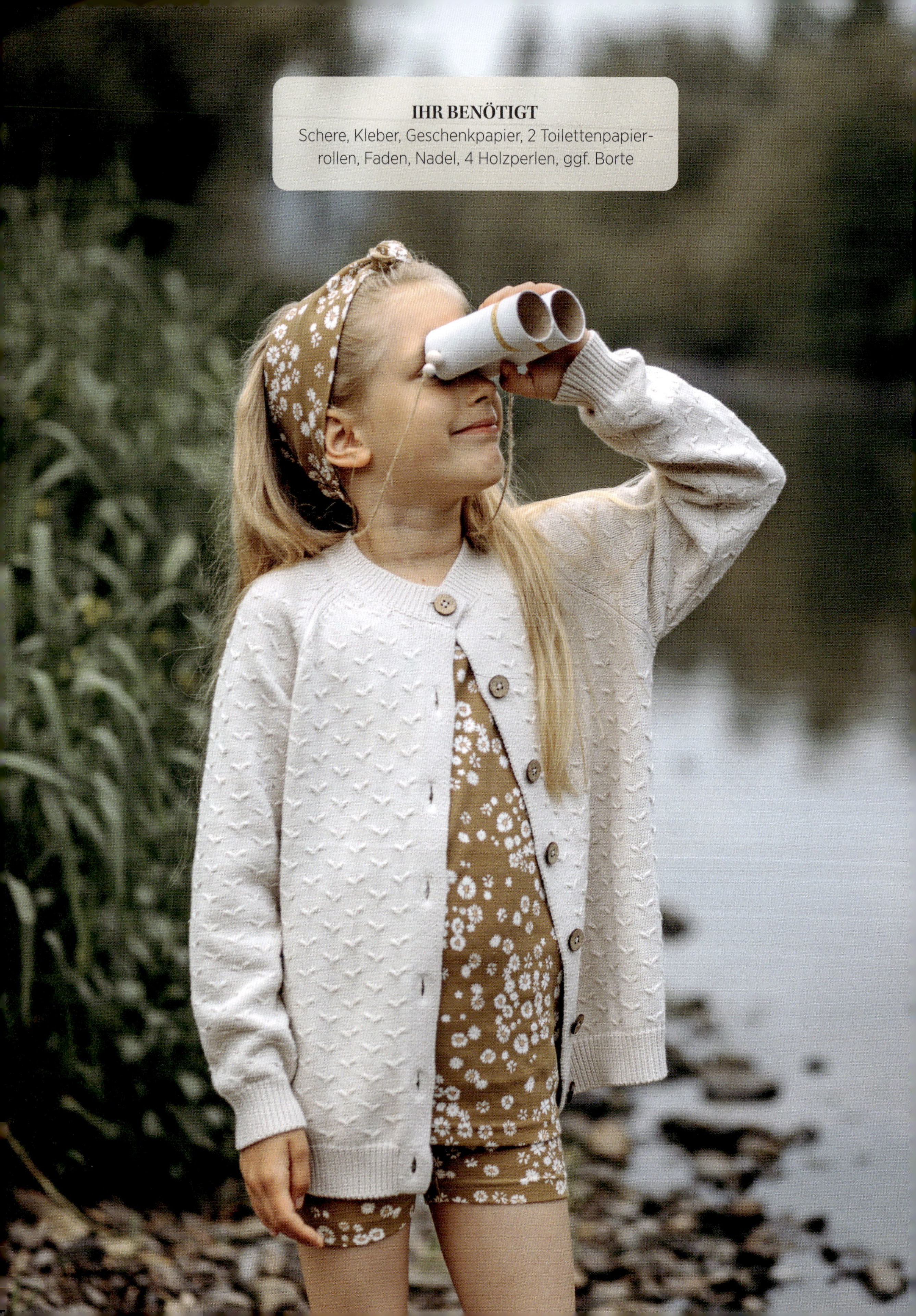

Ferngläser aus Toilettenpapierrollen

E.: „Mama, ich sehe dahinten etwas!"

Richtige Entdecker brauchen unbedingt zwischen all ihren nützlichen Utensilien auch ein eigenes Fernglas. Wieder griffen wir zu unseren liebsten Bastelmaterialien und beklebten für jedes Kind jeweils zwei Toilettenpapierrollen. Nachdem diese nach unserem Geschmack aufgehübscht waren, wurden sie nur noch zusammengeklebt. Mit der Schere stachen wir seitlich zwei Löcher hinein, bevor wir mit Knoten und Perlen das Band fixierten. Achtet darauf, beim Band etwas Spiel zu lassen, damit die Ferngläser leicht über den Kopf gezogen und vor die Augen gehalten werden können.

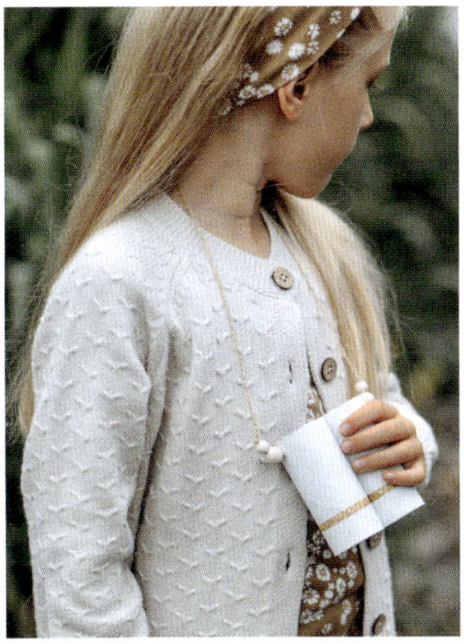

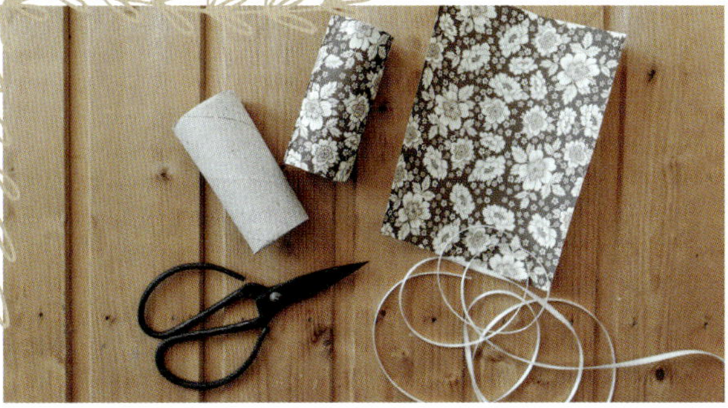

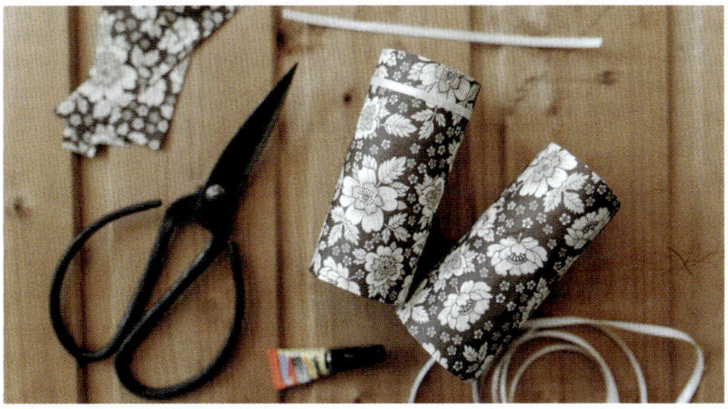

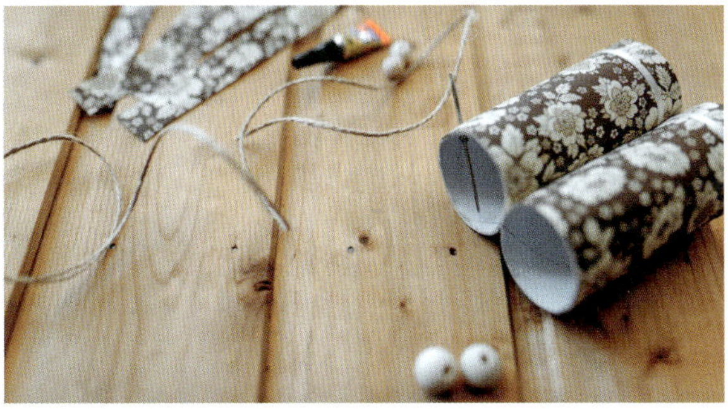

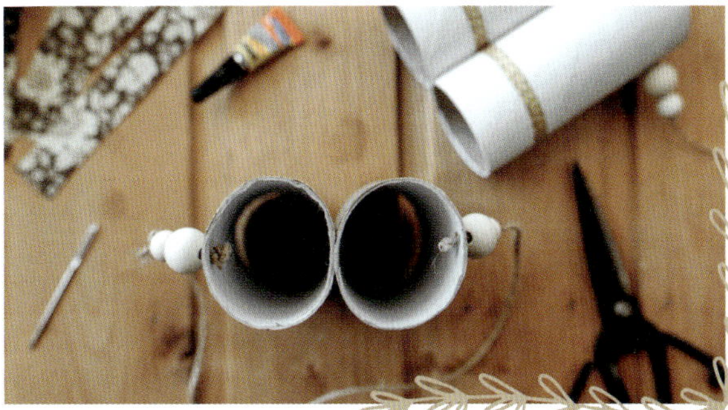

Tipp

Alternativ kann natürlich auch alles bemalt oder Farbfolie vor die Gläser geklebt werden. Aus einer Küchenrolle könnte auch ein Fernrohr entstehen! Lasst der Fantasie einfach freien Lauf!

IHR BENÖTIGT

1 großer Pappkarton, weitere Pappe, Heißkleber, Acrylfarbe in Weiß + Braun, Pinsel, Cuttermesser, Schere, 2 Küchenrolllen, Band für die Tragflächen

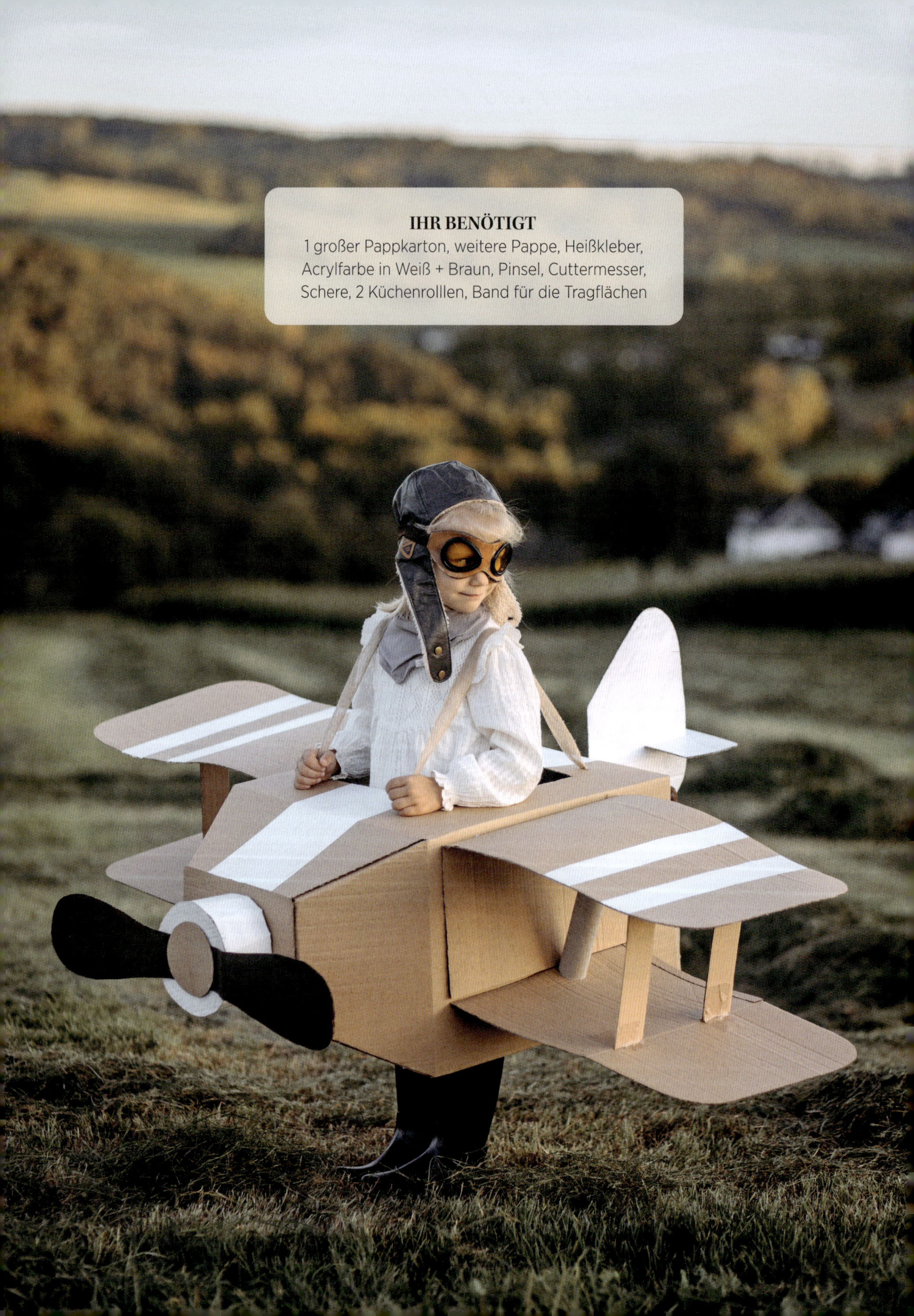

Flugzeug

Der Traum vom Fliegen, nicht nur bei Großen ein Thema! Und nachdem ich 2023 ohne die Mädchen für ein paar Tage geschäftlich ins Ausland verreiste, löcherten sie mich mit Fragen zum Fliegen.

E.: „Wie ist es denn so in einem Flugzeug?“
F.: „Kann man damit bis über das Meer?“
E.: „Wie wird man Pilot?“

Da in meiner Abwesenheit zufällig ein großer Karton bei uns eintraf, war klar, was daraus als Nächstes entstehen würde: ein Flugzeug.

1. Den Karton so auf den Boden legen, dass die Öffnungen seitlich positioniert sind. Sollte euer Karton nicht beidseitig zu öffnen sein, ihn entsprechend auftrennen, denn aus den Klappen zum Verschließen entstehen im weiteren Verlauf zwei „Spitzen“. Dafür wie gezeigt jeweils ein Trapez auf die Klappen aufmalen, ausschneiden und alle vier Klappen zusammenkleben. Oben und unten jeweils ein Quadrat aus dem Karton herausschneiden als Öffnung für das Kind.
2. Diese Ausschnitte zum Verschließen der Flugzeugspitze und des -rückteils verwenden. Als Nächstes einen weißen Streifen über das gesamte Flugzeug malen und vier Löcher neben dem oberen ausgeschnittenen Loch mit dem Cuttermesser einschneiden. Diese werden für die Träger benötigt.

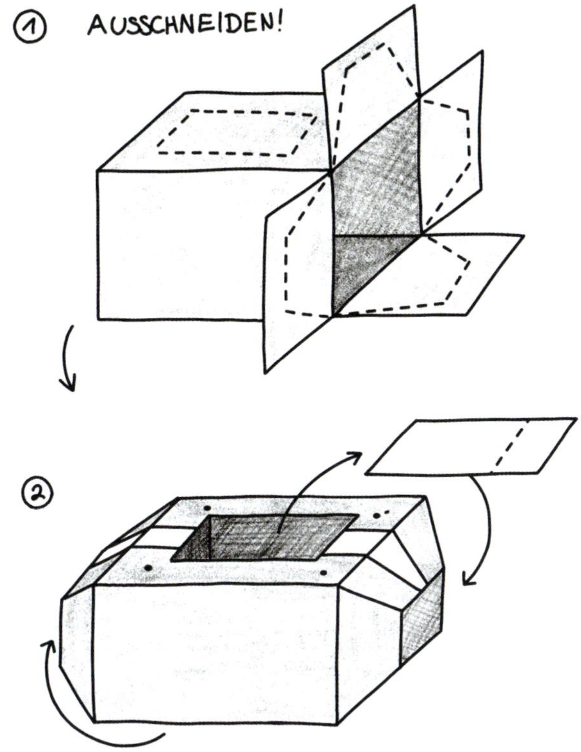

Tipp

Verwendet idealerweise für alle Elemente am Korpus leichte, dünnere Pappe, damit euer Flugzeug nicht zu schwer für die Kleinen wird! Gegebenenfalls könnt ihr auch noch kleine Stützen samt Reifen verwenden, um das Gewicht zu verlagern.

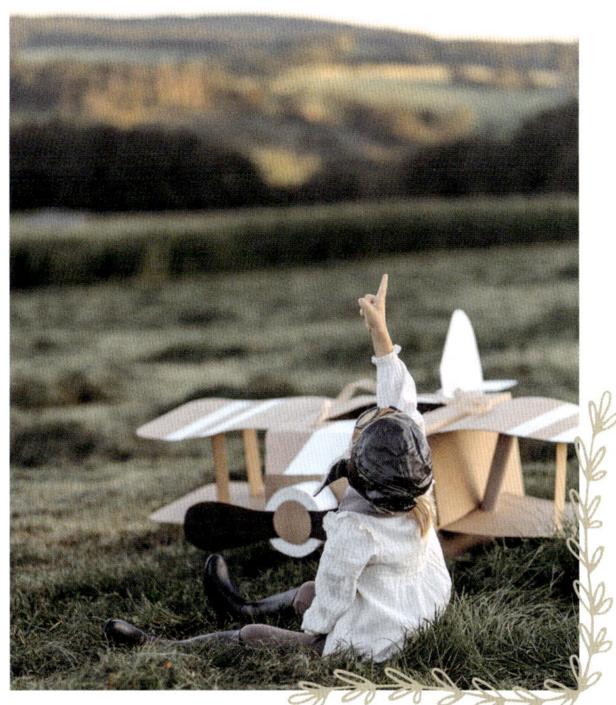

3. Ohne Propeller kann nicht abgehoben werden! Dafür aus weiterer Pappe einen Streifen sowie einen großen Kreis ausschneiden. Der Streifen muss so lang wie der Umfang des Kreises sein. Beides mit Acrylfarben weiß anpinseln. Den Streifen danach rund zusammenkleben und mit dem Kreis von oben verschließen. Zwei Rotorblätter aus weiterer Pappe ausschneiden und braun bemalen. Zuletzt wird ein weiterer, kleinerer Pappkreis benötigt.

Auf die Flugzeugspitze klebt ihr nun in folgender Reihenfolge: erst den weißen runden Pappstreifen mit Deckel, darüber die zwei Rotorblätter und danach den kleinen Kreis.

4. Für das Heck ein kleines Rechteck mit Schlitz in der Mitte ausschneiden sowie ein Seitenruder. In den Flugzeugkorpus einen Schlitz für das Seitenruder hineinschneiden und es dann mit eingestecktem Höhenruder in den Schlitz stecken. Mit Heißkleber fixieren.

5. Die Tragflächen entstehen aus vier gleich großen Pappelementen, die zu einem Ende hin abgerundet werden. Die oberen werden ebenfalls mit zwei weißen Streifen bemalt. Damit sie aufrecht am Korpus des Flugzeugs stehen, kommen zwischen den oberen und unteren Teil zwei Pappstreifen sowie diagonal eine Küchenrolle.

6. Beide Tragflächen werden an den Korpus geklebt und zu guter Letzt die Bänder als Gurte festgeknotet, sodass die Knoten im Inneren des Flugzeuges verbleiben.

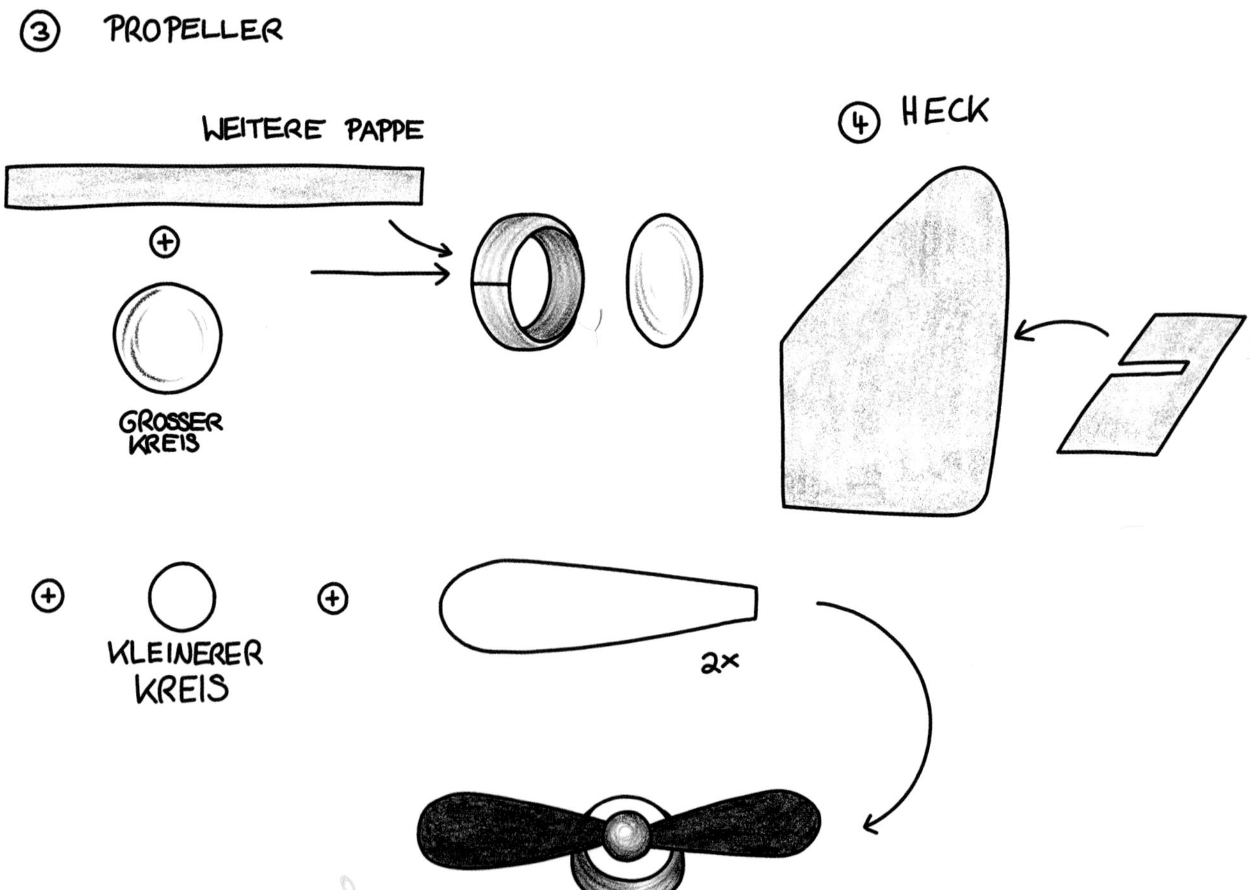

Liebe Passagiere, Minis Airline wünscht einen guten Flug! Vielleicht hier und da etwas ruckelig, aber bestimmt mit einer ganz tollen Aussicht!

Wem im Laufe der Zeit vielleicht die Tragflächen kaputt gehen, der kann den Propeller und das Heck auch noch abnehmen und vier große Pappkreise an den Korpus kleben. Schon habt ihr ein Auto!

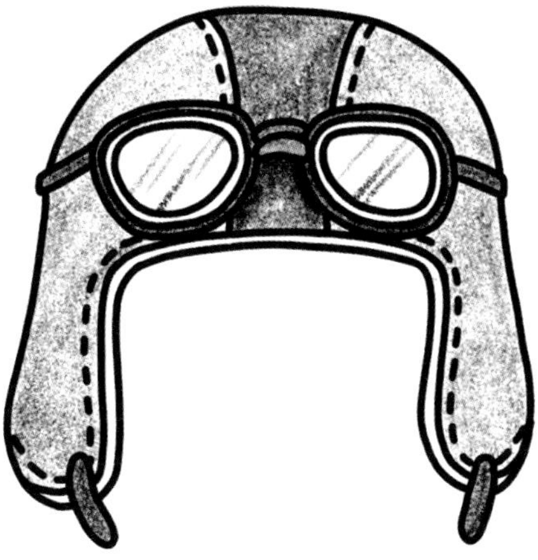

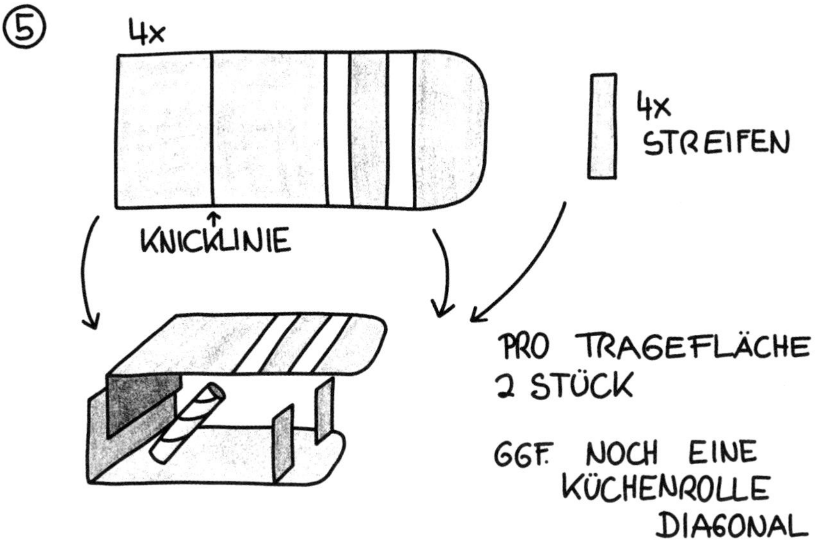

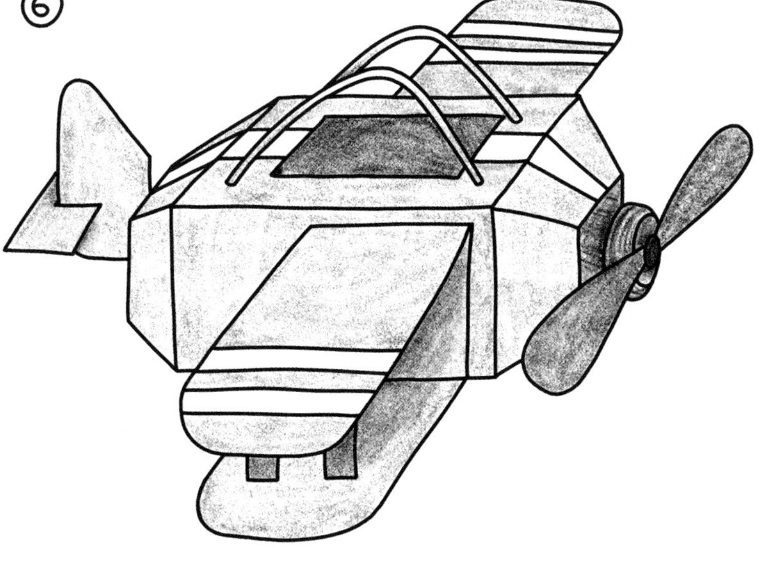

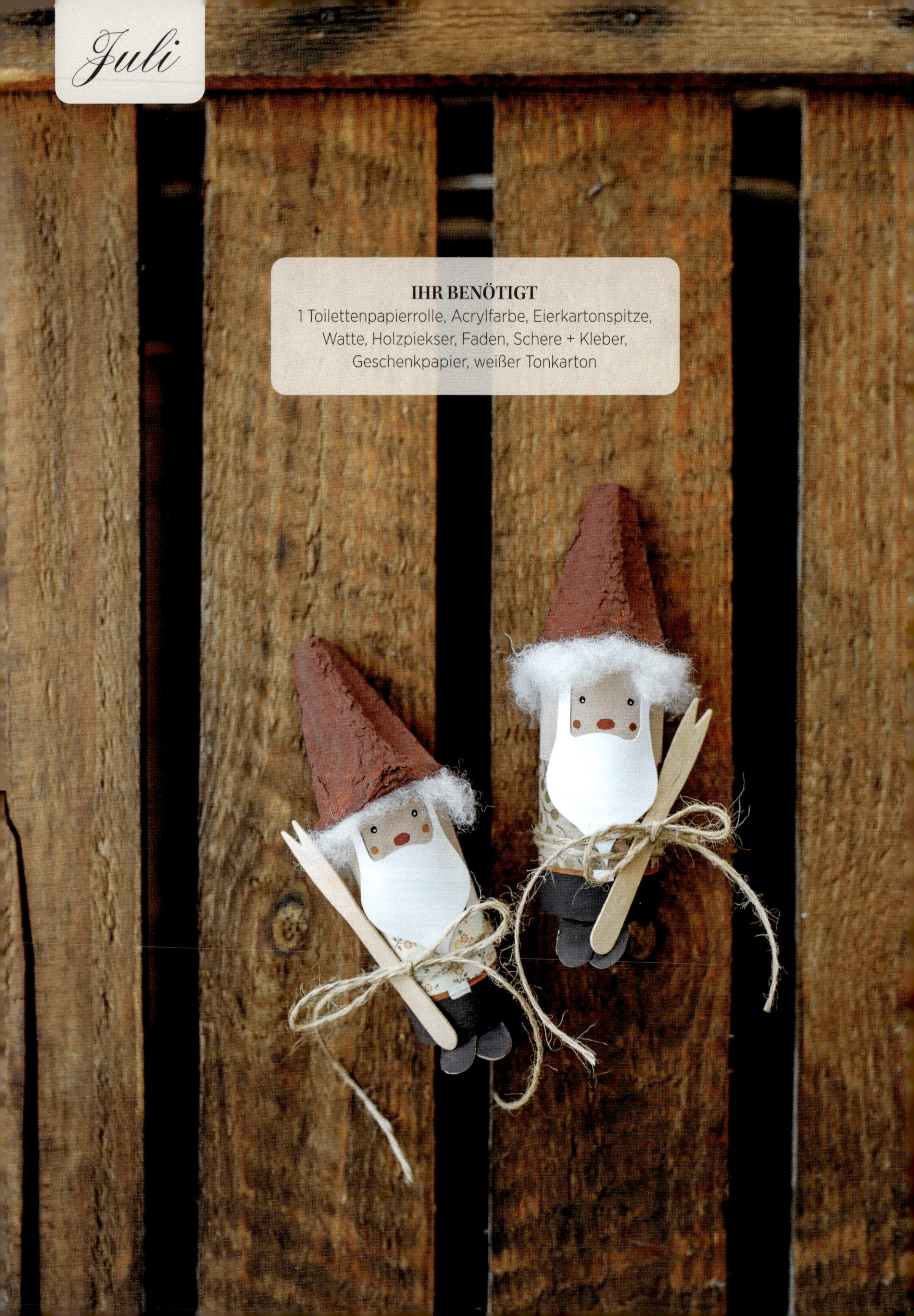

IHR BENÖTIGT

1 Toilettenpapierrolle, Acrylfarbe, Eierkartonspitze, Watte, Holzpiekser, Faden, Schere + Kleber, Geschenkpapier, weißer Tonkarton

Gartenzwerge

Wer kennt sie nicht, die lustigen Gartenzwerge?! Endlich im Juli angekommen, bauten wir in den Sommerferien im Garten einige Hochbeete auf. Aber schließlich wollten wir uns das herrliche „Draußen"-Gefühl auch nach innen holen. Dazu bastelten wir kleine Zwerge, die bei den Zimmerpflanzen verweilen sollten.

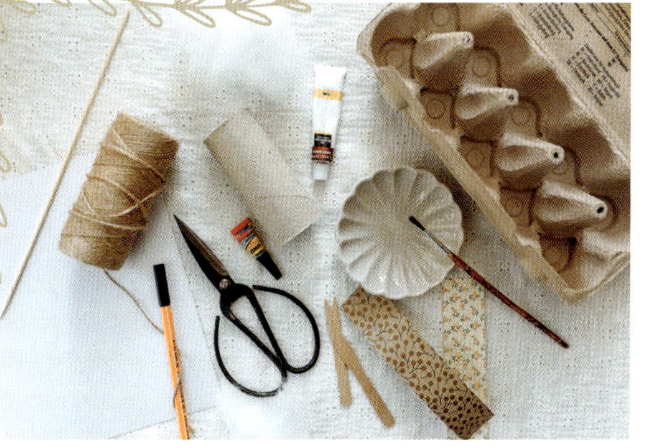

1. Zuerst bemalten wir die Toilettenpapierrollen: Das obere Drittel wurde Hautfarben, das untere Dunkelbraun. Danach umklebten wir das mittlere Drittel mit Geschenkpapier und malten einen Gürtel auf.
2. Im nächsten Schritt färbten wir die Eierkartonspitzen in einem dunkleren Rot und schnitten die Rollen komplett auf. Dann trennten wir ca. 3 cm des Umfangs heraus, um den Durchmesser den Eierkartonspitzen anzupassen. Probiert das am besten individuell aus, denn die Ausgangsgröße eurer Rolle könnte von unseren Maßen abweichen. Außerdem mussten wir unsere Rolle um 2 cm kürzen. Das Reststück aufheben, da ihr daraus später die Füße schneidet. Die Rolle wieder in sich zusammenkleben und gut trocknen lassen.

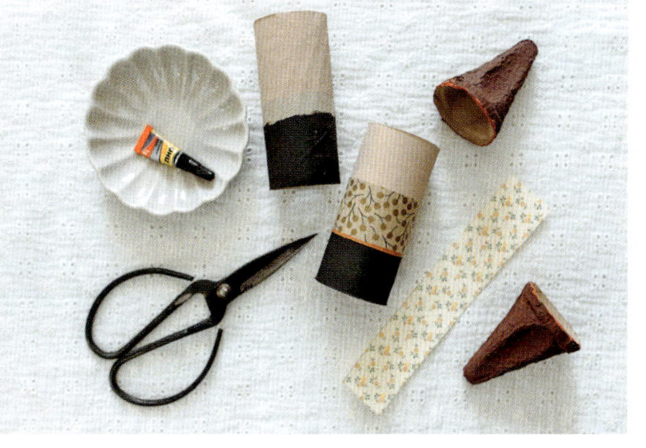

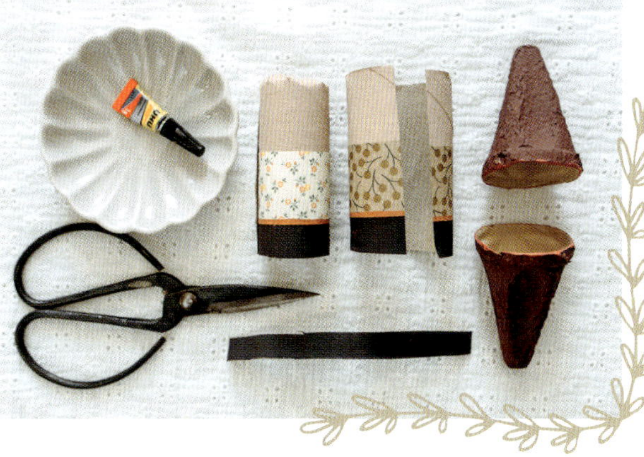

Tipp

Alternativ könnte aus anderen Materialien eine Schaufel oder Mistgabel gebastelt werden. Eine Gießkanne wäre auch niedlich!

3. Knick- und Klebelaschen in das Kopfteil schneiden, damit die Eierkartonspitze eine größere Auflagefläche bekommt.
4. Den Bart (siehe Vorlage) aus dem weißen Tonkarton ausschneiden, aufkleben und das Gesicht malen. Im Anschluss die Füße in die Rolle kleben und leicht nach vorne knicken. Die Watte als Haar um die Knicklaschen anbringen und die Eierkartonspitze daraufkleben.
5. Mit einer Schnur den Holzpiekser anbinden (oder festkleben) und den Holzspieß in der Rolle befestigen, sodass euer Zwerg keine nassen Füße zwischen den Blumen bekommt.

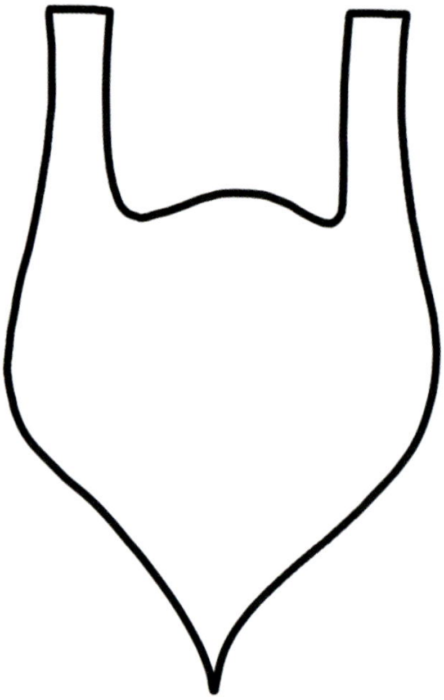

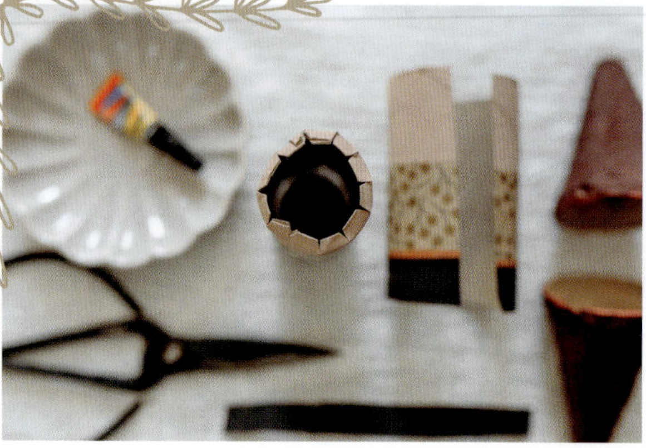

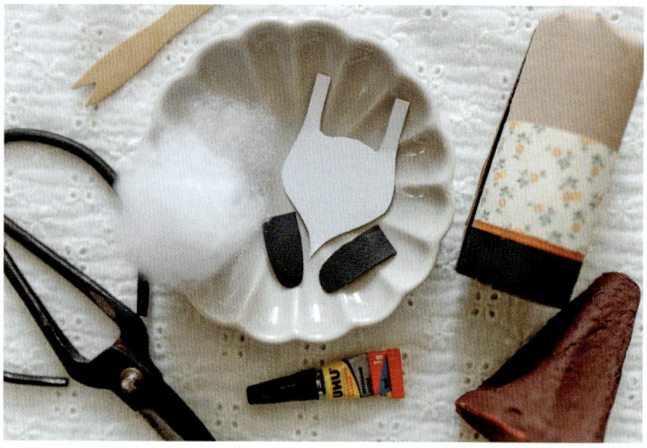

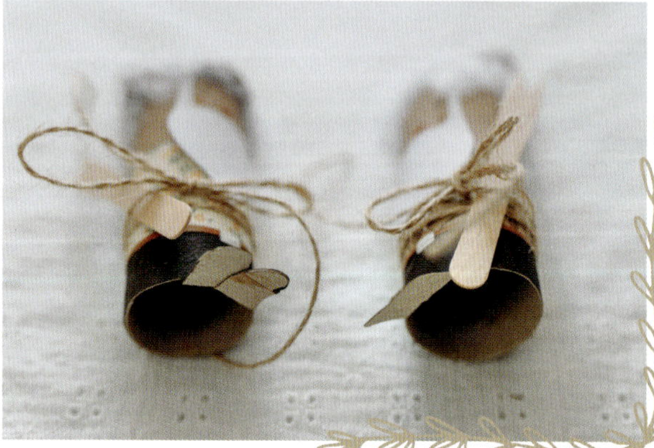

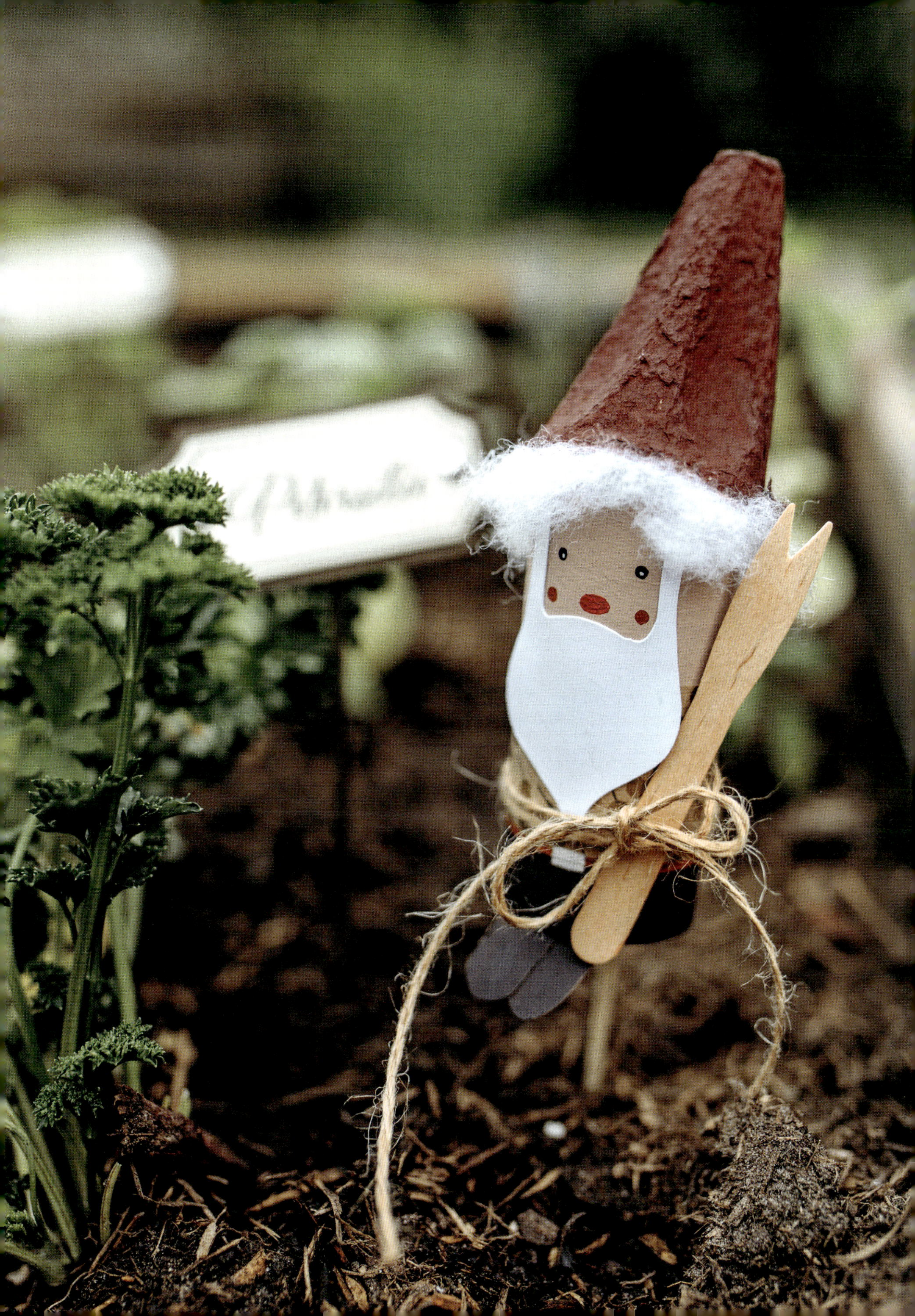

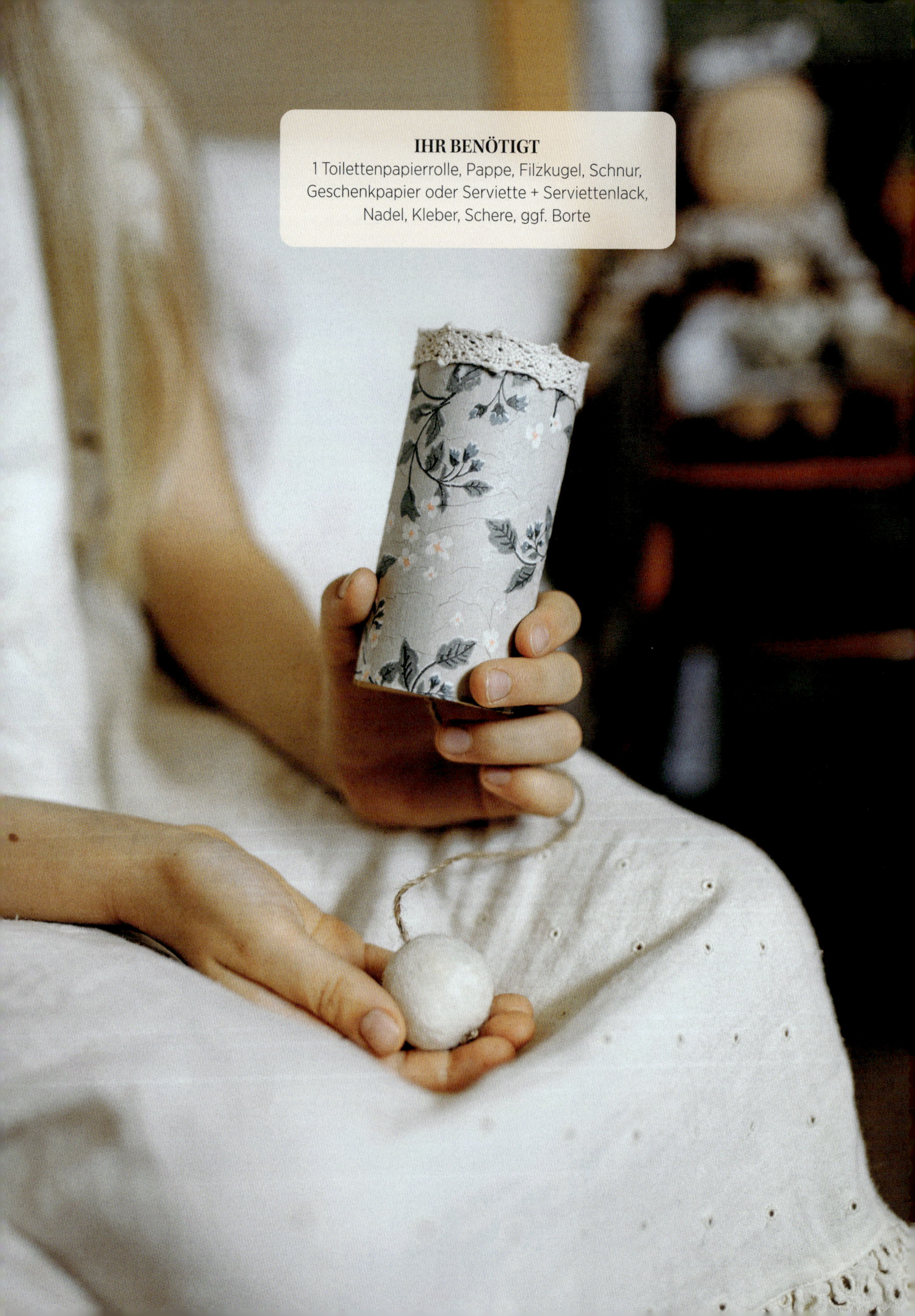

IHR BENÖTIGT
1 Toilettenpapierrolle, Pappe, Filzkugel, Schnur, Geschenkpapier oder Serviette + Serviettenlack, Nadel, Kleber, Schere, ggf. Borte

Ballspiel

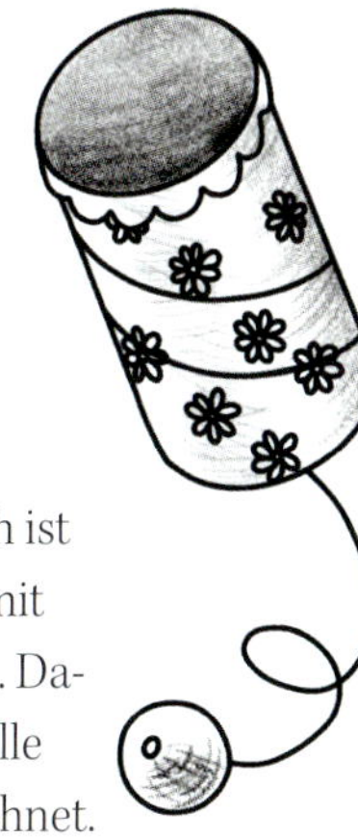

Na, wer versenkt zuerst seine Kugel in der Rolle? Wer ist treffsicherer?
Euer Ballspiel ist super schnell gezaubert und sollte für ordentlich Spaß sorgen! Zugleich ist es für die Motorik wertvoll. Einfach die Rolle nach eurem Gefallen gestalten: Ob ihr sie mit Geschenkpapier beklebt oder mit Serviettentechnik aufhübscht, bleibt euch überlassen. Danach nutzt ihr eure Rolle als Schablone auf einem separaten Pappstück. Umfahrt die Rolle mit einem Bleistift und schneidet den entstandenen Kreis 1 cm größer aus als aufgezeichnet. Danach schneidet ihr, wie auf der Abbildung gezeigt, Klebelaschen. Bevor ihr diese in die Rolle klebt, unbedingt erst die Kugel mit der Schnur anbringen! Dafür verknotet ihr ein Fadenende und stecht mit einer Nadel durch die Pappe. Die Filzkugel ebenfalls mit durchstechen und auch diese verknoten. Zum Schluss klebt ihr euren gebastelten Verschluss samt Faden mit Kugel in die Rolle.

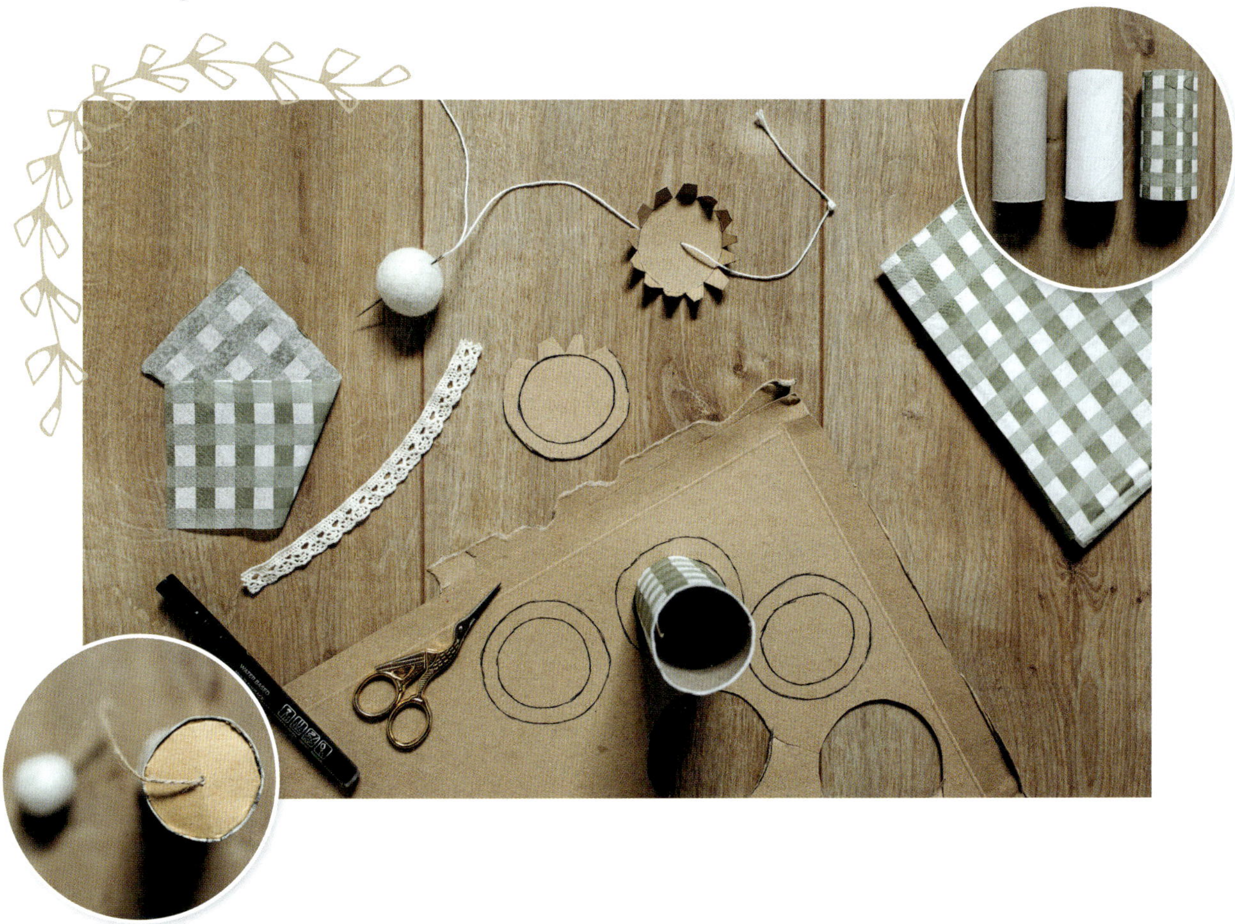

Tipp

Lasst den Faden nicht zu lang. Er sollte minimal länger als eure Rolle sein, damit ihr die Kugel einfacher versenken könnt.

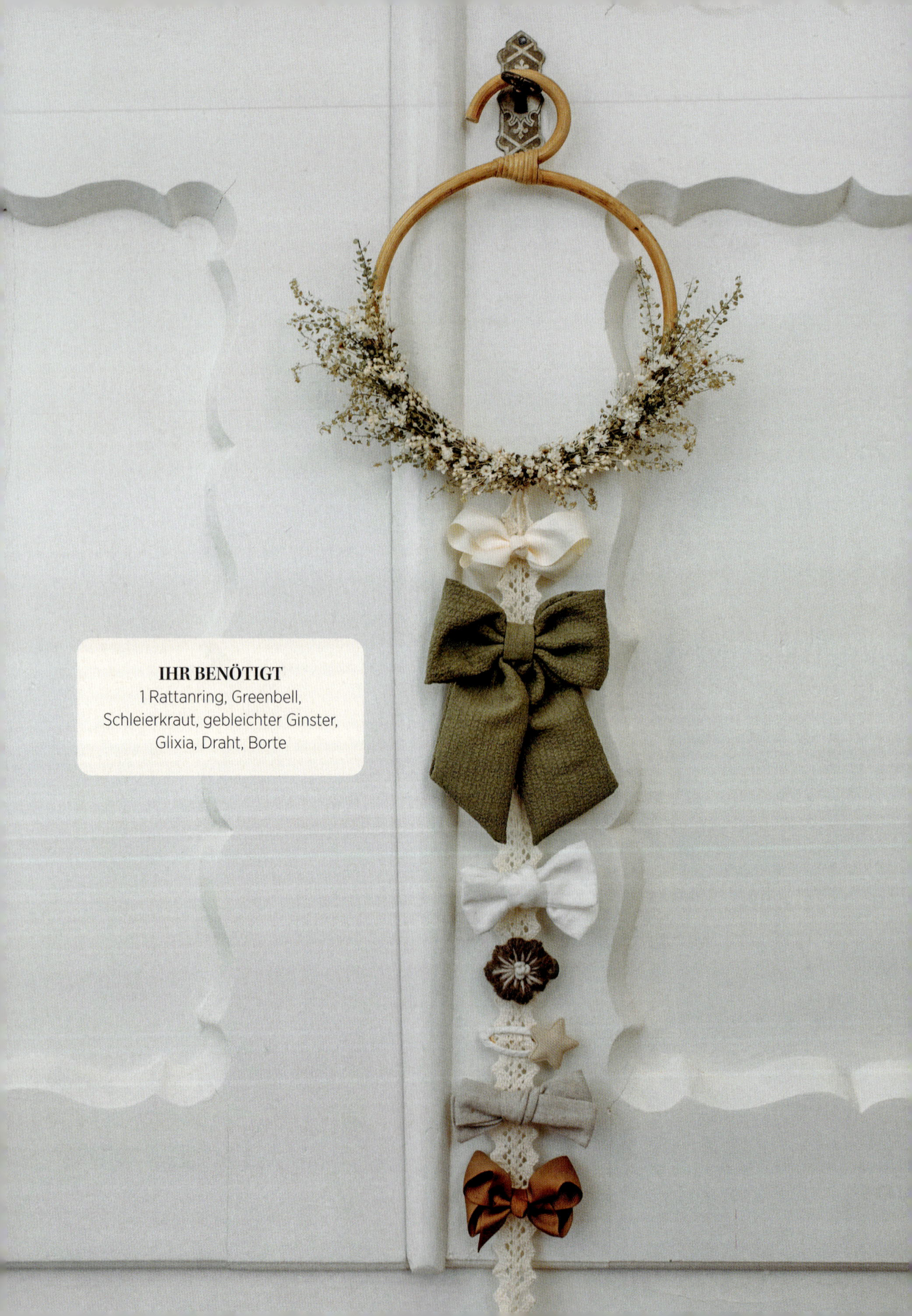

IHR BENÖTIGT

1 Rattanring, Greenbell, Schleierkraut, gebleichter Ginster, Glixia, Draht, Borte

Haarspangenhalter

Manches ist einfach zu schön, um es in irgendwelchen Kisten oder Boxen zu verstecken. Dieser Gedanke kam mir mehrfach, als ich die wunderschönen Schleifen und Haarspangen der Mädchen in der Hand hielt. Irgendwie müsste man sie doch ordnen können und sie vielleicht gleichzeitig auch in Szene setzen. Lange verwarf ich meine Gedanken immer wieder, bis ich über einen Ring aus Rattan mit Haken stolperte. Ja, in Kombination mit Blumen und einer Spitzenborte vielleicht die Lösung! Und da im Juli draußen so viel erblühte, wäre es doch nett, diese Stimmung auch ins Kinderzimmer zu holen.
Um sich dauerhaft an dem Haarspangenhalter erfreuen zu können, fiel meine Wahl direkt auf Blumen, die auch im getrockneten Zustand ansehnlich bleiben: Greenbell, Schleierkraut, gebleichter Ginster und Glixia. Ihr bekommt das alles bei gut ausgestatteten Blumenläden oder notfalls online.
Zur Befestigung braucht es natürlich Draht, der später dezent verschwinden sollte. Wählt ihn also entweder gaaaaaanz fein oder in der Farbe Grün.

Doch wie bin ich vorgegangen?
Als Erstes band ich das Spitzenband mit einem doppelten halben Schlag-Knoten (siehe Bilder) fest.

Danach habe ich die Blumen aus zwei Richtungen beginnend gebunden. Dafür fasste ich immer wieder eine Mischung aus allen zu kleinen Sträußchen zusammen und wickelte Draht zur Fixierung herum. Das wiederholte ich aus beiden Richtungen so oft, bis sich die Blütenpracht in der Mitte beim Band traf. Um einen sauberen Abschluss beider Seiten zu bekommen, klebte ich viele Blüten mit der Hand auf die Enden der zuvor mit Draht befestigten Blumen.

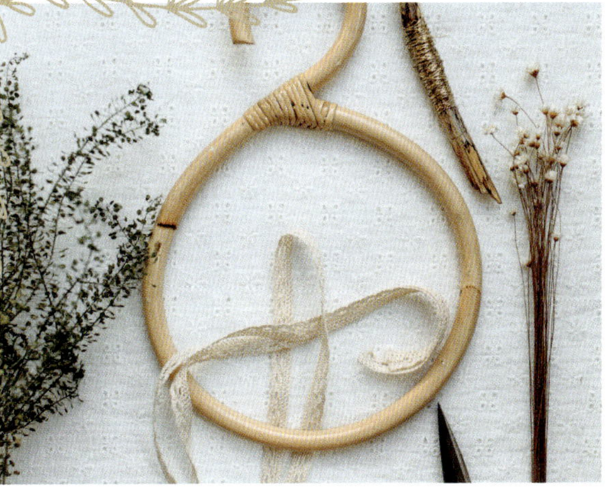

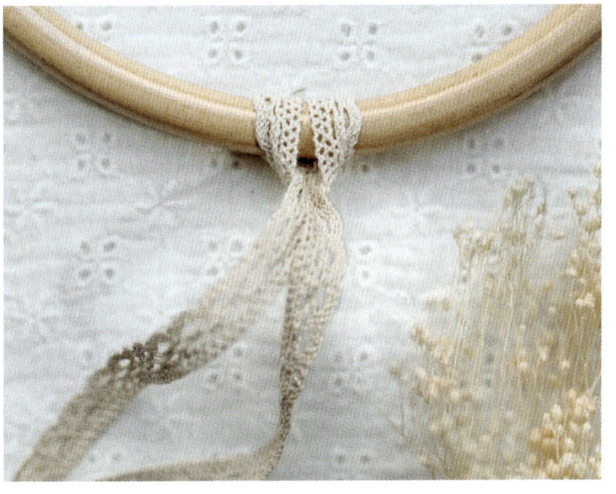

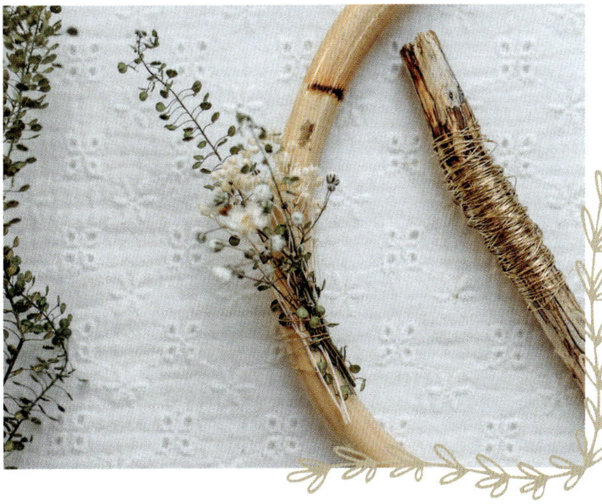

Wem dies zu schwer erscheint oder wer im Gegenteil sogar noch mehr Lust auf weitere Kränze fürs Kinderzimmer bekommt, der kann mit meiner zweiten Dekovariante, dem Schleierkrautkranz, ein weiteres It-Piece kreieren.
Entweder einen Metallring oder einen geschlossenen Holzring (z.B. von einem Stickrahmen) verwenden und immer wieder kleine Sträußchen aus Schleierkraut nacheinander befestigen, bis der Ring komplett gefüllt ist. Zum Abschluss werden wieder die letzten Blüten mit Klebstoff unter den reinen Blüten eures ersten Sträußchens fixiert. Gut trocknen lassen! Alternativ auf den Abschluss ggf. eine große Schleife kleben und damit den Übergang verdecken.

Nice to know: Schleierkraut trocknet weiß/ bräunlich ein und zieht sich später minimal hinsichtlich der Blütengröße zusammen. Dies unbedingt beim Binden beachten, damit euer Ring nicht wieder zum Vorschein kommt. Also schön üppig binden!

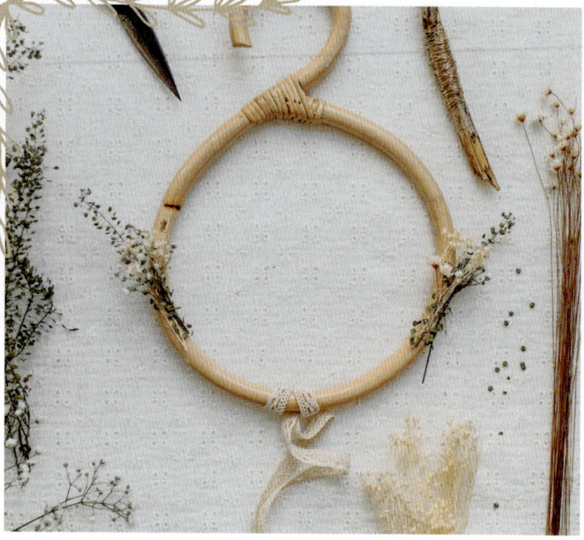

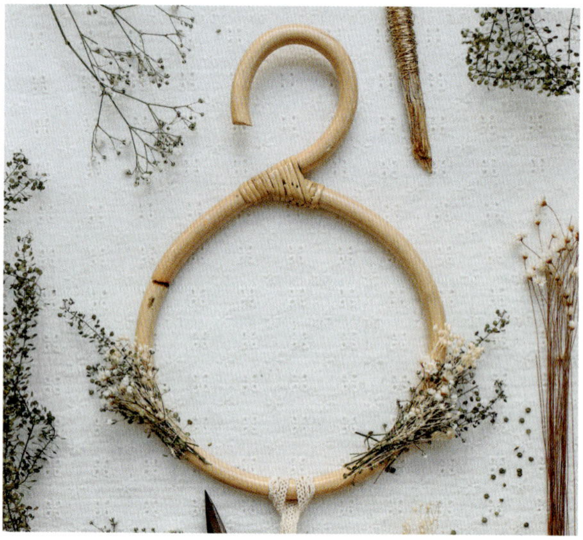

Tipp

Damit am Ende beide Seiten gleich aussehen, achtet darauf, dass ihr immer gleiche Sträuße für jede Seite wickelt oder sich gleiche Blumen in bestimmten Abständen wiederholen.

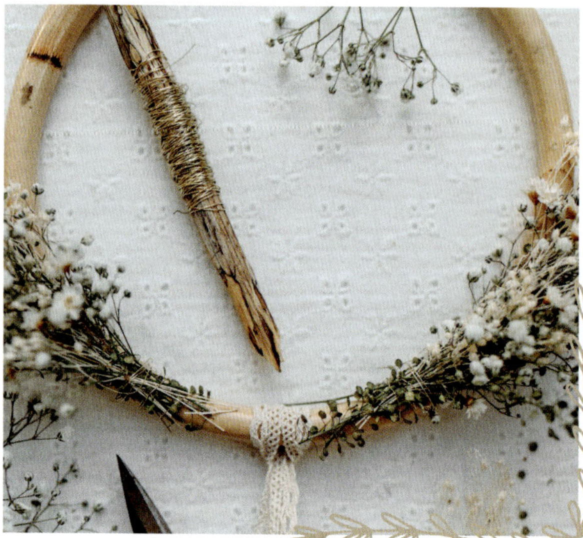

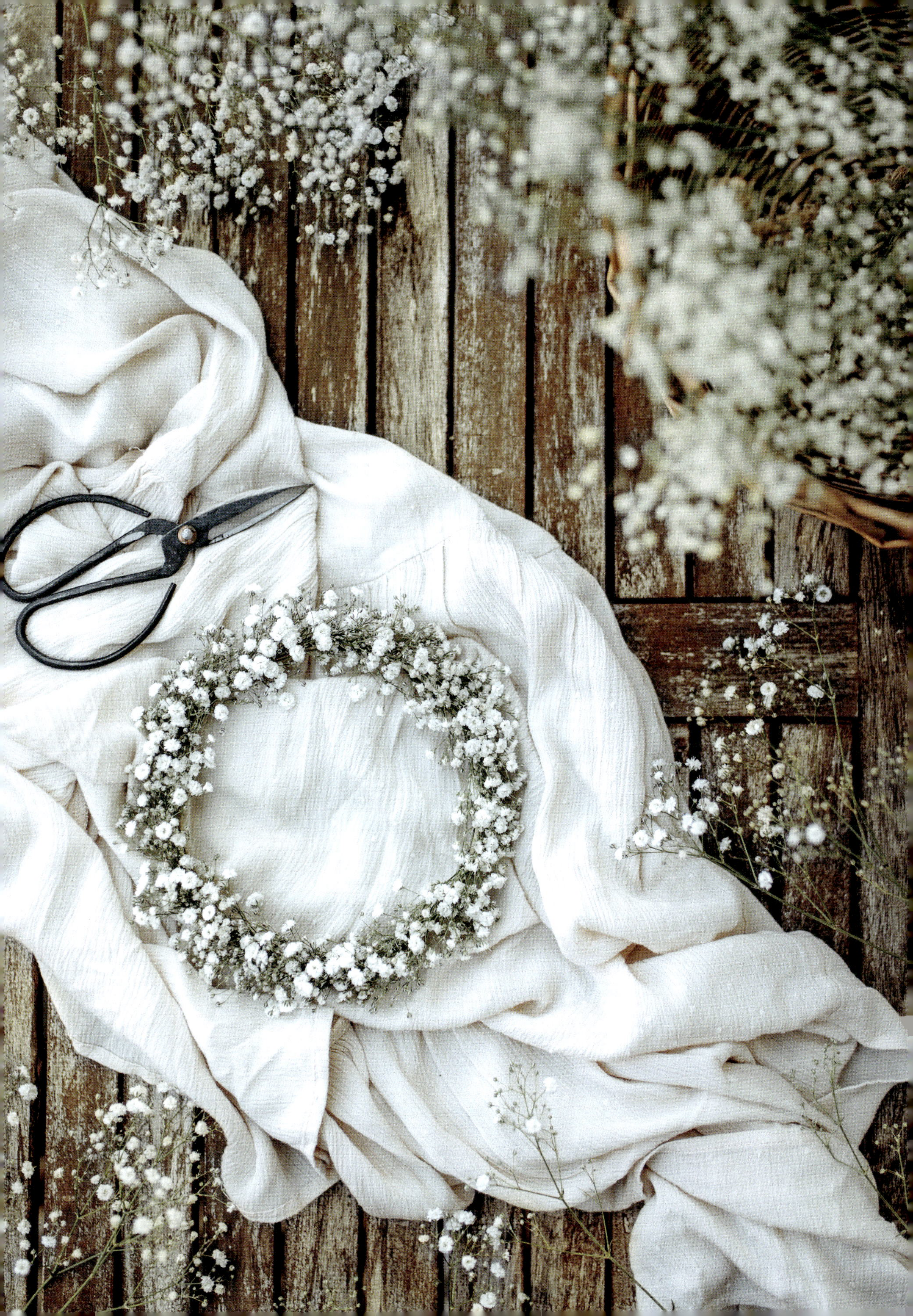

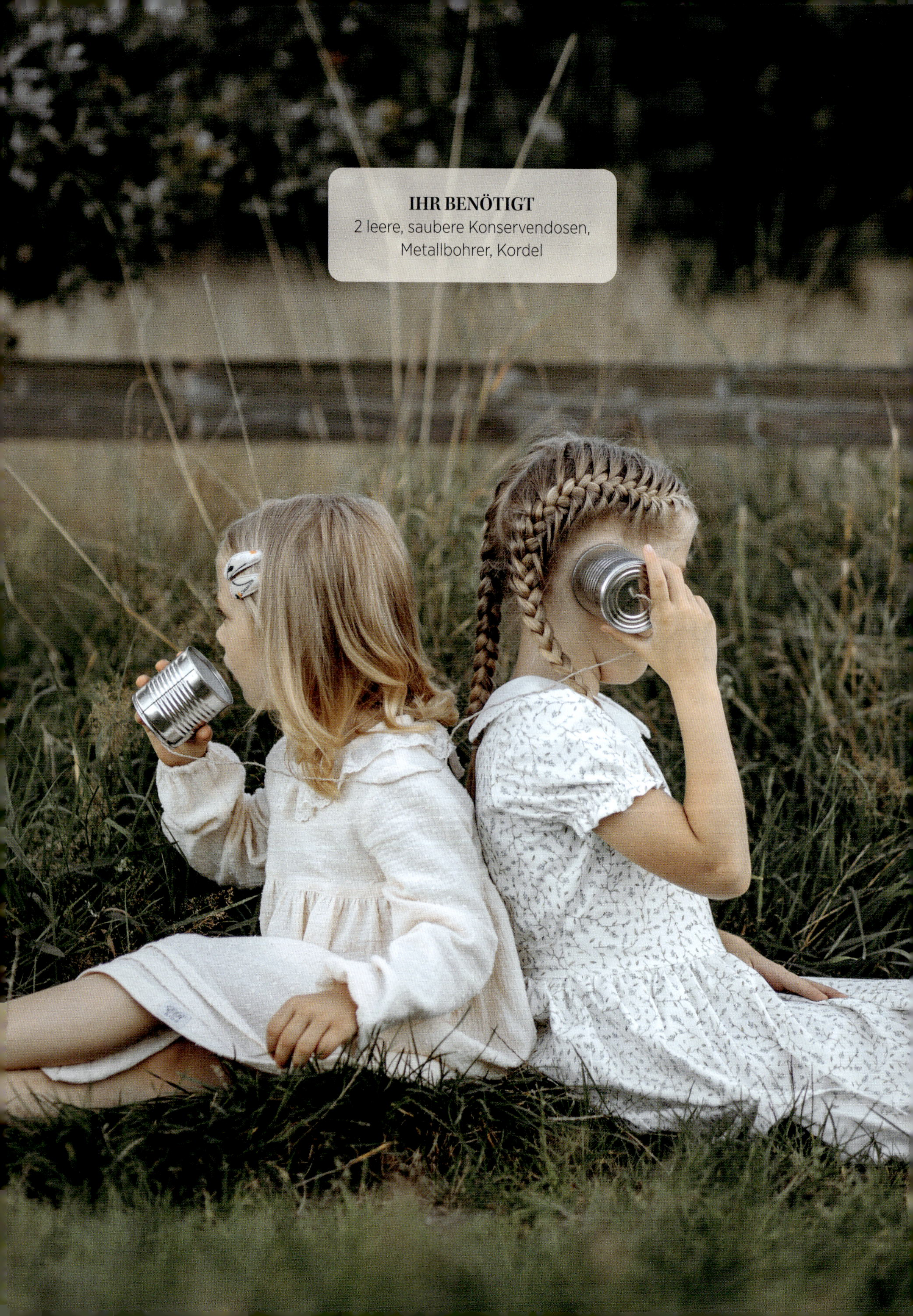

IHR BENÖTIGT
2 leere, saubere Konservendosen, Metallbohrer, Kordel

Dosentelefon

E.: „Hallo? Hallo? Ist da wer?“
F.: „Ja, hihi, ich bin's!“

Ein wahrer Klassiker, nicht wahr? Zugegeben: Ich kannte es nur aus illustrierten Kinderromanen und manch einem alten Film, aber deshalb war das Interesse, eins selbst zu basteln, nicht weniger groß.

Nach einem ausgiebigen Mittagessen fielen dann endlich zwei gleich große Konservenbüchsen an. Wir säuberten sie und bohrten mit einem Metallbohrer fix für die Kordel zwei Löcher hinein. Mit mehreren Knoten im Doseninneren wurde die Schnur fixiert, und ab um die nächste Ecke gehuscht!

Na, hört ihr etwas? Nein? Dann lasst doch der Fantasie freien Lauf oder probiert quasi „stille Post“ mal anders zu spielen.

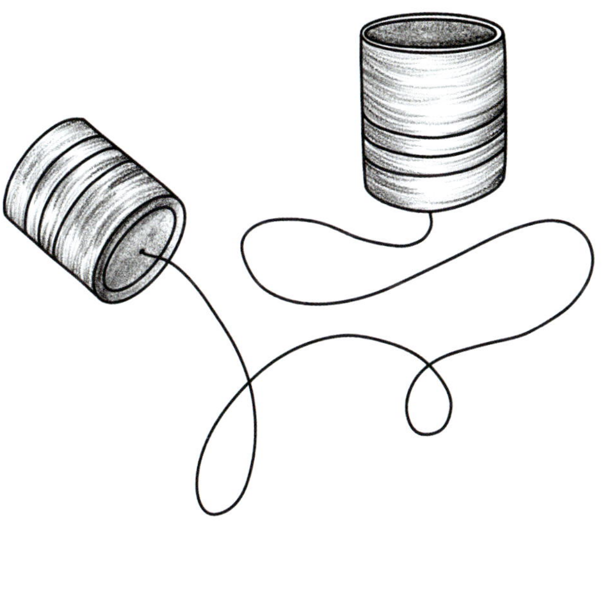

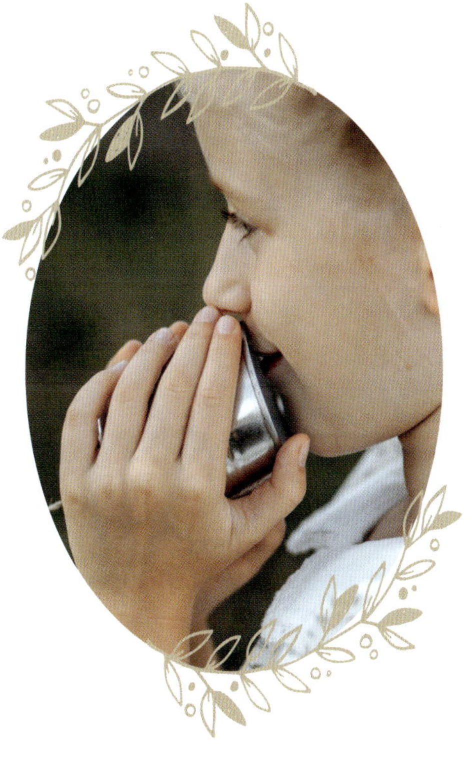

Tipp

Bitte achtet wieder darauf, dass keine scharfen Kanten mehr vorhanden sind. Vielleicht findet ihr alternativ auch dünne Schläuche, die ihr durch die Dosen führten könnt. Probiert selbst, ob ihr einen Unterschied feststellen könnt! :)

August

IHR BENÖTIGT
2 Holz-Peg-Dolls, Acrylfarben oder -stifte, Holzperlen, Schleierkraut, Kleber

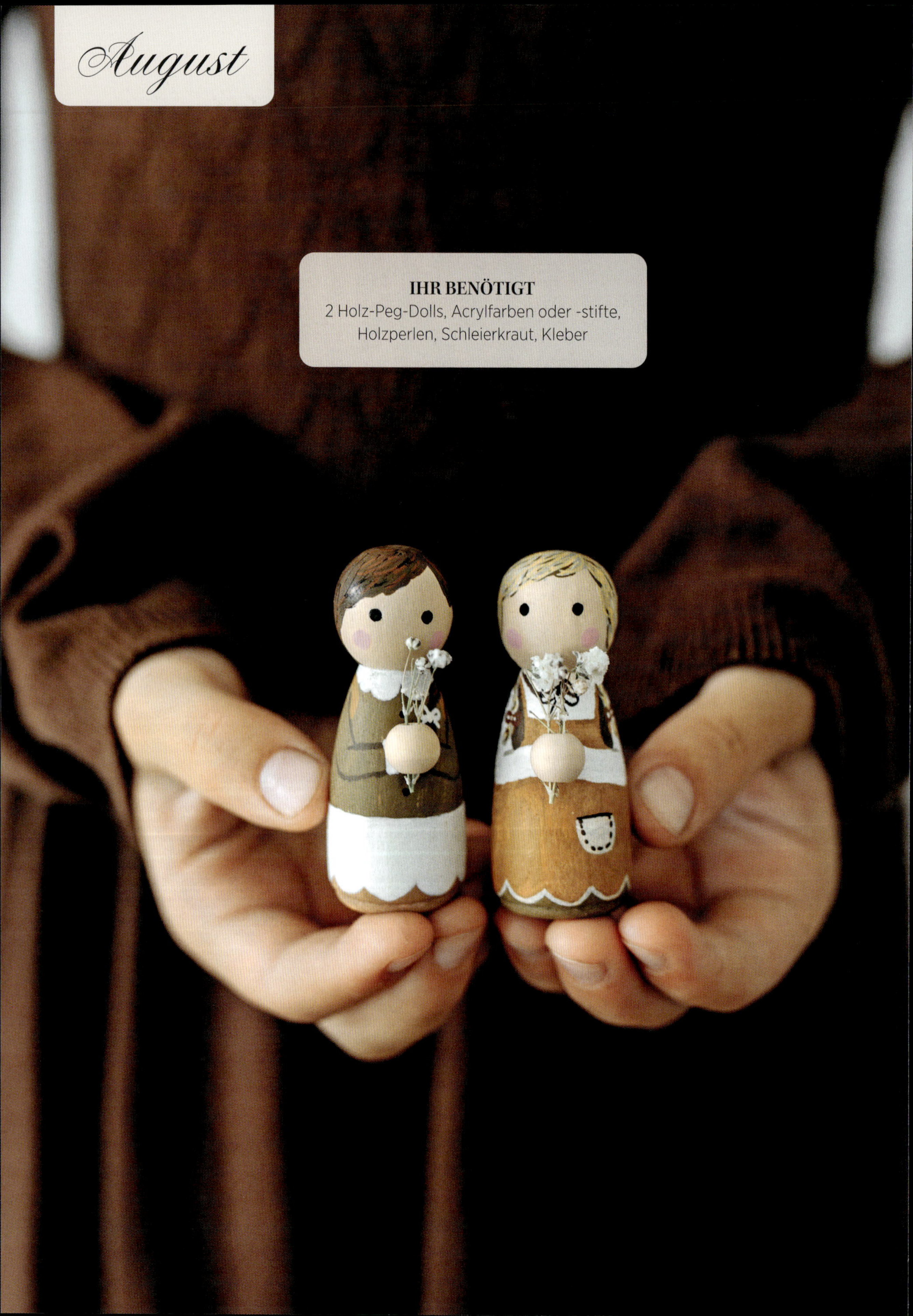

Peg-Doll-Schulkinder

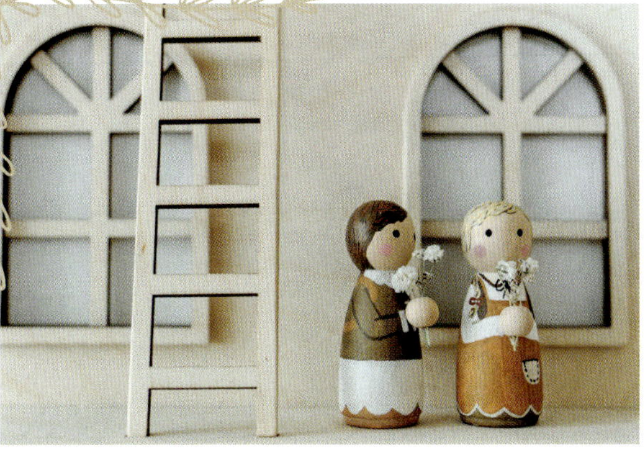

Schwupps, und schon sind die Ferien wieder vorbei. Im August geht bei uns in Nordrhein-Westfalen regelmäßig die Schule wieder los und 2022 schulten wir unser erstes Kind ein. Ein wahnsinnig großer Meilenstein und auch sehr emotional. Mir war es ein Anliegen, dazu kleine Aufmerksamkeiten anzufertigen, und so entschied ich mich wieder einmal für Peg Dolls. Warum?
Ein Rohling – 1000 und noch mehr Möglichkeiten! Und als meine Große dann fragte, ob ich sie und ihre Freundinnen nachbilden könne, erfüllte ich den Wunsch sehr gerne.
Neben Schultaschen auf dem Rücken sollten sie noch Blumen in die Hände bekommen, die ich aus Holzperlen gestaltete. Natürlich waren die Sträußchen – wie immer – aus Schleierkraut, damit auch langfristig alles hübsch aussieht.
Für ganz individuelle Figuren schaue ich immer auf entweder typische Merkmale der Person wie Sommersprossen, Frisur, Haarfarbe, Kleidungsstücke oder Lieblingsfarben.
Mit Perlen und Spulen wird alles gleich sehr viel plastischer. Weitere Ausgestaltungen finden sich im Buch beim Monat Dezember!

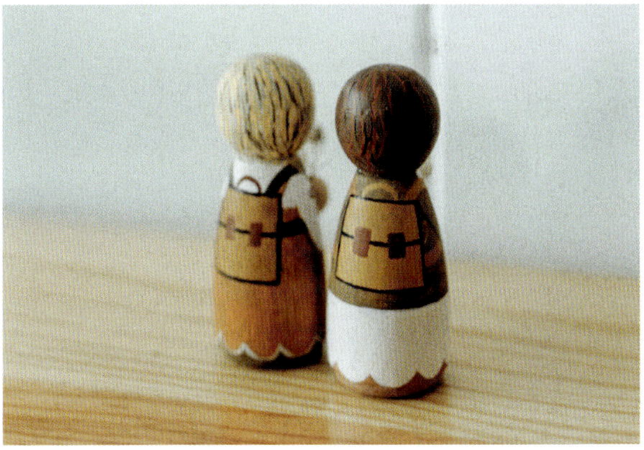

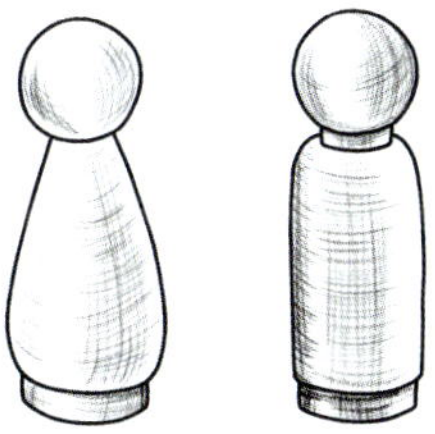

Tipp

Ihr möchtet mehr Details in den Haaren? Dann sucht euch zu der Haupthaarfarbe noch zwei ähnliche Acrylstifte. Malt erst die komplette Fläche der Frisur mit der Hauptfarbe aus und zeichnet dann einzelne Striche mit den anderen beiden Stiften hinein, wenn die ursprüngliche Farbe noch feucht ist. So ergeben sich richtige Strähnen. Sollte es etwas zu dunkel oder hell geworden sein, korrigiert dies noch einmal mit einzelnen Strichen der Haupthaarfarbe.

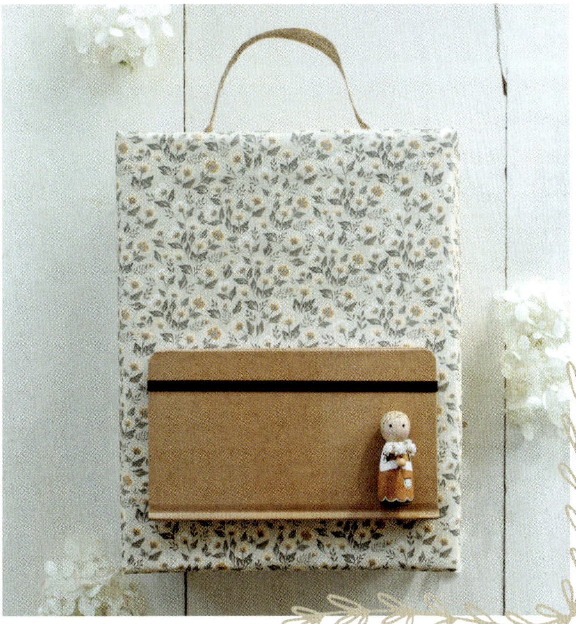

IHR BENÖTIGT
Eierkartonspitzen, Krepppapier, Borte, Wollband, Watte, Holzspieß

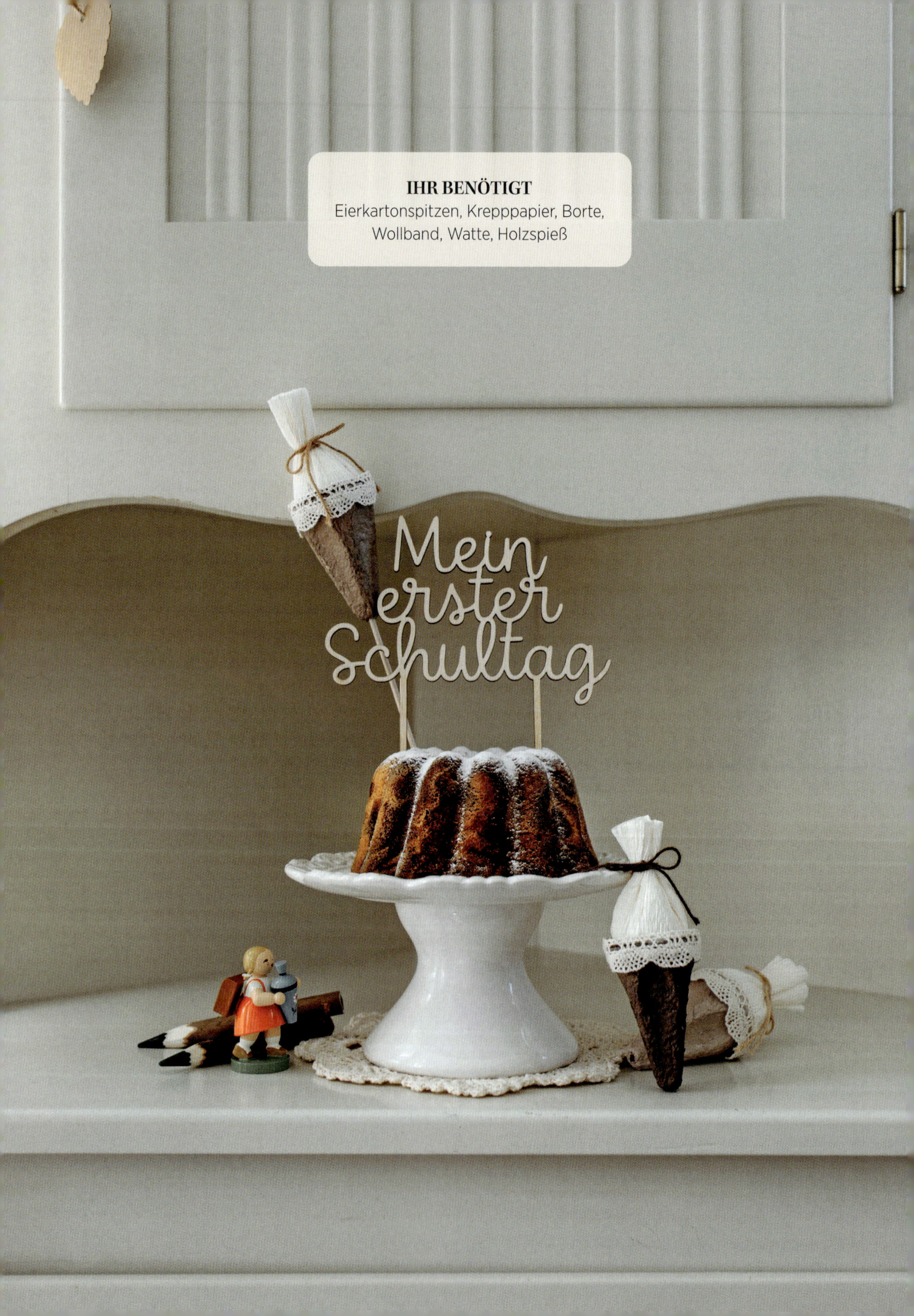

Schultüten aus Eierkartons

Zur Einschulung gehört oft auch eine Feier im Kreis der Familie. Neben einem Motto, das wir dabei verfolgten, legte ich aber auch Wert auf DIYs, die im besten Fall auch noch bei der Geschwister-Einschulung wiederverwendet werden könnten oder sich schön als kleines Geschenk für andere Kinder sowie als Girlande aufgefädelt anbieten. Deswegen gestalteten wir kleine Schultüten aus Eierkartonspitzen – schlicht, zeitlos und so vielfältig nutzbar.

1. Zunächst die Eierkartonspitzen bemalen. Wichtig: Auch minimal den oberen, inneren Rand gut bepinseln.
2. Im getrockneten Zustand klebten wir einen Streifen Krepppapier von ca. 8 x 16 cm hinein und befüllten die Tüten mit Watte. Mit einem Wollfaden schnürten wir sie zu.
3. Danach vervollständigten wir den Look mit unserer heißgeliebten Spitzenborte und klebten den Holzspieß in die untere Öffnung.

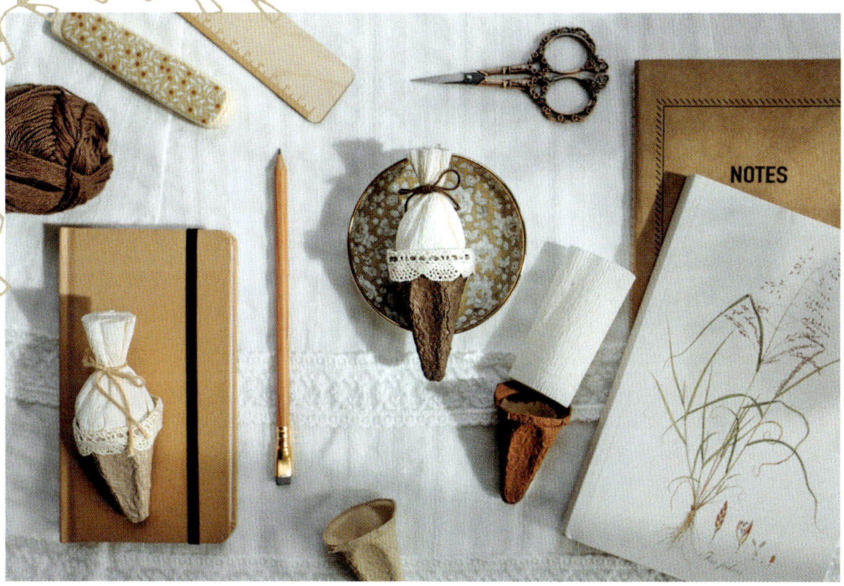

Tipp

Nicht nur als Caketopper, sondern auch als Geschenkanhänger oder Girlande machen sich die Schultüten wunderbar! Denkbar wäre natürlich auch der Einsatz von Serviettentechnik, Glitzer oder anderem, um sie so individuell zu gestalten, dass sie bestmöglich in euer Konzept passen!

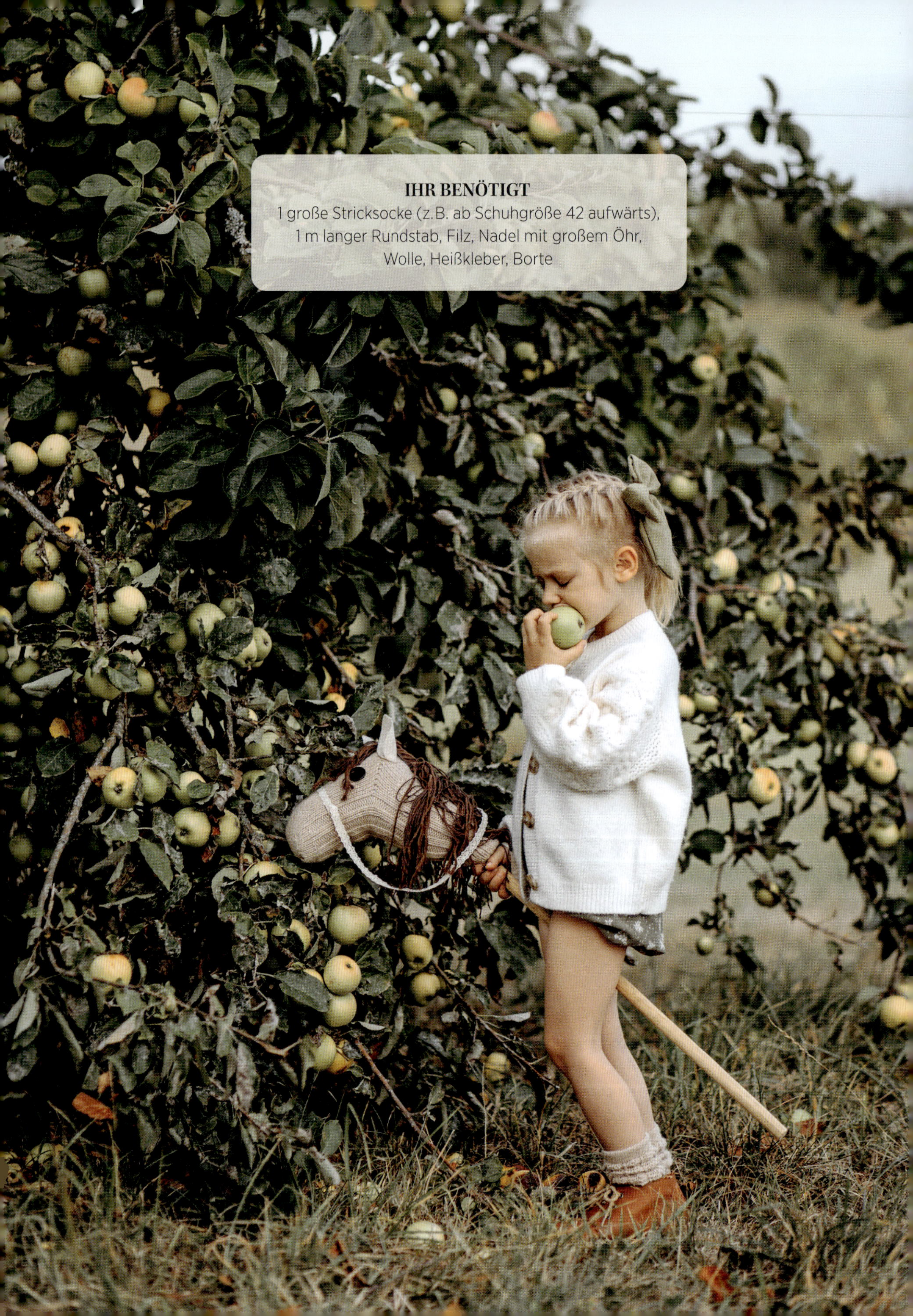

IHR BENÖTIGT
1 große Stricksocke (z.B. ab Schuhgröße 42 aufwärts), 1 m langer Rundstab, Filz, Nadel mit großem Öhr, Wolle, Heißkleber, Borte

Steckenpferde

Zu unseren liebsten Beschäftigungen im August gehört es, durch Wald und über Wiesen zu streifen, entlang an den Koppeln und zu den zahlreichen Tieren auf den Bauernhöfen in unserer Umgebung. Neben Kühen und Alpakas treffen wir sehr oft Pferde, und so wünschten sich die Mädchen, ein Pferd bei uns einziehen zu lassen. Da ein richtiges nicht mal eben so angeschafft ist, wählten wir einfach wieder den DIY-Weg, um dem Herzenswunsch wenigstens ansatzweise nachzukommen. Habt ihr auch eine kleine Pferdenärrin zu Hause? Vielleicht geht dann auch ihr bei einem solchen Steckenpferd das Herz auf!

1. Zuerst näht oder klebt ihr große Knöpfe als Augen auf eure Socke. Haltet sie dafür mit dem Fersenteil nach oben. Mit der Vorlage zwei Ohren aus Filz ausschneiden. Die Vorlage nach Belieben vergrößern. Entlang der Knicklinie knicken und einen Klebepunkt am unteren Ende mittig setzen, sodass eine typische Ohrform entsteht. Beide Ohren entweder annähen oder ankleben.

2. Nun schneidet ihr ca. 30 cm lange Wollfäden und fädelt diese jeweils einzeln durch ein großes Nadelöhr. Stecht nun mit der Nadel durch zwei Maschen und verknotet den Faden an der Socke letztendlich so, dass ihr zwei gleich lange Fäden als Mähne herunterhängen lassen könnt. Beginnt eure Mähne kurz oberhalb der Augen, führt sie zwischen den Ohren weiter bis ca. 8 cm vor dem Ende der Socke.

3. Wenn euch die Mähne voll genug erscheint, befüllt die Socke mit Watte. Führt danach den Holzstab bis auf die Höhe der Ohren ein. Umklebt den Holzstab mit dem Sockenende und bindet das Ende mit einer Kordel sauber ab. Auch hier kann gerne zusätzlicher Klebstoff zum Einsatz kommen. Zuletzt mit einer Borte das Halfter gestalten. Dafür zuerst einmal die Borte komplett um den Kopf kleben und danach als „Leine" ein längeres Stück nur mit den Enden an die vorige Borte kleben/annähen.

Schon kann der Reitspaß oder gar ein Wettrennen beginnen!

1

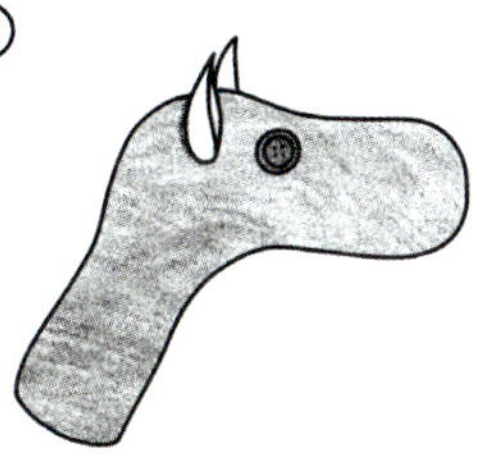

2

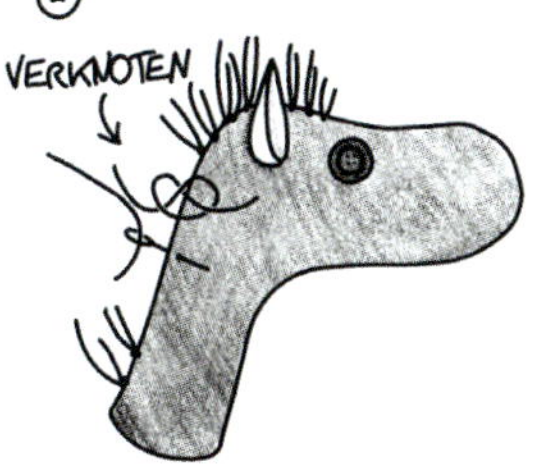

3

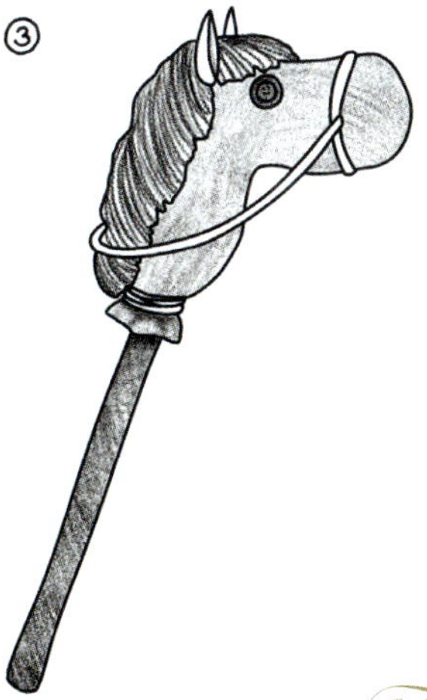

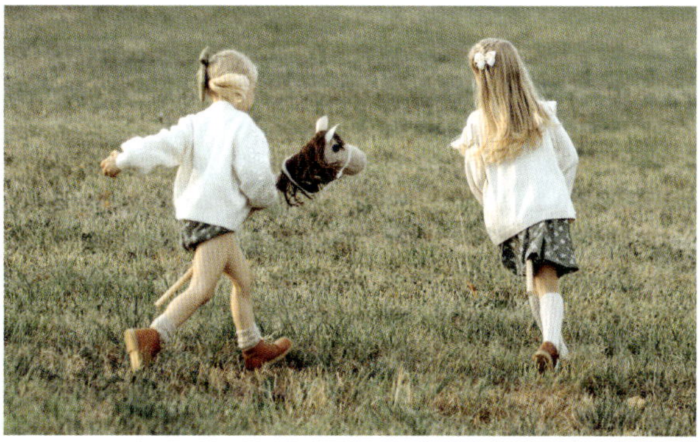

OHR 2x

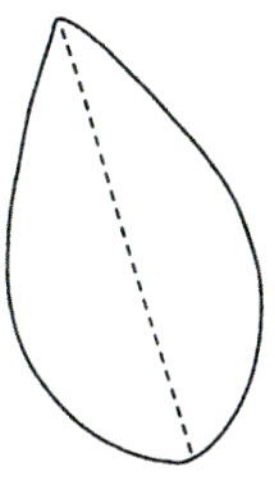

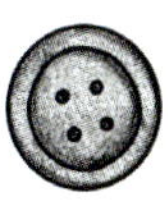

2x

Tipp

Ihr wisst nicht, wie ihr eure Pferde im Kinderzimmer verstauen sollt? Befestigt an der Wand oder z.B. an einem Schrank einen Gardinenraffhalter oder steckt sie in einen großen Korb. Echte Pferdeliebhaber könnten ihrem Tier auch eine Pferdebox aus einem großen Karton basteln.

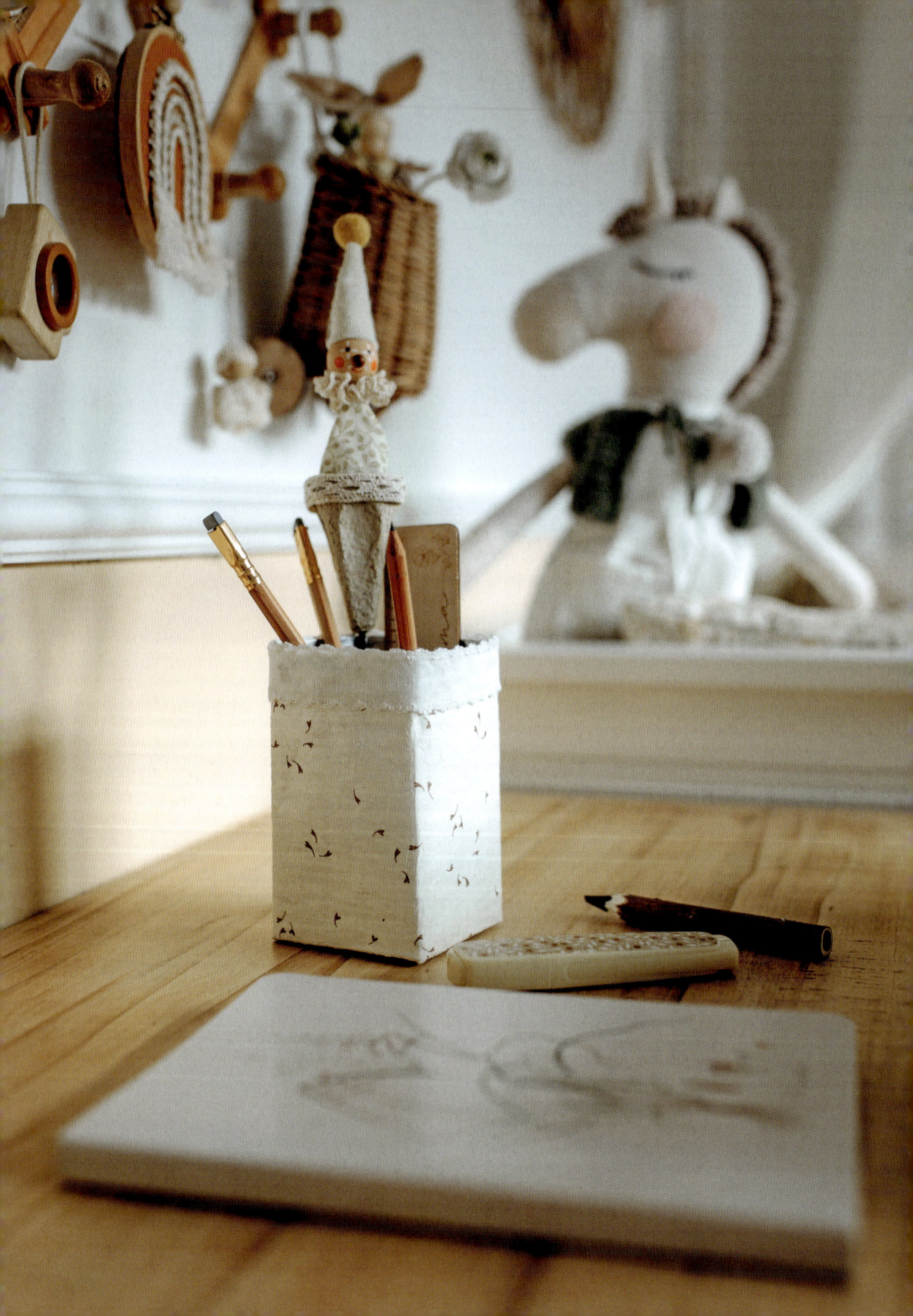

Stiftebecher

IHR BENÖTIGT
Leere Milchpackung, Serviette oder Acrylfarben, Serviettenlack, Borte, Schere, Kleber

Ein Must-have für jedes Kinderzimmer! Da wir Individualisiertes lieben, gehörten die Stiftebecher zu unseren ersten DIYs. Aus Milchtüten sind sie schnell gebastelt und eine prima Möglichkeit, fix ein Upcycling zu realisieren. Neben dem gründlichen Auswaschen muss nur die Packung aufgeschnitten, nach Wunsch gekürzt, der Rand umgeschlagen und die bedruckte Schicht abgezogen werden. Ob mit Acrylfarben oder Filzstiften bemalen … oder wieder zur Serviettentechnik greifen: Lasst eurer Fantasie freien Lauf! Unsere Mädchen wünschten sich wieder Borten als Abschluss.

Übrigens sind Milchtüten wahre Upcyclingwunder, wie auch Toilettenpapierrollen oder Eierkartons: Ob als Stiftebecher wie hier zu Blumentöpfen, Geschenkverpackungen, Tragetaschen oder oder oder … aber schaut gerne weiter im Buch, was sich alles aus ihnen zaubern lässt!

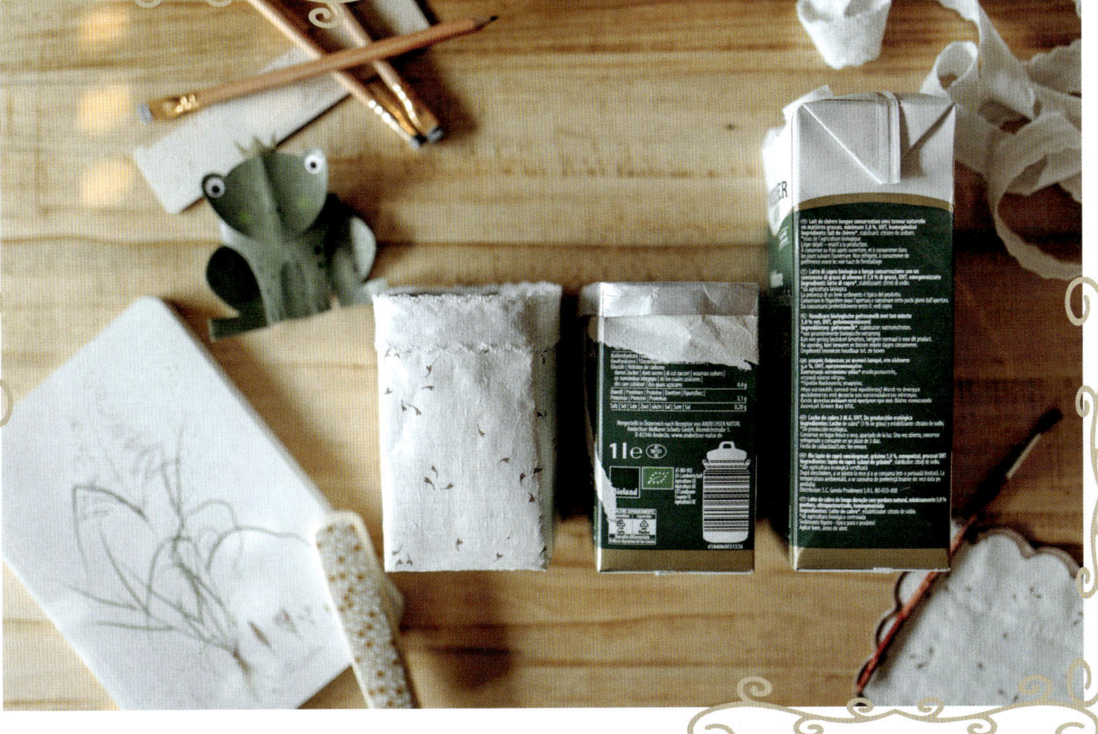

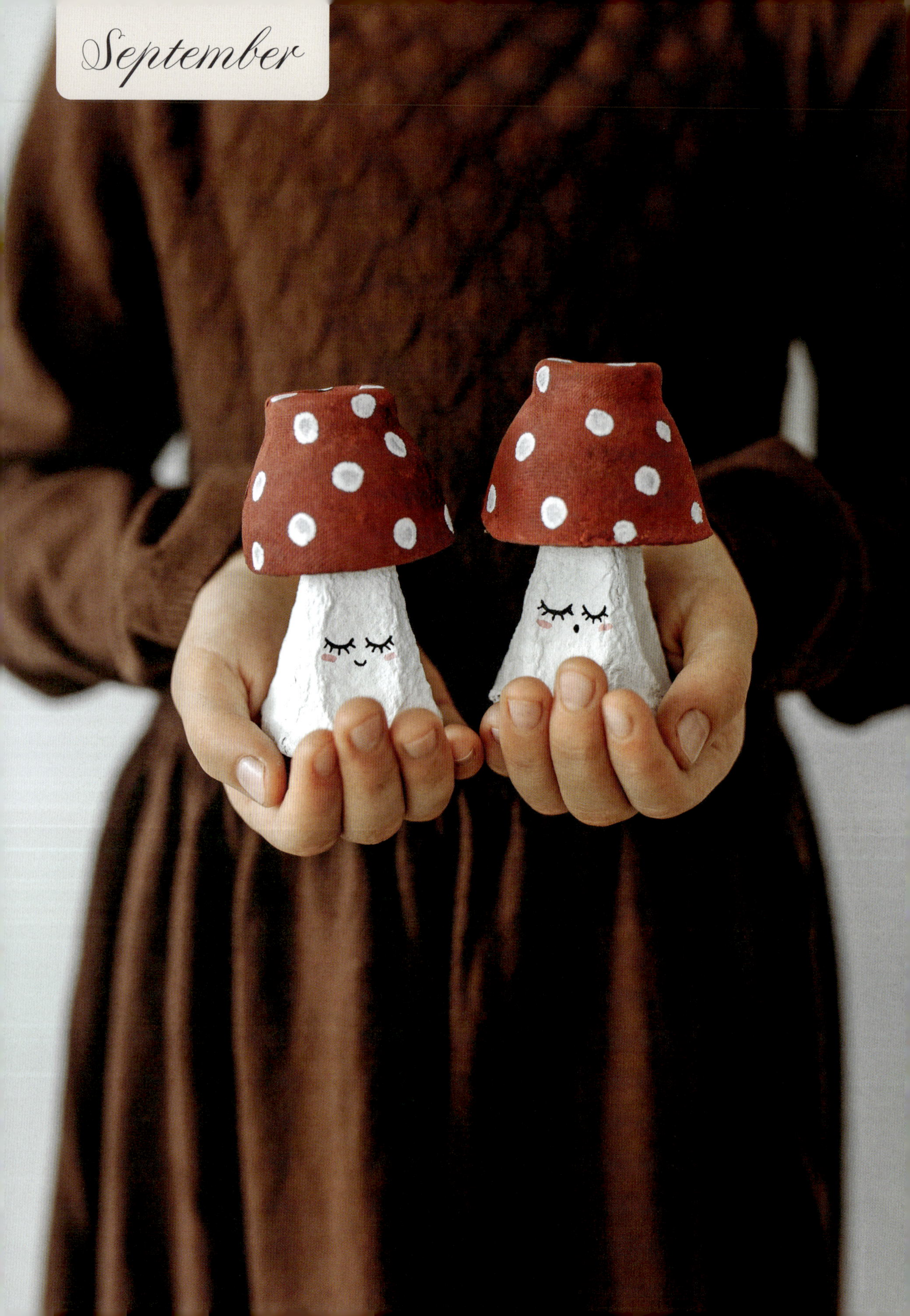

Wackelkopfpilze

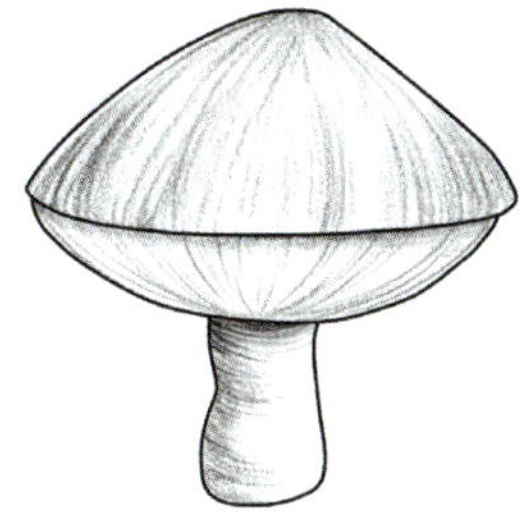

IHR BENÖTIGT
Eierkartonspitzen und -becher, Acrylfarbe, Pinsel, Filzkugel, Marker, Schere + Kleber

Neuer Monat, neue Jahreszeit! Und Pilze gehören einfach zum Herbst dazu. In unserem Fall mit wackeligen, leicht beweglichen Köpfen – und definitiv ungiftig!
Im ersten Schritt schneidet ihr aus einem Eierkarton zwei Becher und eine Spitze aus. Die Becher klebt ihr zu einem Pilzkopf zusammen.
Danach greift ihr zu den Acrylfarben: Weiß für die Spitze und Rot für den mittlerweile geschlossenen Becher. Entweder mit dem Pinsel oder einem Wattestäbchen noch die weißen Punkte hintupfen, alles gut trocknen lassen und das Gesicht aufmalen.
Zuletzt alles verkleben: Die Filzkugel wird auf die weiße Eierkartonspitze geklebt. Darauf wiederum setzt ihr den geschlossenen Becher.

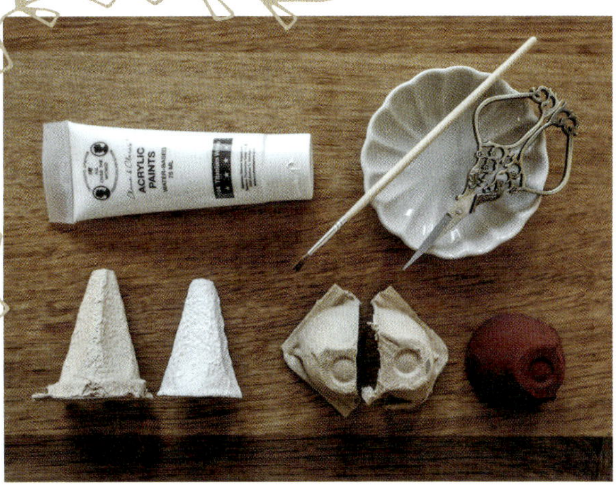

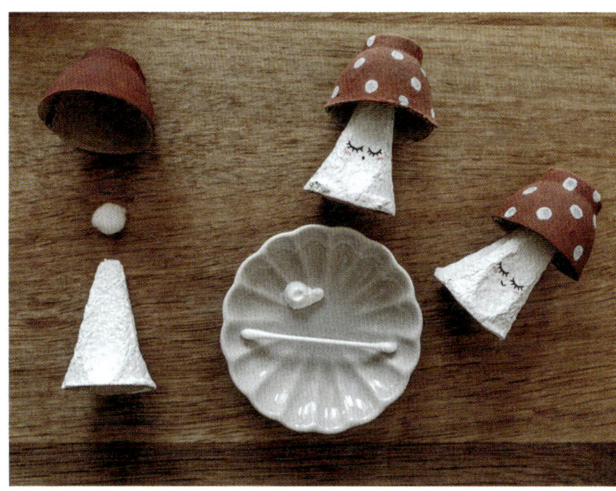

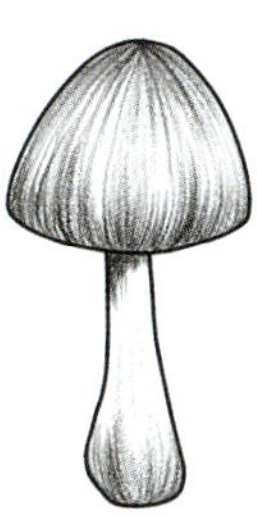

Tipp

Fertigt doch viele unterschiedliche Wackelpilze. Variiert mit der Größe, Farbe oder Gesichtsausdrücken. Bestimmt auch ein wahrer Hingucker für die Fensterbank, wenn ihr noch etwas Moos oder getrocknetes Laub drum herum streut!

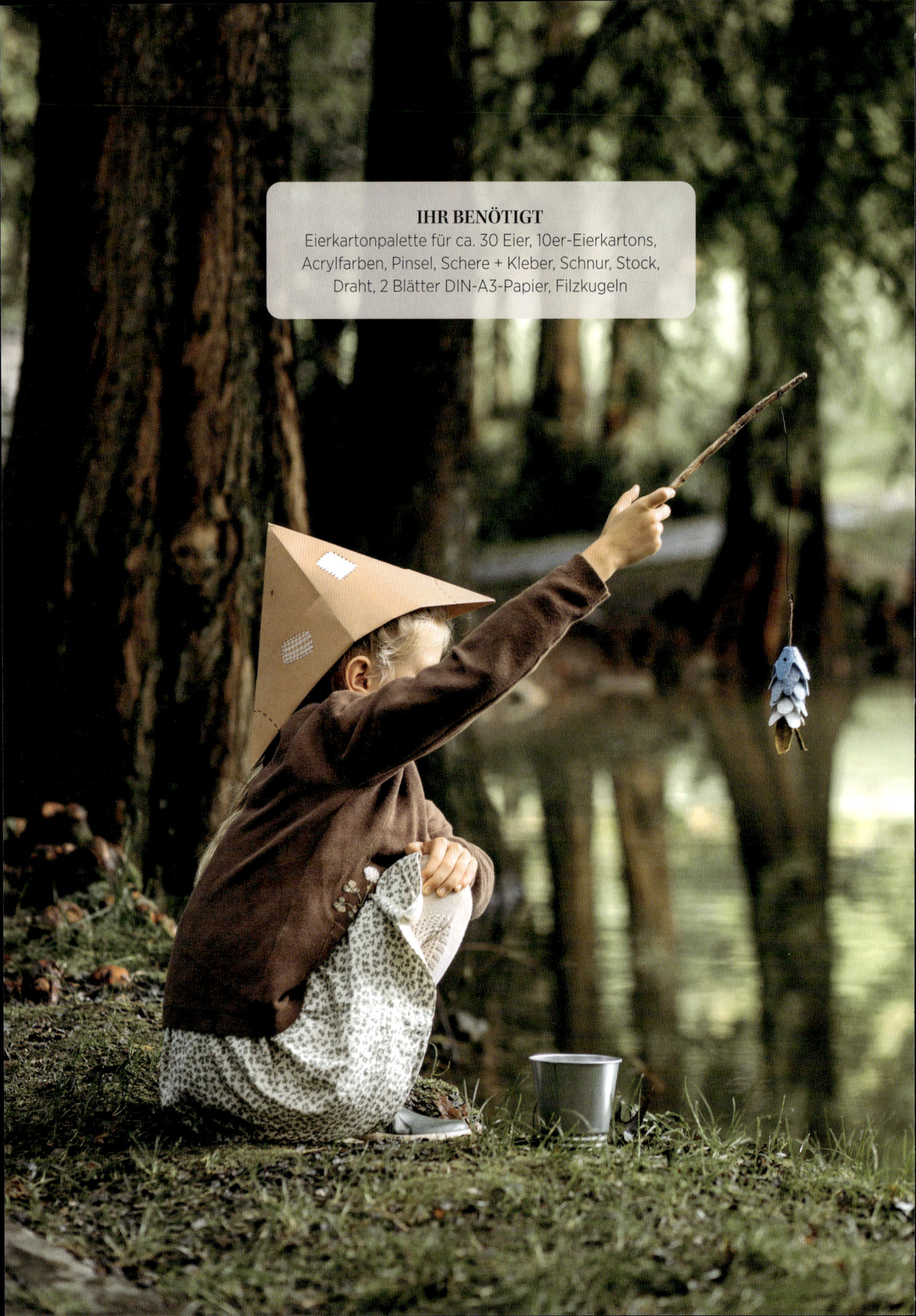

IHR BENÖTIGT

Eierkartonpalette für ca. 30 Eier, 10er-Eierkartons, Acrylfarben, Pinsel, Schere + Kleber, Schnur, Stock, Draht, 2 Blätter DIN-A3-Papier, Filzkugeln

Fischer-Zubehör

Steht bei euch auch Angeln hoch im Kurs? Unsere Mädchen finden es total faszinierend. Da wir aber keinen Fischereischein in der Tasche haben, musste eine andere Idee für eine „Fang-Garantie“ her. Und wer hätte es gedacht – Fische aus Eierkarton sind unsere Lösung dafür! Passend dazu gab es einen „Fischerhut“ aus Kraftpapier.

Ihr könnt ihn folgendermaßen nachbasteln:

1. Zwei DIN-A3-Blätter an den langen Seiten mit Klebeband festkleben. Danach euer neu entstandenes A2-Kraftpapier-Blatt zweimal auf die Hälfte falten.

2. Einen Schritt wieder zurück auffalten und die Ecken zur mittleren Knicklinie umknicken.

3. Die unten überstehenden Streifen packen und den vorderen nach oben knicken.

4. Alles auf die andere Seite wenden und den zweiten überstehenden Streifen nach oben knicken.

5. Um ein „Dreieck“ zu erhalten, müsst ihr die überstehenden Ecken umknicken und festkleben.

6. Fertig ist euer Hut! Tragt ihn einfach so oder malt wie wir noch eine Naht und/oder Flicken auf!

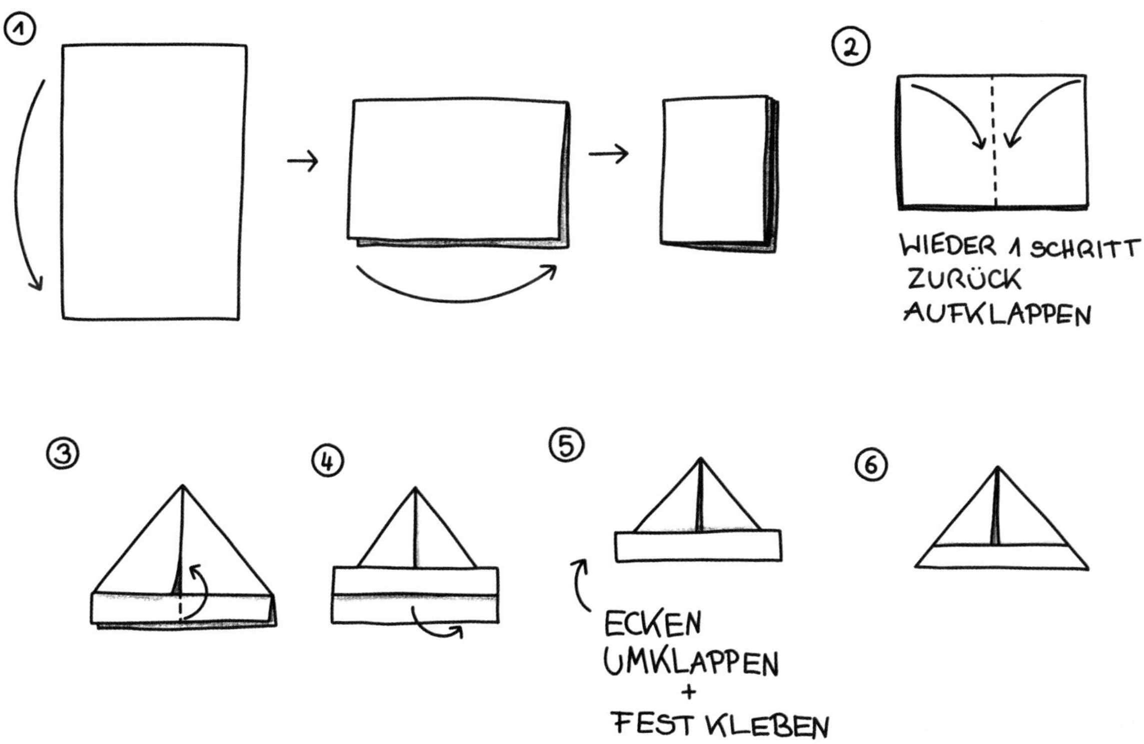

Angel

Ein gefundener Stock wurde mit Draht zu einer Angel umfunktioniert. Dafür mehrfach den Draht um den Stock wickeln und das lose Ende zu einem Haken formen.
Wenn das Outfit und das Equipment nun passen, geht es ran den Speck – äh, Fisch. Oder besser: die Fische!

Großer Fisch

Aus einer Eierkartonpalette für ca. 30 Eier fünf Becher herausschneiden. Wellen darauf malen und sie der Linie entlang ausschneiden. Eine klassische Eierkartonspitze eines 10er-Eierkartons für die Flosse benutzen. Alles nach Lust und Laune bemalen und nacheinander auffädeln, dabei zwischen jedem Eierkartonbecher eine kleine Filzkugel mit auffädeln. Am Kopf eine Schlaufe übrig lassen, damit dieser Fisch auch „anbeißen" kann.

Kleine Fische

Für diese zunächst Eierkartonspitzen ausschneiden und plattdrücken. Die Umrisse der Fischgestaltung aufmalen und entlang dieser Linien ausschneiden. Im Anschluss aus den Resten Seitenflossen schneiden. Alles bemalen und die Flossen aufkleben.

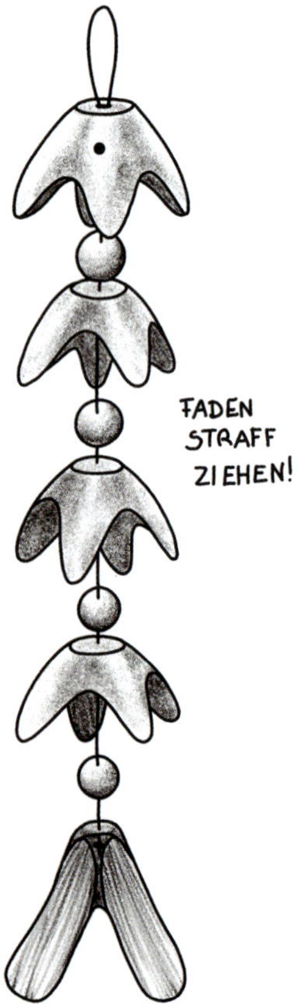

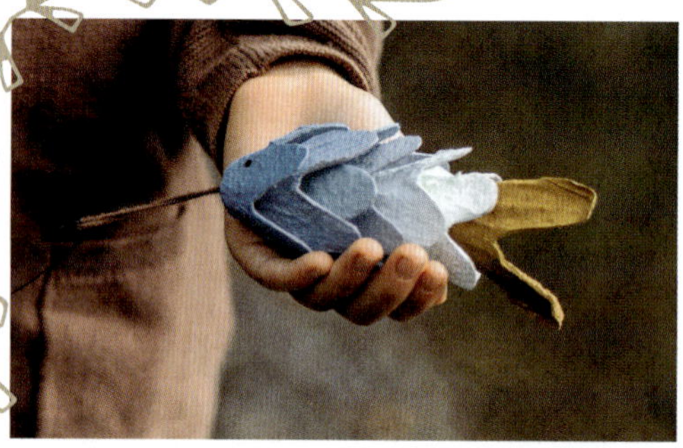

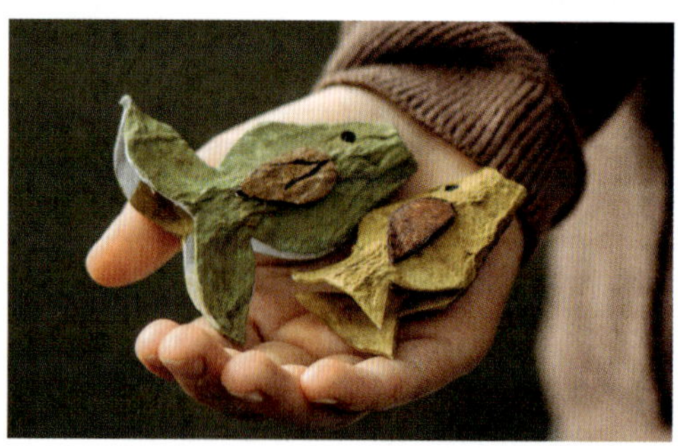

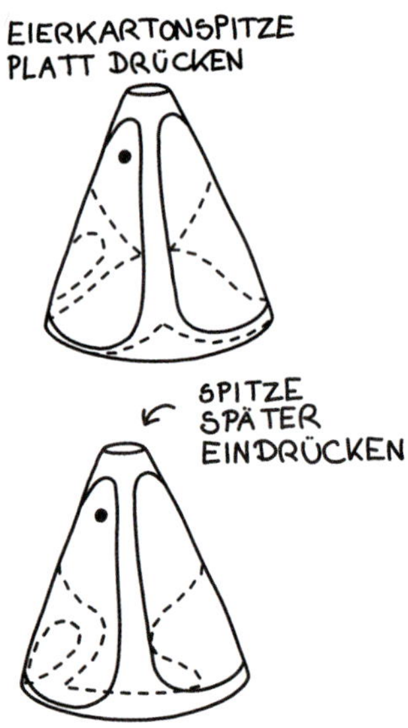

Tipp

Mit Pailletten lassen sich wunderbare Fischschuppen zaubern. Klebt sie gerne kreuz und quer mit auf. Vielleicht habt ihr aber auch noch selbst eigene Ideen für weitere fangbare Meeresbewohner, die euer Sortiment abrunden (Aal, Krebse ...).

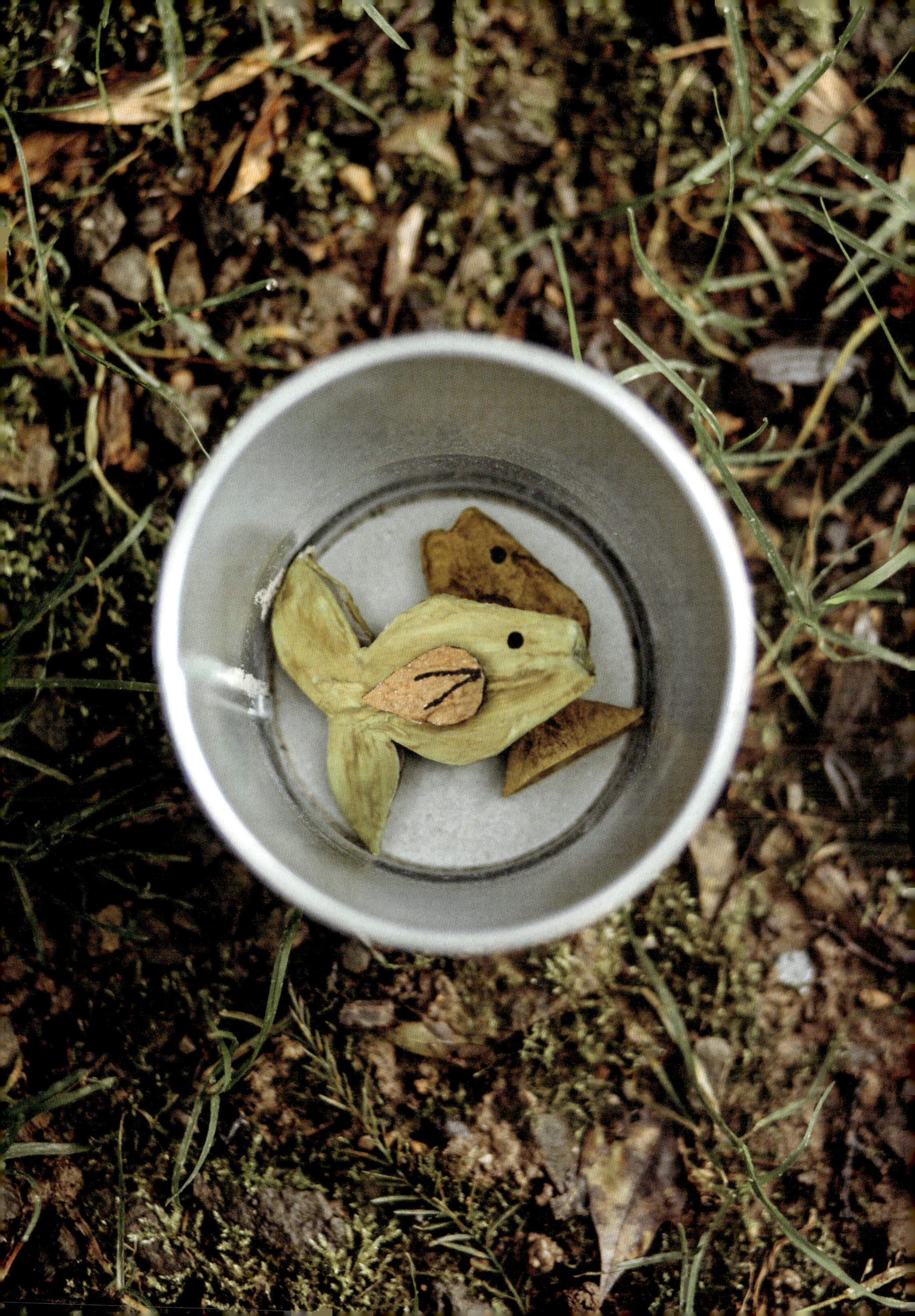

Stoff-Kürbisse/-Pilze

IHR BENÖTIGT
Kürbisse: Meterware Stoff oder z. B. eine alte Tischdecke, Stöcke, Nadel, Faden, Kleber, Watte, Juteschnur, Holz-Möbelknauf, Teller als Grundform oder Zirkel
Pilze: Meterware Stoff oder z. B. eine alte Tischdecke, Stöcke, Nadel, Faden, Kleber, Watte, ggf. Stickgarn, Teller als Grundform oder Zirkel

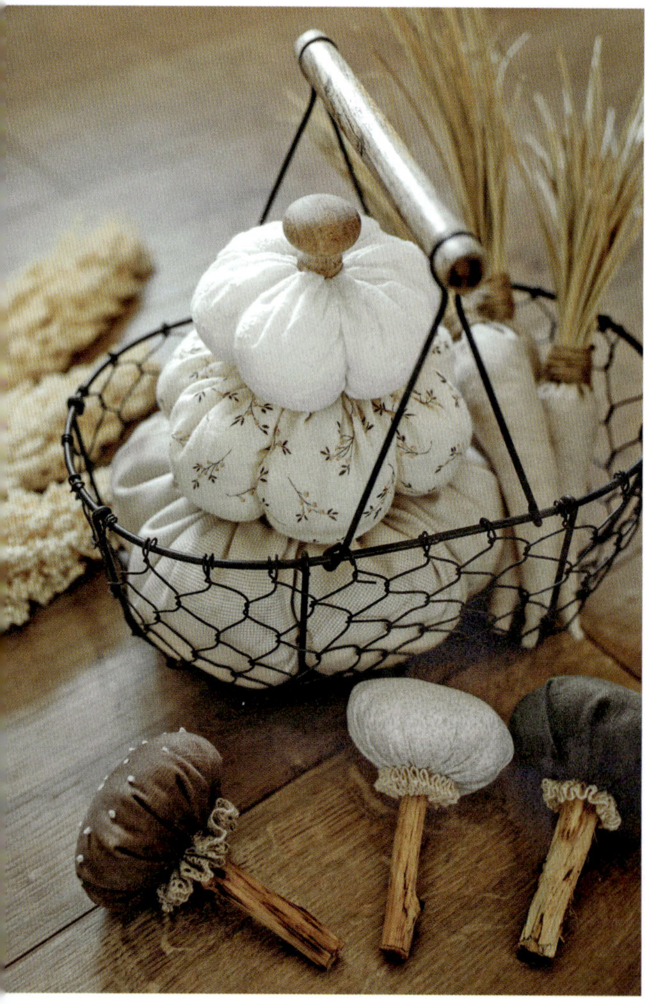

Irgendwie vergeht kein Waldspaziergang, ohne dass wir unzählige Stöcke sammeln. Zwar ist die spätere Verwendung zunächst noch nicht absehbar, aber was mit muss, muss mit. Als sich zu viele im Schuppen anhäuften und wir über Pilze sprachen, die man besser nicht anfassen oder sogar essen sollte, war sofort klar, wie wir die Stöcke nun verwenden wollten.
Der Herzmann durfte also die Rinde mit einem Messer abschnitzen, während ich mit den Kindern in der Stoffkiste wühlte. Jedes Mädchen suchte sich Favoriten heraus, und auch ich überlegte mir etwas für potenzielle „Fliegenpilze".

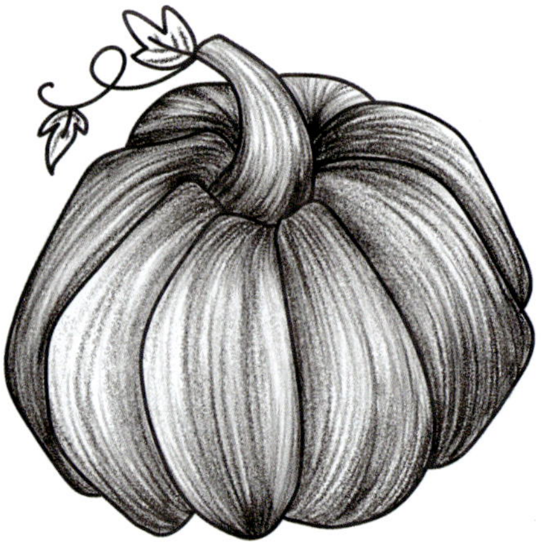

Danach legten wir los:

1. Für beides muss zuerst eine Kreisgrundform her. Mit Tellern oder Zirkel malt ihr diese auf euren Stoff. Wer einen Fliegenpilz gestalten mag, kann vor den weiteren Schritten seinen Stoff noch mit French Knots besticken. Unsere Kürbisse haben folgende Durchmesser: 20 cm, 40 cm und 65 cm. Der Pilz entspricht dem kleinsten Kürbis, kann aber nach Belieben auch noch kleiner gestaltet werden. Es ist kein Muss, die Rinde der Stöcke zu entfernen. Dies bleibt eurem Geschmack und Können überlassen. Danach geht ihr so vor wie beim bisher bekannten „Faltenkragen". Rafft mithilfe des gezeigten Stiches den Stoff.

2. Als Nächstes werden die Stoffhüllen mit Watte befüllt.

3. Pilze: Die Stöckchen werden hinein geklebt und der Übergang von Stock zu Stoff wird mit einem Faltenkragen abgedeckt. Dafür Heißkleber auf den Stock und minimal den Stoff auftragen, den durchgezogenen Faden gut verknoten. Je nachdem, wie viel Spitzenborte ihr rafft, könnt ihr die Optik nach Lust und Laune variieren. Es wird deutlich dichter, wenn ihr z.B. 40 cm auf die Art und Weise auffädelt, als wenn es nur 20 cm sind.

Kürbisse: Um eine typische Form zu erhalten, werden drei Jutefäden um den Kürbis geknotet, sodass sechs gleiche Unterteilungen entstehen. Klebt auf den kleinsten Kürbis einen Holzknauf als Strunk. Die zwei größeren können oben „frei"gelassen werden, damit sie stapelbar bleiben. Aber auch da wäre es denkbar, einen Knauf o. Ä. über die Knoten der Fäden zu kleben, dann platziert man sie eben nebeneinander.

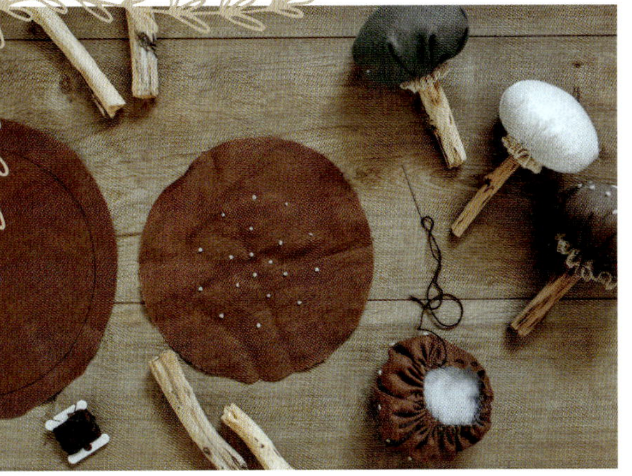

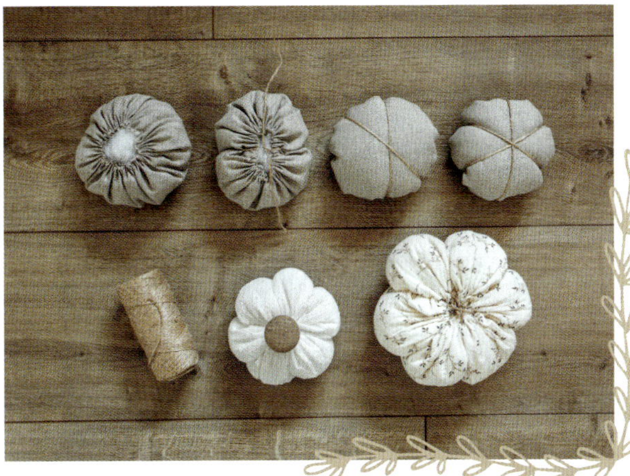

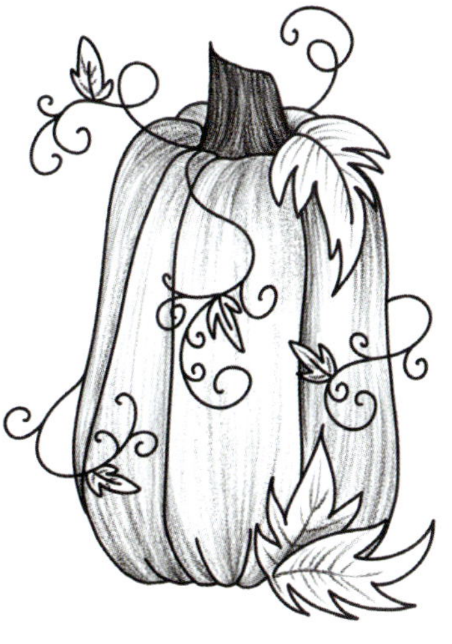

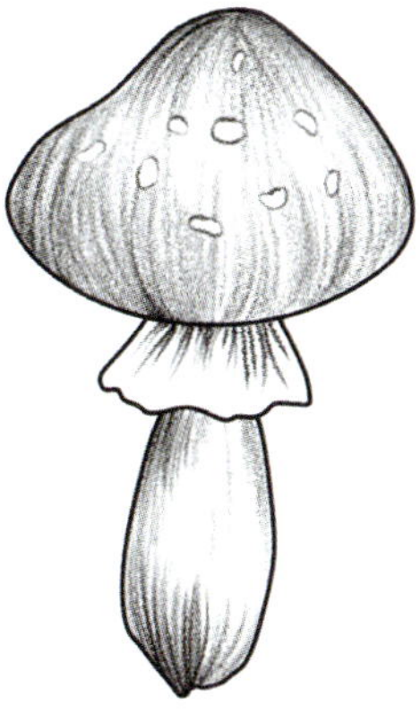

Tipp

Im Herbst blüht auch Vieles, das später super eintrocknet. Wer mag, kann mit Trockenblumen einen wunderschönen Abschluss von Stoff zu Strunk bei den Kürbissen zaubern. Vielleicht gefällt euch aber auch eine Schleife?

Karussellkuchen

IHR BENÖTIGT
2 Bögen Kraftpapier in DIN A4, 4 Holzspieße,
5 Einhörner-Caketopper von MeriMeri, Filzkugel, Nadel,
Faden, Kleber, Schere, 5 Strohhalme

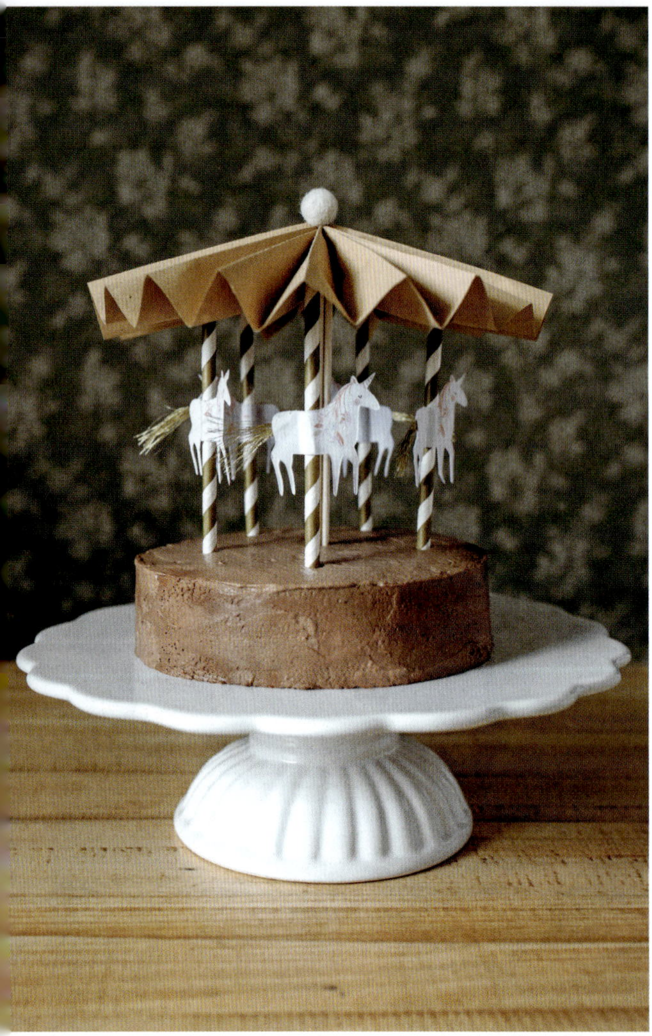

Karussells haben immer etwas Magisches. Ich kann gar nicht genau sagen, was mich an ihnen so fasziniert, aber seit ich zurückdenken kann, liebte ich sie. Meinen Mädchen ergeht es nicht anders, und zum Geburtstag darf es dann auch ausgefallenere Kuchen geben. Leider bin ich nicht die beste Bäckerin, aber mit einem tollen Caketopper kann man auch beim einfachsten Kuchen einen Wow-Effekt erreichen. Warum nicht also einen Karussellkuchen zaubern?

Dafür zunächst beide Bögen des Kraftpapiers längs auf die Hälfte falten und entlang der Knicklinie schneiden, sodass vier Streifen entstehen. Alle fächerartig knicken und zu einem langen Streifen zusammenkleben. Danach mit einer Nadel einen Faden durch das obere Ende führen. Dadurch entsteht ein Kreis. Die Mitte gerne etwas mehr nach oben stehen lassen und dafür den Faden eng verknoten. Auf die Spitze eine Filzkugel kleben.

Tipp

Anstatt Pferde, Einhörner etc. wären auch andere Tiere oder Autos denkbar. Für Lichteffekte kann auch eine Minilichterkette am Schirm befestigt werden. Tobt euch ruhig aus!

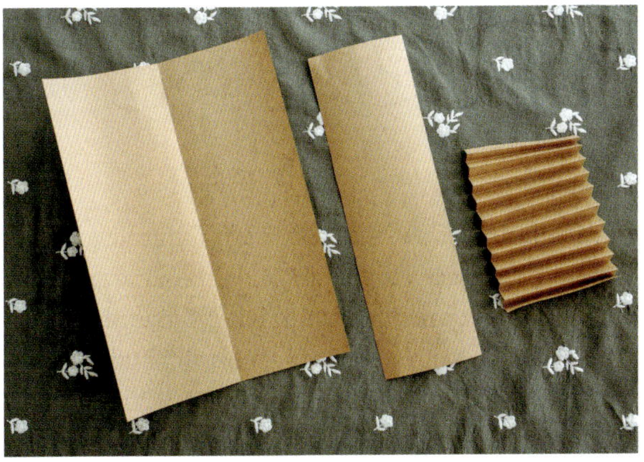

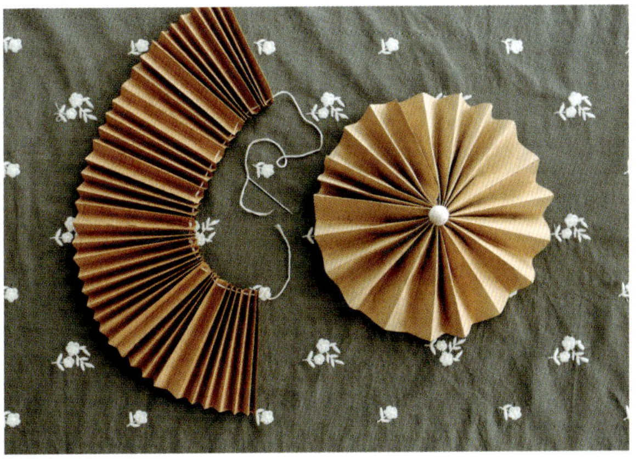

Die Einhörner könnt ihr entweder selbst malen oder ihr greift auf die von MeriMeri zurück. Dafür den Zahnstocher vorsichtig aus den Steckern entfernen und die entstandenen Löcher so vergrößern, dass eure Strohhalme hindurch passen. Diesen Schritt für alle fünf Einhörner wiederholen und vier Holzspieße zusammenkleben.

Nun liegt es an euch, wie hoch euer Karussell werden soll. Kürzt die Strohhalme sowie die Holzstäbe auf eine einheitliche Länge und steckt die Holzspieße in die Mitte des Kuchens. In gleichen Abständen folgen dann die fünf Einhörner am Rand des Kuchens. Zuletzt legt ihr euer Papierdach einfach auf die Strohhalme und Holzspieße. So lässt sich später eure Deko ganz einfach wieder herunternehmen, wenn ihr den Kuchen anschneiden wollt.

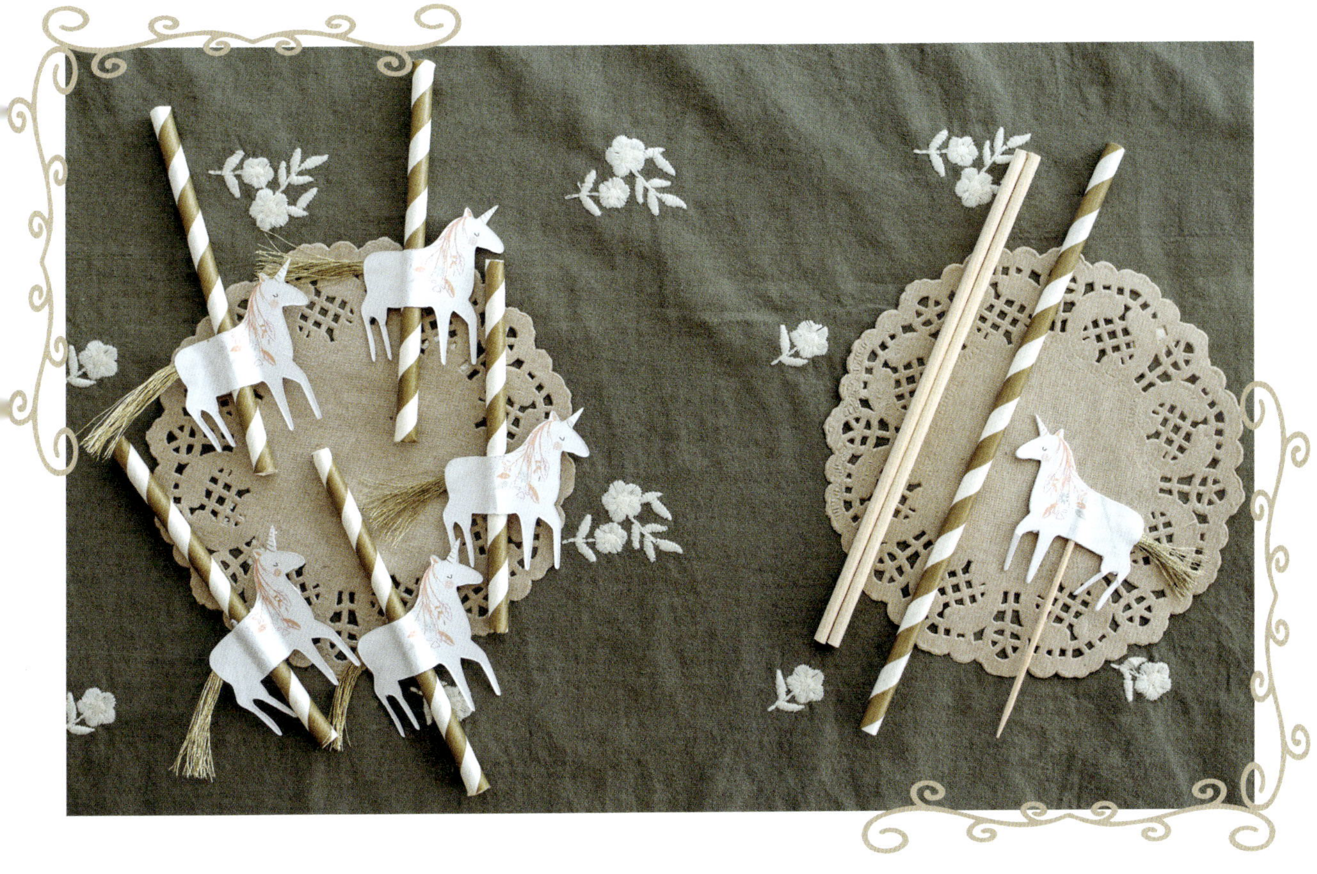

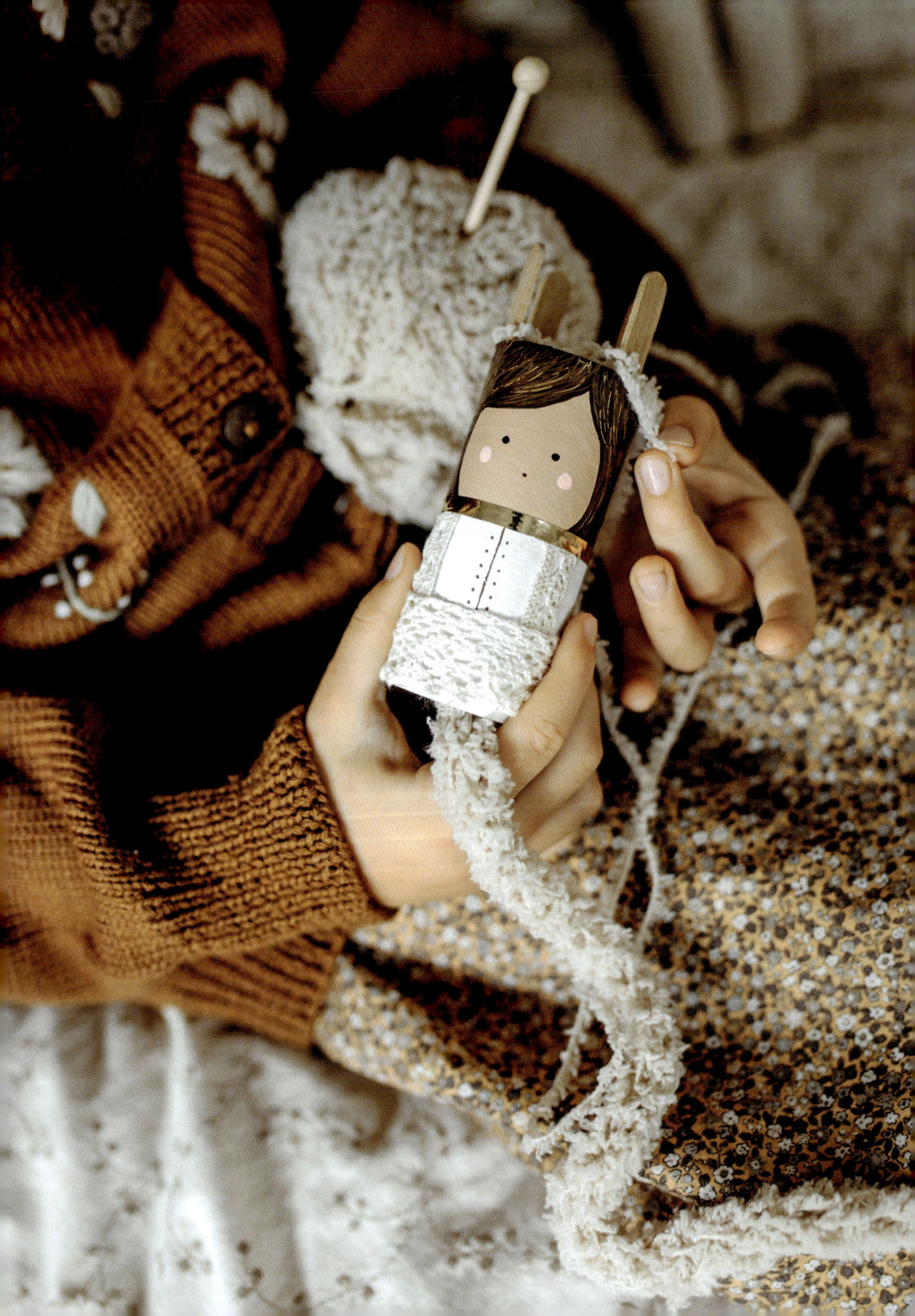

Strickliesel

IHR BENÖTIGT
1 Toilettenpapierrolle, 1 Stricknadel, Wolle, 4 Eisstiele, Schere, Kleber, Washitape, Farben, Pinsel

Wenn ich an Herbst denke, dann oft auch an Gestricktes. Leider hatte ich beim Stricken selbst nie den Bogen ganz raus, aber mit einer Strickliesel fällt das keinem auf! Als Kleinkind konnte ich mich viele Stunden mit ihr beschäftigen, obwohl ich damals selten wusste, was ich später mit meinen Resultaten anfangen sollte. Und bei Farbwechseln war ich immer soooo gespannt, wie wohl der Übergang aussehen würde, sodass ich Reihe um Reihe strickte. Und wenn sie nicht gestorben ist, so strickt … äh … bastelt sie noch heute :)

Man muss aber nicht zwingend eine Strickliesel kaufen, denn aus einer bemalten Toilettenpapierrolle ist in Verbindung mit Holz-Eisstielen super fix eine ganz individuelle Figur gezaubert.

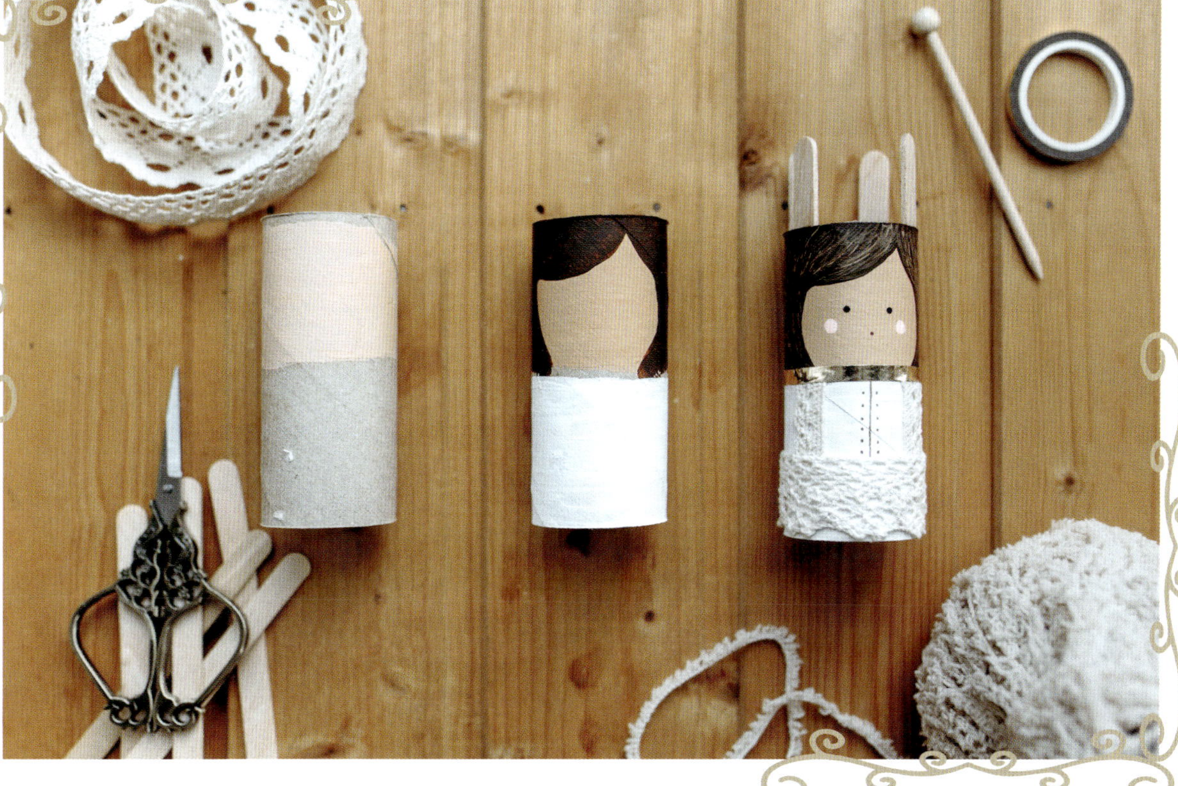

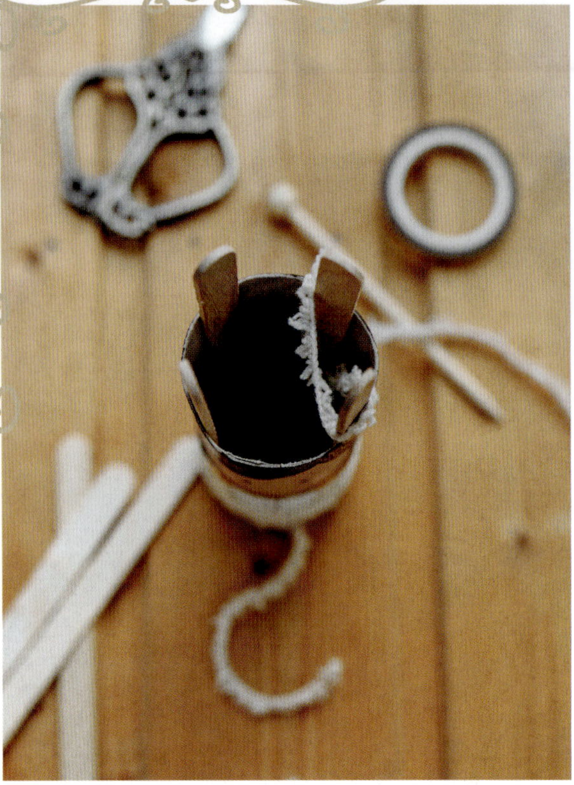
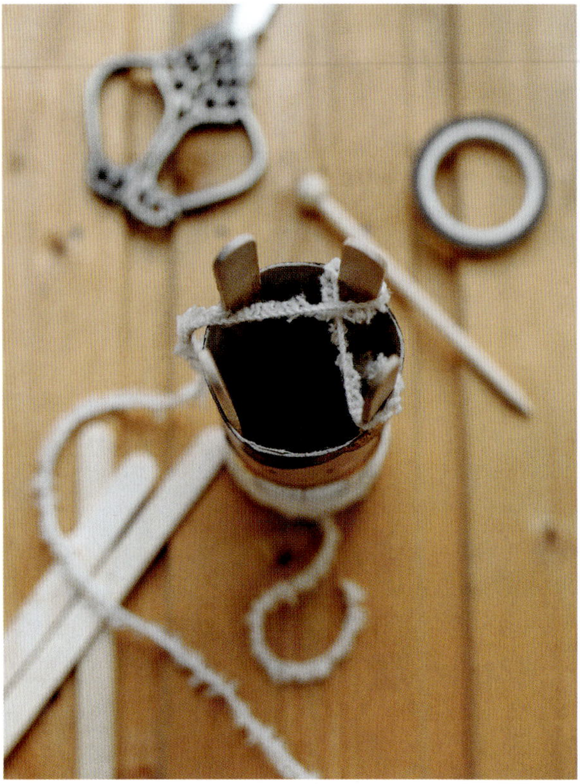
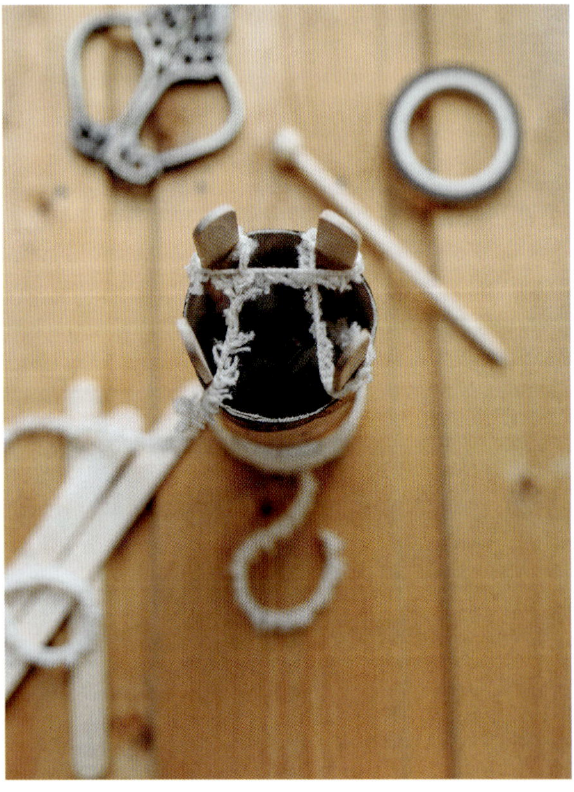
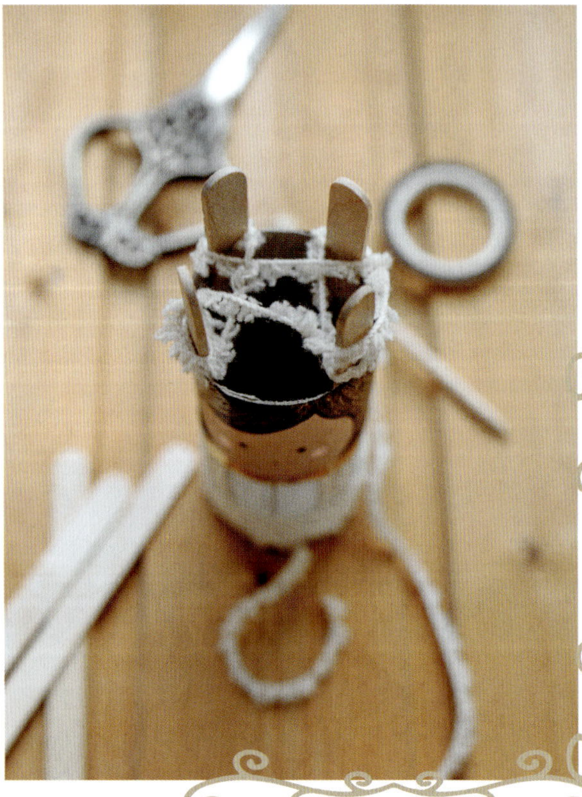

Also erst einmal die Papierrolle nach Lust und Laune bemalen und der Fantasie freien Lauf lassen! Wer die Strickliesel griffiger in der Hand haben mag, kann wie bei den Gartenzwergen den Durchmesser der Rolle verringern. Dafür ein Stück herausschneiden und den Rest wieder zusammenkleben. Im Anschluss in ungefähr gleichen Abständen vier Holz-Eisstiele in die Rolle kleben. Ggf. mit Washitape, Borten etc. euer Ergebnis aufhübschen, und dann kann auch schon die Wolle um die Stäbe gesponnen werden.

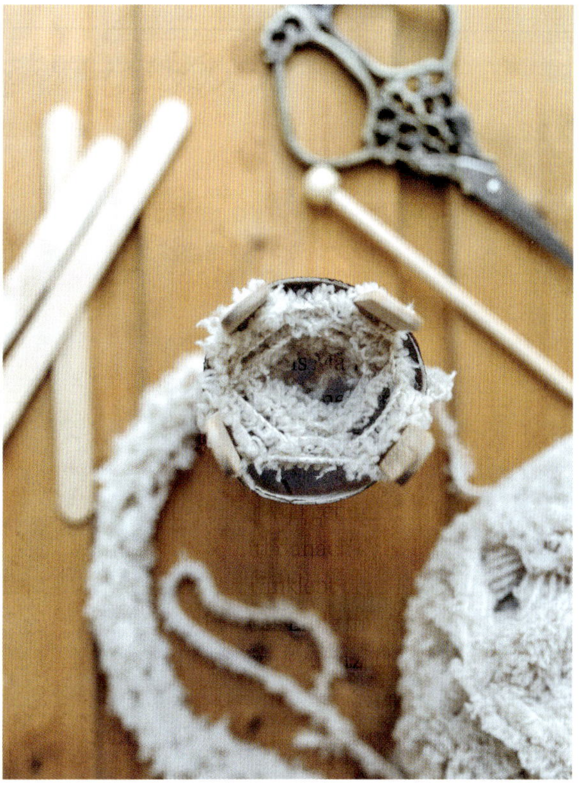

1. Den Faden komplett durch die Rolle bis zum Boden führen und ca. 10 cm unten heraushängen lassen.
2. Danach um den ersten Eisstiel wie gezeigt wickeln und danach die anderen vier im Kreis herum ebenfalls so umspannen.
3. Den Faden nun um alle vier Eisstiele über die vorigen Fäden legen und die unteren Schlaufen mit der Stricknadel oder dem bloßen Finger über den losen Faden legen. Immer wieder alles strammziehen und dies wiederholen, bis die gestrickte Schnur eure Wunschlänge erreicht hat.

Tipp

Für Farbwechsel einfach an euren aktuellen Wollfaden eine andere Wolle dranknoten. Lasst für schöne Übergänge den Knoten im Inneren der Schnur verschwinden. Für diese Liesel eignet sich übrigens besonders dicke oder sogar sehr fluffige Wolle!

IHR BENÖTIGT

1 Tannenzapfen, Eierkartonspitze, Filzkugel, Textmarker, Schere, Kleber

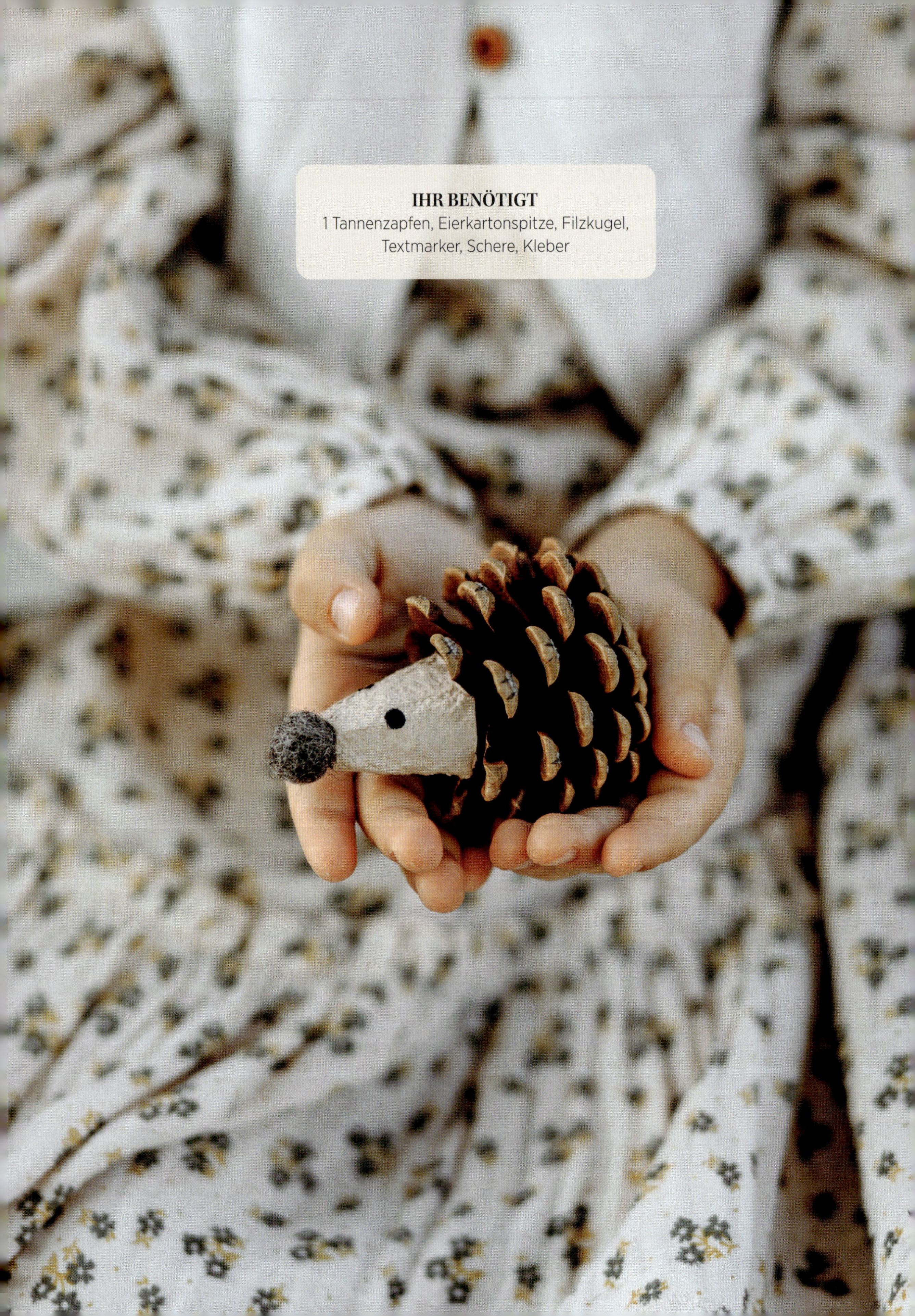

Tannenzapfen-Igel

F.: „Mama, können wir irgendwie Igel anpacken, sodass sie uns nicht piksen?“

Eine Frage, die uns während eines Waldspaziergangs sehr beschäftigte. Da wir extra schon etliche Laubberge auf dem Grundstück zusammengetragen hatten, um vielleicht doch einen der stacheligen Gesellen wenigstens beobachten zu können, machte sich so langsam große Ungeduld breit.
Wieder sammelten wir „Fundstücke“ für Basteleien, und als wir schöne dicke Tannenzapfen fanden, war klar, dass wir aus ihnen Igel zaubern – überhaupt nicht piksig!

So gingen wir dabei vor:
1. Obere Zapfenschuppen (nicht aber den Stängel) entfernen, damit eine ca. 3–4 cm lange Spitze eines Eierkartons darauf passt.
2. Die Eierkartonspitze entsprechend so kürzen, mit einem Textmarker Augen malen und vorne eine Filzkugel ankleben.
3. Das Gesicht mit Nase nun auf den Stängel kleben und gut festdrücken.

Taaadaaaa! Nicht nur super süß zum Ansehen, sondern auch zum Spielen, Dekorieren oder Verschenken! :)

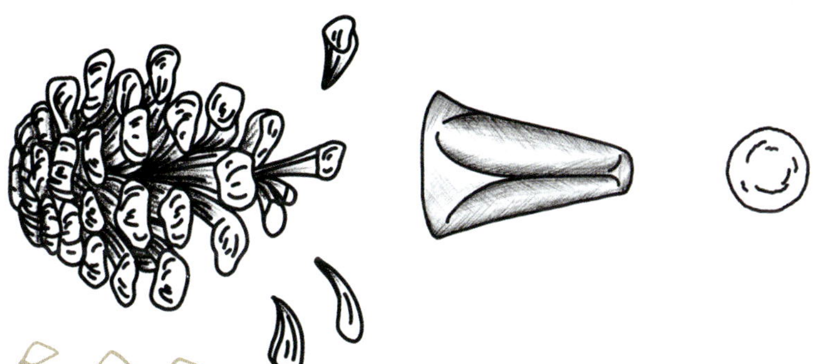

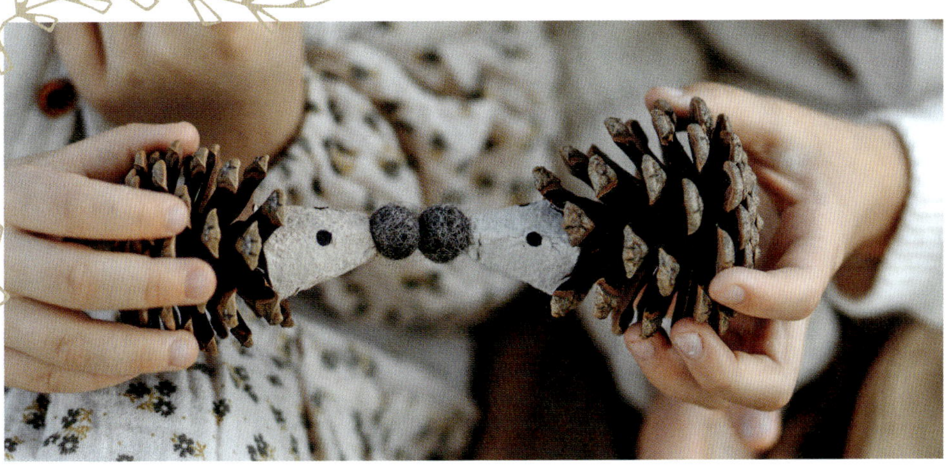

Oktober

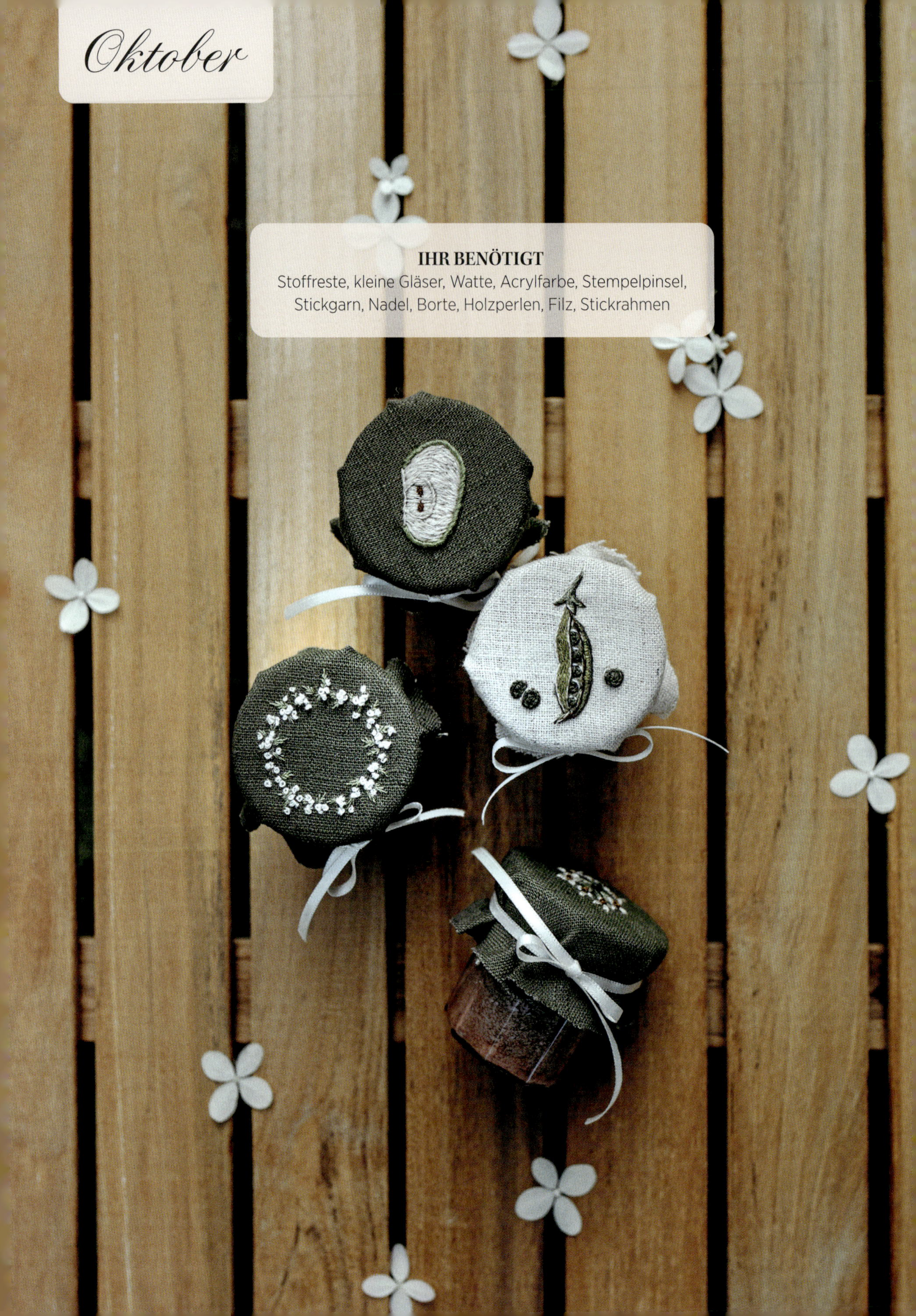

IHR BENÖTIGT
Stoffreste, kleine Gläser, Watte, Acrylfarbe, Stempelpinsel, Stickgarn, Nadel, Borte, Holzperlen, Filz, Stickrahmen

Bestickte Marmeladengläser

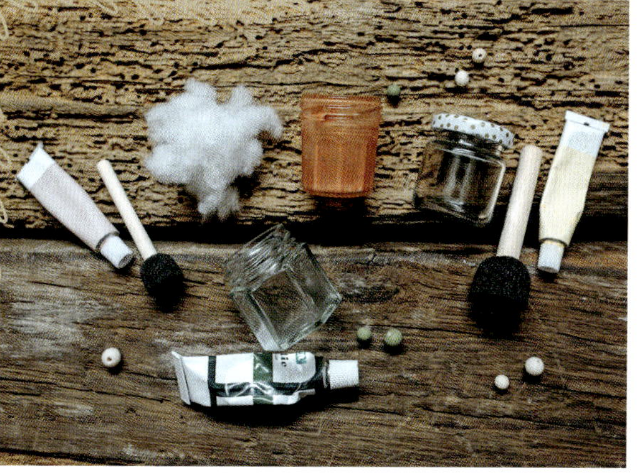

Nach der großen Ernte zwischen August und Oktober steht bei uns immer das Marmeladenkochen auf der To-do-Liste. Da unsere Mini über die Jahre eine kleine Küchenfee geworden ist, musste auch die Spielküche mit allem aufgewertet werden, was Mama in ihrem Reich so zubereitet. Neben dem Lieblingsrezept der Kleinen für unsere Brombeeren sollten Fantasiemischungen auf die Brote geschmiert werden, ganz wie bei Mama. Dafür hob ich immer mal wieder kleine Gläschen auf. Ihr wisst ja – bei mir verkommt nichts, und wirklich alles wird irgendwie wiederverwertet.

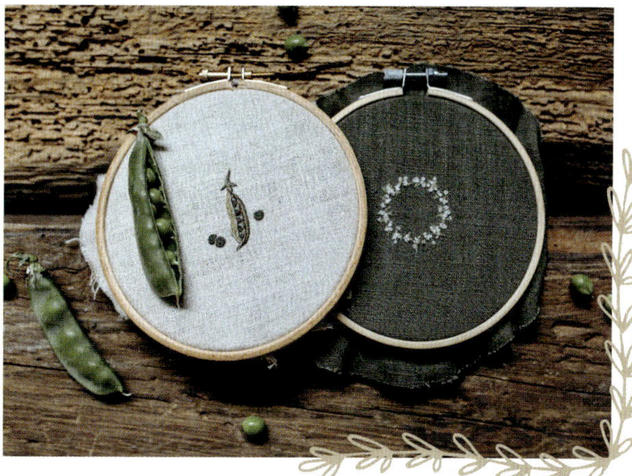

Als wir genügend zusammengetragen hatten, gingen wir wie folgt vor:

1. Für die Marmeladenstruktur immer wieder das Glas mit Stempelpinseln voller Acrylfarbe betupfen und nach dem Trocknen mit Watte befüllen. So lässt sich auch nicht mehr durch die Gläser durchschauen.

2. Wer findet, dass Glas nichts in Kinderhänden zu suchen hat, kann natürlich auch auf Alternativen aus Kunststoff oder Holz zurückgreifen. Für den nostalgischen Look werden die Deckel der Gläser mit Stoff verhüllt. Leinenreste, die sich nicht mehr für große Projekte eignen, sind dafür ideal.

3. Für die Brote aus Filz Marmeladenkleckse in ähnlichen Farben ausschneiden. Denkbar wären ebenfalls gelbe für Honig oder braune für Nussnougatcreme.

Da auch Zuckererbsen jedes Jahr mit zum Pflanzplan unserer Hochbeete gehören, wollte Mini ein Glas mit Erbsen für ihr Baby! Bemalt dafür einfach Holzperlen grün. Die können nämlich auch klackern! Damit keine Perle verschluckt werden kann, verklebt euer Erbsenglas am besten.

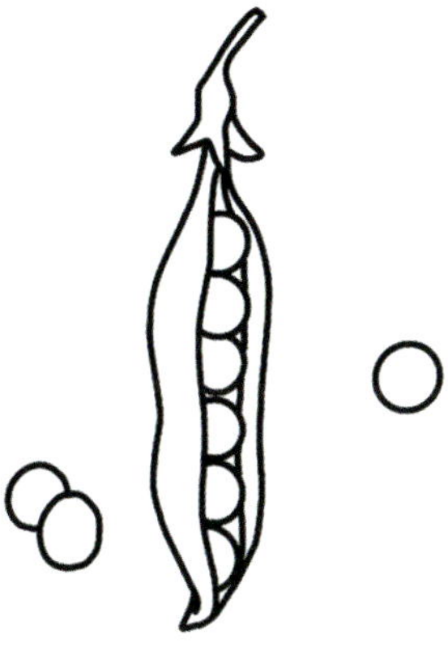

Im Prinzip können die Gläschen so schon in die Spielküche einziehen. Wer aber noch Lust auf Stickereien hat, der sollte sich die nächsten Zeilen nicht entgehen lassen:
Es empfiehlt sich ein Stickrahmen mit 8 cm Durchmesser für die aufgeführten Motive. Folgende Stiche verwendete ich bei den Motiven und immer mit zwei Fäden des Garns:

Apfel (Anfänger, Dauer mittel)
Einfarbige, grüne Umrandung: Stielstich
Linke Begrenzung der Apfelhälfte in Weiß + Umrandung des Gehäuses in Weiß: Stielstich
Kerne in Braun: ein Kettenstich mit zwei Plattstichen zum Ausfüllen
Restliches Fruchtfleisch in Beige: willkürliche Plattstiche

Erbsenschote (Fortgeschrittene, Dauer lang)
Reine Erbsen: Kettenstiche von außen nach innen mit Dunkelgrün. Zur Plastizität linke Hälfte mit weißen Stielstichen und rechte Hälfte mit braunen.
Schote in vier unterschiedlichen Grüntönen komplett mit willkürlichen Plattstichen mit Lichteinfall von links, also nach rechts hin immer dunkler werdend und Licht und Schattierung wie bei den Erbsen sticken. Erbsen in Dunkelgrün mit Kettenstich kreisartig aussticken. Einen weißen Plattstich jeweils an die obere Spitze jeder Erbse setzen. Einen schwarzen für die unterste Stelle.

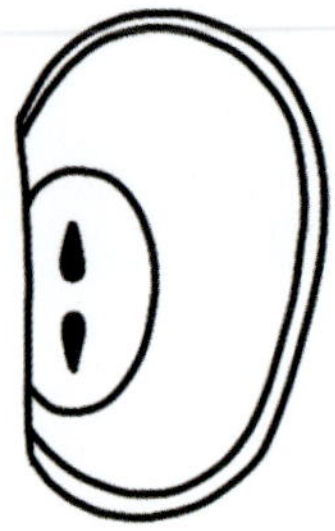

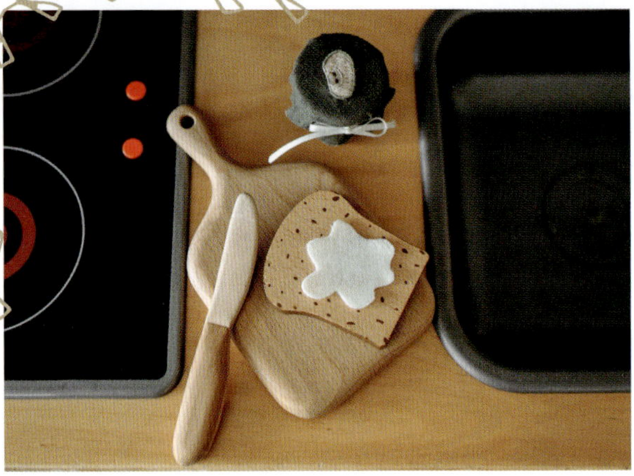

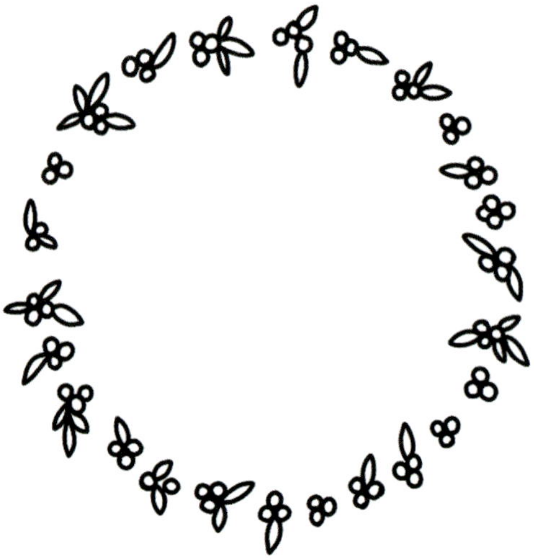

Kranz (Anfänger, Dauer schnell)
Weiße Blüten: Knötchenstich
Blätter: Blattstich

Blütenmotiv (Anfänger, Dauer schnell)
Blüten: Ausgefüllter Loopstich mit braunem Knötchenstich in der Mitte
Stängel: Backstich in hellerem Grün, in der Mitte erneut Knötchenstich

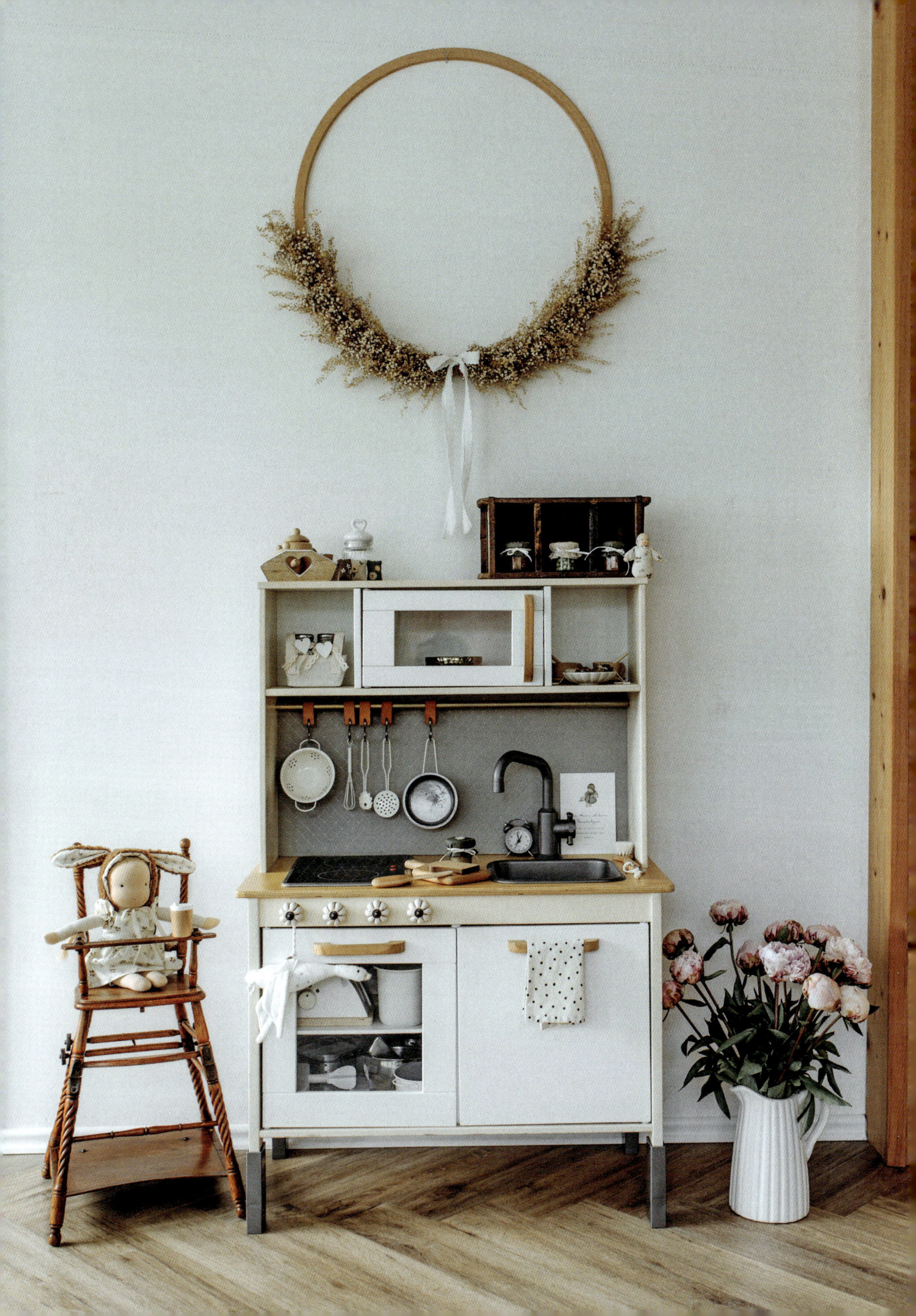

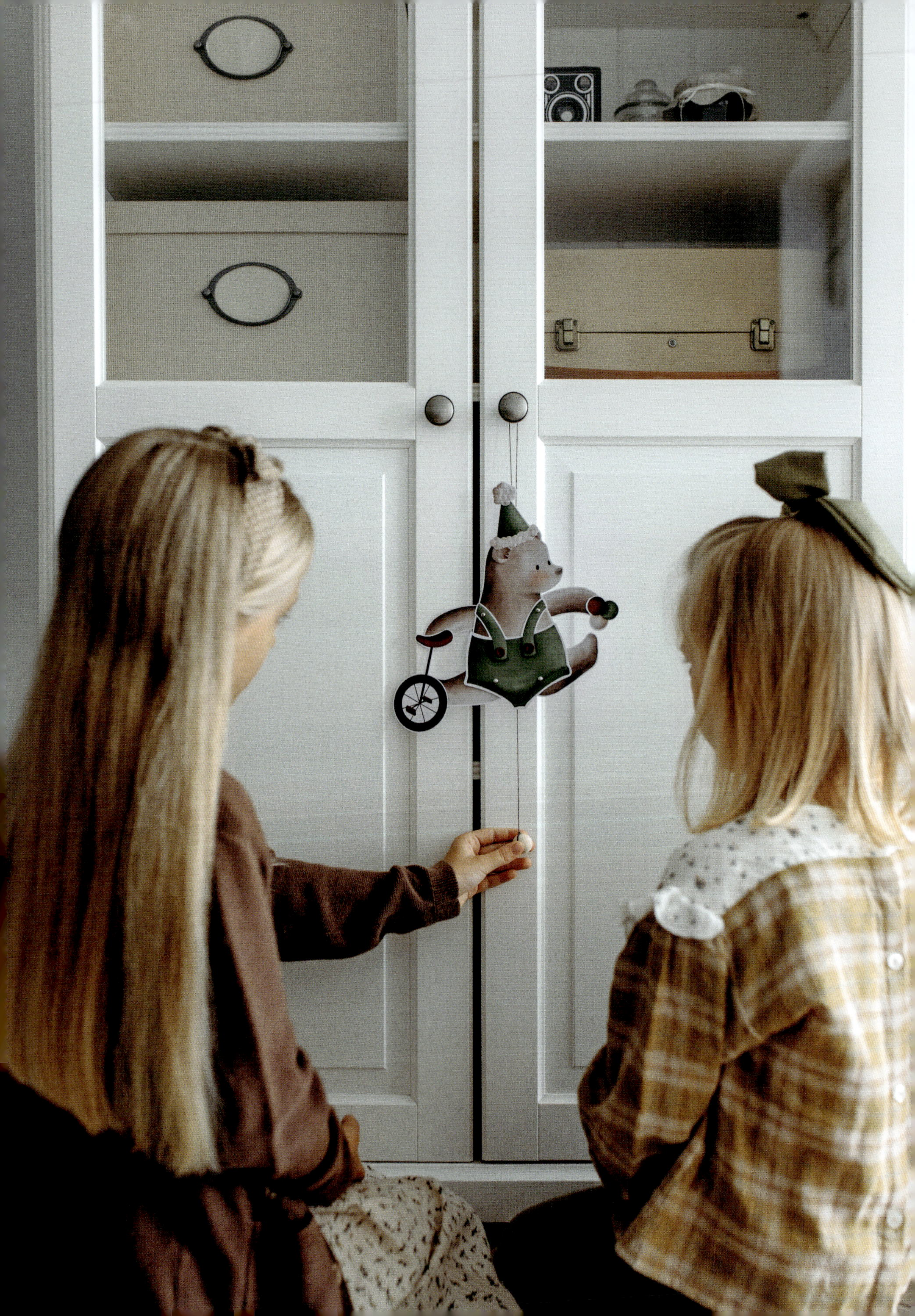

Hampelmann

IHR BENÖTIGT
Vorlage Hampelmann, Schere, Schnur, Locher,
4 Briefumschlag-Klammern, 1 Holzperle, Kleber

Unter meinen „Erbstücken" befindet sich seit eh und je ein Nikolaus aus Holz als Hampelmann. Ich hole ihn jedes Jahr zur Weihnachtszeit wieder hervor, und die Mädchen lieben ihn genauso sehr wie ich. Aber warum sollte man sich nur in einer bestimmten Jahreszeit an etwas freuen, das man doch immer haben könnte? Unsere Lösung war ein Ganz-Jahres-Hampelmann, der ohne Unterbrechung im Kinderzimmer verweilen darf! Unseren Entwurf haben wir euch im Anhang (Seite 171) hinterlegt – direkt zum Losbasteln.

Neben den Körperteilen alle Requisiten und Accessoires, die euch gefallen, ausschneiden. Löcher an den dafür vorgesehenen Stellen (Kreise) hineinstanzen und Klemmen wie auf dem Foto gezeigt durchführen. Um Arme und Beine bewegen zu können, jeweils einen Faden quer oberhalb der Klemmen festkleben. Danach einen Faden mittig an die festgeklebten Fäden knoten und am Ende eine Kugel befestigen. Alles gut trocknen lassen, ggf. noch mit Klebestreifen die festgeklebten Fäden besser fixieren.

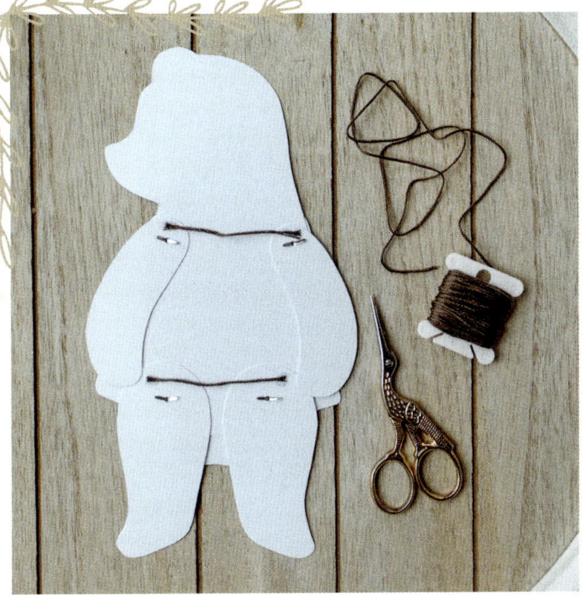

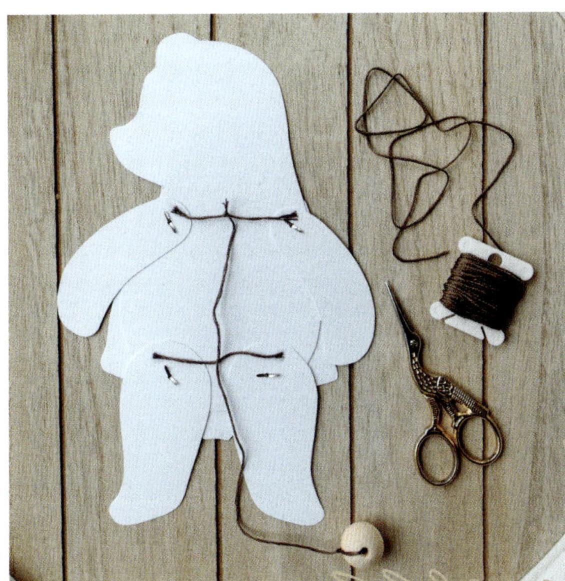

Handpuppen-Türtheater

IHR BENÖTIGT
10 Toilettenpapierrollen, Pappe, 18 Eisstiele, 9 Holzspatel, Filz, Kraftpapier, Stoffreste, Äste, Stroh, Watte, Acrylfarben, Pinsel, Schere, Kleber, Heißkleber, Eierkartonspitze, Filzkugel

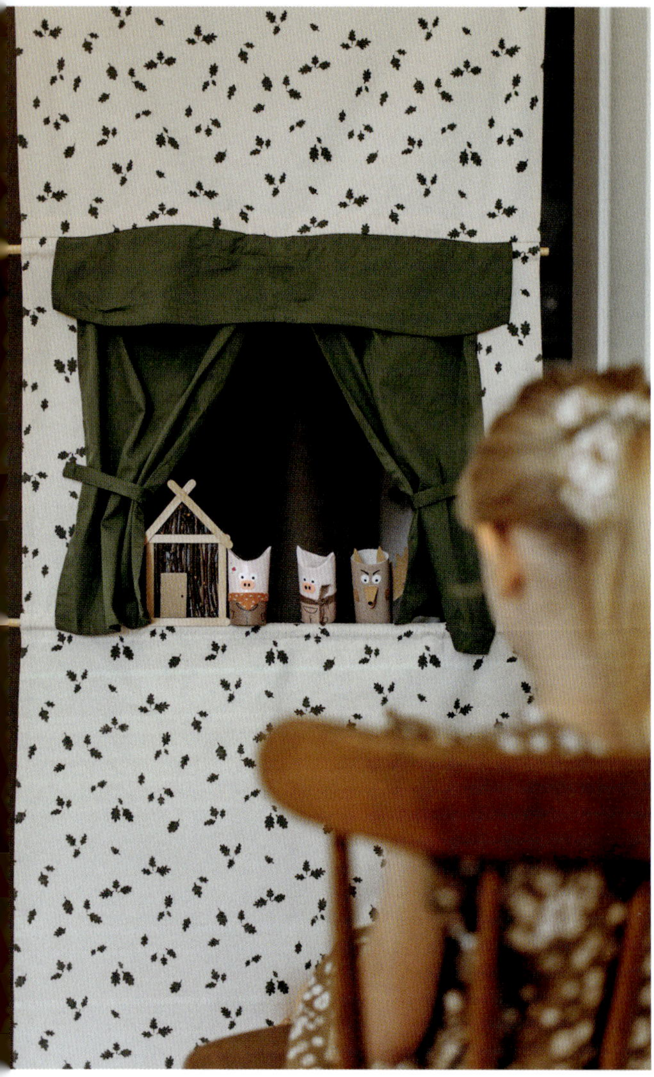

Märchen gehören zur Kindheit irgendwie dazu. Und bestimmt hatte jeder mindestens ein Lieblingsmärchen. Unseres ist seit eh und je „Die drei kleinen Schweinchen". Schon recht früh konnte die Große die Geschichte erzählen, und als wir irgendwann ein Türtheater kauften, war sofort klar, welches Stück bei ihr zur Uraufführung einladen würde. Deshalb mussten schnell die Handpuppen dazu gestaltet werden.

So gingen wir dabei vor:

1. Für die Schweine das obere Ende der Rollen nach Innen drücken, sodass Ohren entstehen. Mit Acrylfarben jedem Tier seine typische Farbe sowie mögliche Kleidung aufmalen. Die Schweinsnasen sowie die Ohren und den Schwanz des Wolfes aus Bastelfilz ausschneiden. Das gefährliche Maul des Wolfes entstand aus Kraftpapier.

2. Für die Halsbekleidung zur Wolle greifen und einen Schal flechten oder aus Stoffresten ein Dreieckstuch und ein Halsband ausschneiden. Das fleißige Schweinchen sollte zur besseren Erkennbarkeit eine Mütze aus einer Eierkartonspitze mit einer Filzkugelbommel erhalten.

3. Wie für alle Elemente Holzspatel als Halterungen in die Rollen bzw. an die Häuser kleben.

Tipp

Wer mag, kann entweder noch einen Kessel oder, um über dieses Märchen hinaus weitere aufführen zu können, noch z.B. ein Rotkäppchen, einen Förster sowie eine Großmutter basteln. Vielleicht auch noch 7 kleine Geißlein? :)

4. Um eine Pappschablone für die Häuser zum Bekleben zu erhalten, immer jeweils sechs Holzeisstiele als Rahmen zusammenkleben und diese Form dann auf die Pappreste legen. Die ausgeschnittenen Papphäuser mit Heißkleber mit Ästen und Stroh bekleben. Das gemauerte Haus mit Acrylfarben bemalen und an den Schornstein Watte kleben. Im letzten Schritt die Eisstielrahmen und die Holzspatel aufkleben.

5. Die Bäume der unterschiedlichen Jahreszeiten entstanden ebenfalls aus Toilettenpapierrollen. Wir malten uns immer die Umrisse auf (wie hier gezeigt) und bemalten sie mit Acryl. Jeweils 3 Bäume klebten wir schlussendlich zusammen.

Nun heißt es „Vorhang auf, Bühne frei!"

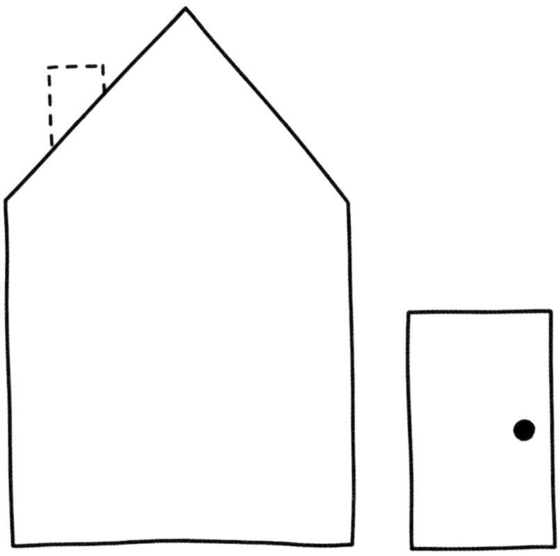

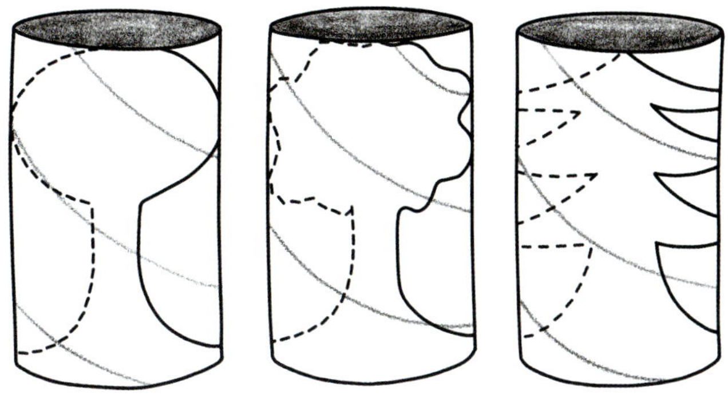

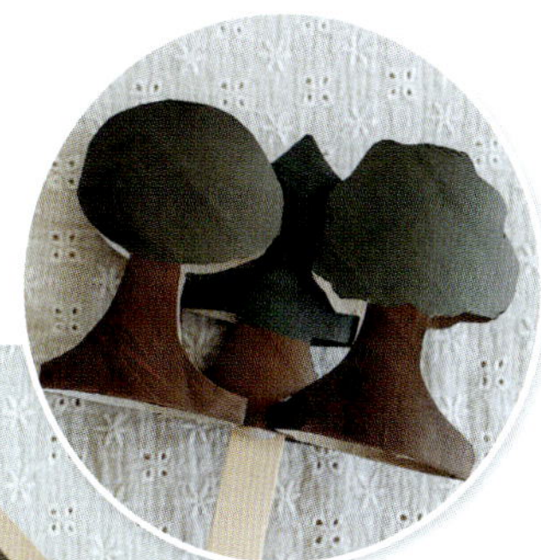

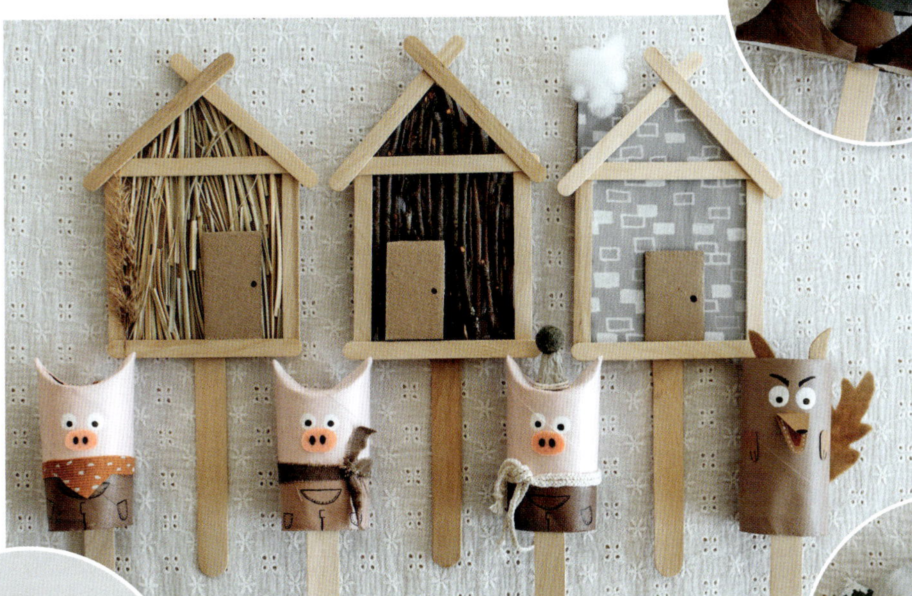

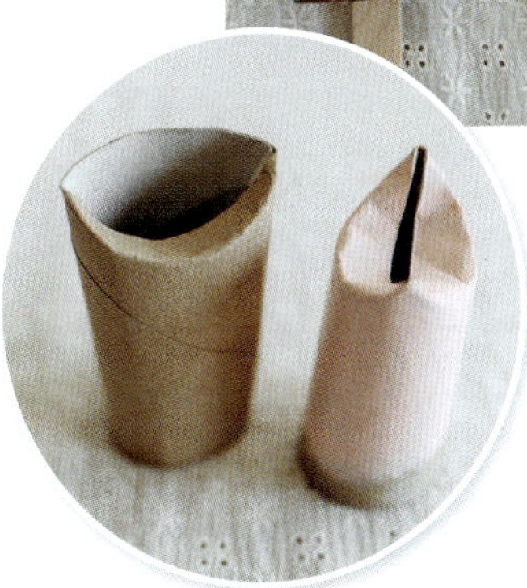

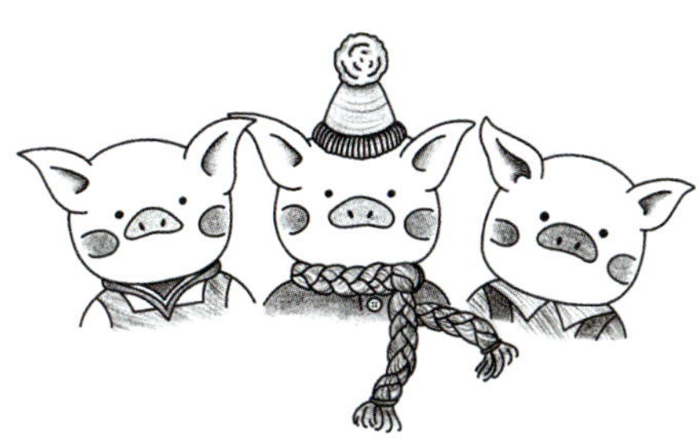

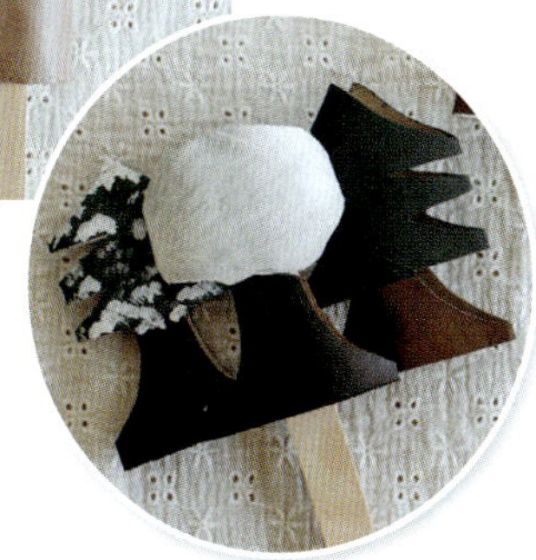

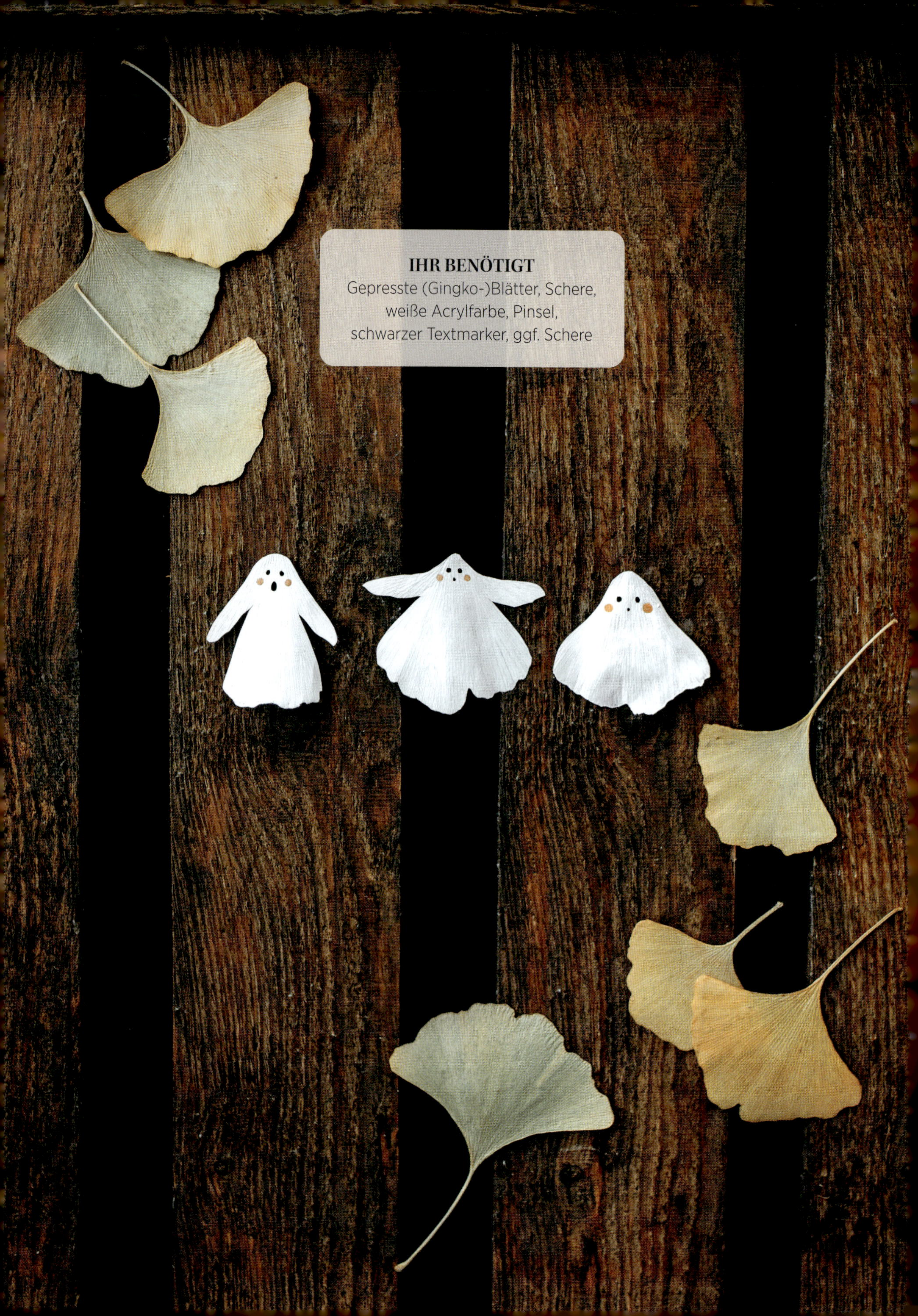

IHR BENÖTIGT
Gepresste (Gingko-)Blätter, Schere, weiße Acrylfarbe, Pinsel, schwarzer Textmarker, ggf. Schere

Blättergeister

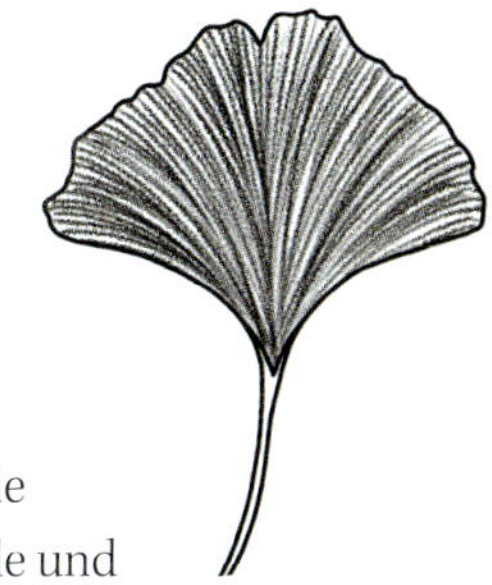

Als wir das letzte Mal ein Schloss mit zugehörigem Museum besucht haben, kamen die Mädchen erstmalig mit „Gespenstern" in Kontakt. Wir liefen über das gesamte Gelände und verfolgten die Aufgabe, alle versteckten Geister zu finden und zu zählen. Ein lustiges Spiel, sodass wir später gar nicht böse darüber waren, nicht auf die richtige Anzahl gekommen zu sein. Aber seitdem wollten die Mädchen auch ein kleines Gespenst bei sich zu Hause einziehen lassen, und als ich über die gepressten Blättersammeleien stolperte, war eigentlich klar, womit wir den Wunsch erfüllen konnten.
Mit großem Eifer pinselte die Große wie auch Mini. Ich schnitt hier und da eine Kontur, aber beim Bemalen der Gesichter war wieder die eigene Kreativität der Kinder gefragt. Ob ulkig, verträumt oder auch schaurig – einfach so, wie die Kinder es möchten, und vor allem für jedes Alter!

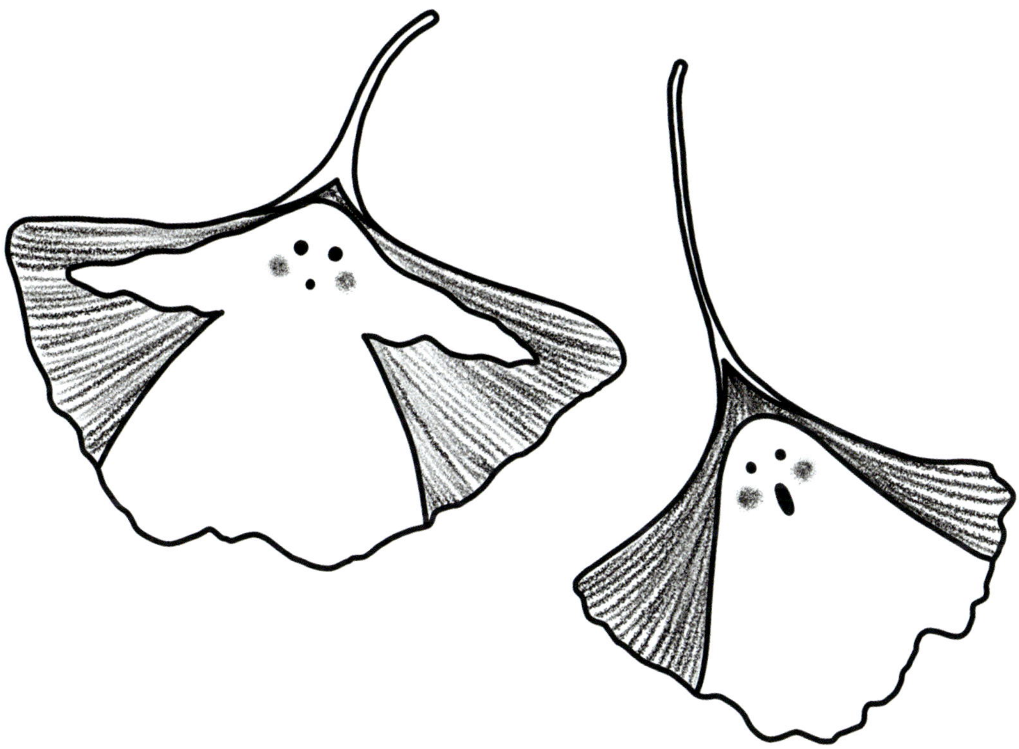

Tipp

Verwendet am besten ganz unterschiedliche Blätter, um noch vielfältigere Ergebnisse zu bekommen. Denkbar wäre auch, dass Augen und Münder ausgeschnitten oder ausgestanzt werden. So kann z.B. Licht hindurchfallen, wenn ihr sie an die Fensterscheibe klebt.

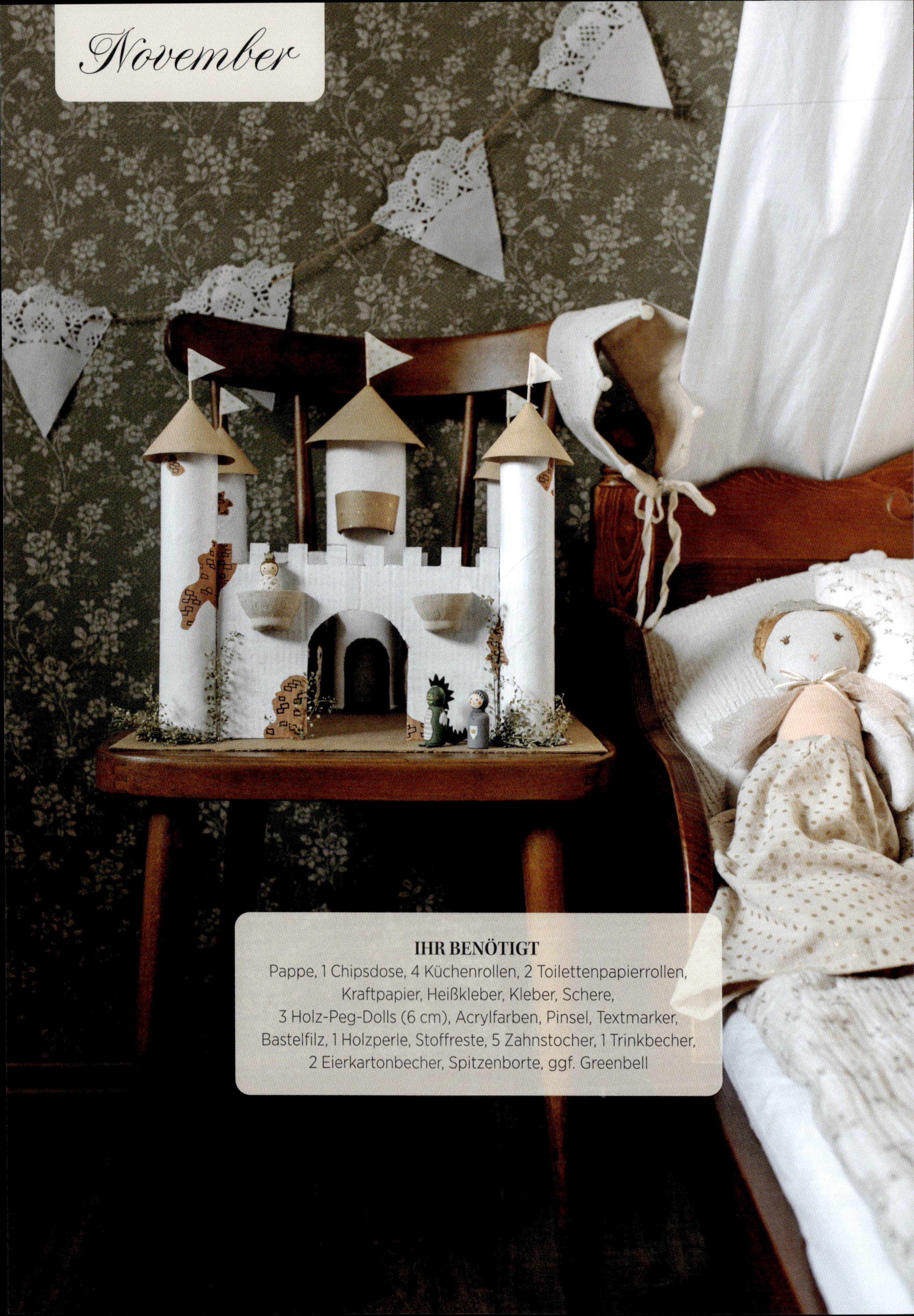

IHR BENÖTIGT

Pappe, 1 Chipsdose, 4 Küchenrollen, 2 Toilettenpapierrollen, Kraftpapier, Heißkleber, Kleber, Schere, 3 Holz-Peg-Dolls (6 cm), Acrylfarben, Pinsel, Textmarker, Bastelfilz, 1 Holzperle, Stoffreste, 5 Zahnstocher, 1 Trinkbecher, 2 Eierkartonbecher, Spitzenborte, ggf. Greenbell

Ritterburg

Prinzessinnen, Ritter und Drachen sind in vielen Kinderzimmern Thema. Gehören sie auch zu den Helden eurer Kindheit? Wer wie von wem gerettet wird oder mit wem ein Abenteuer erlebt, ist ganz egal. Hauptsache, die Fantasie darf frei spielen!
Und wenn das Wetter im November also nicht mehr ganz so dolle sein sollte, bietet sich als tolles Gemeinschaftsprojekt an, in diese Themenwelt einzutauchen und eine eigene Ritterburg zu basteln. Vielleicht habt ihr ja auch noch den Türbogen aus dem Februar-Kapitel aufbewahrt?

Beginnen wir mit den Figuren:
Der Ritter bekam neben einem Wappen und einem Visier großflächig grau angemalt seine Rüstung. Der Prinzessin klebten wir für ein tolles Kleid „Borte" um den Körper und bemalten eine Holzperle entsprechend der Haarfarbe, sodass ein Dutt entstand. An die Perle klebten wir aus Papier noch ein kleines, goldenes Krönchen. Nicht zu vergessen ist der Drache: Arme, Füße und Zacken samt Schwanz schnitten wir aus Filz und klebten sie auf.

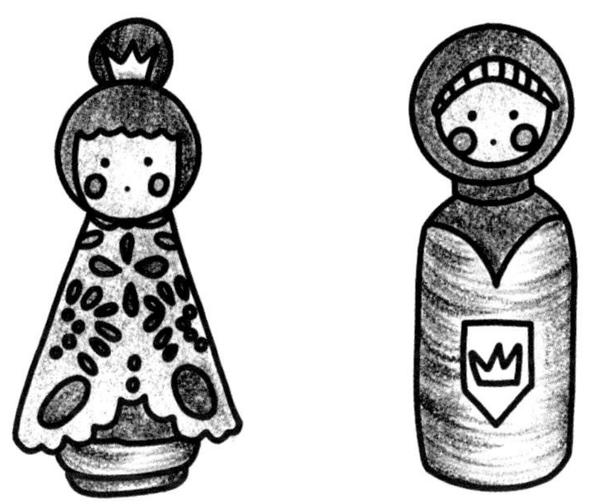

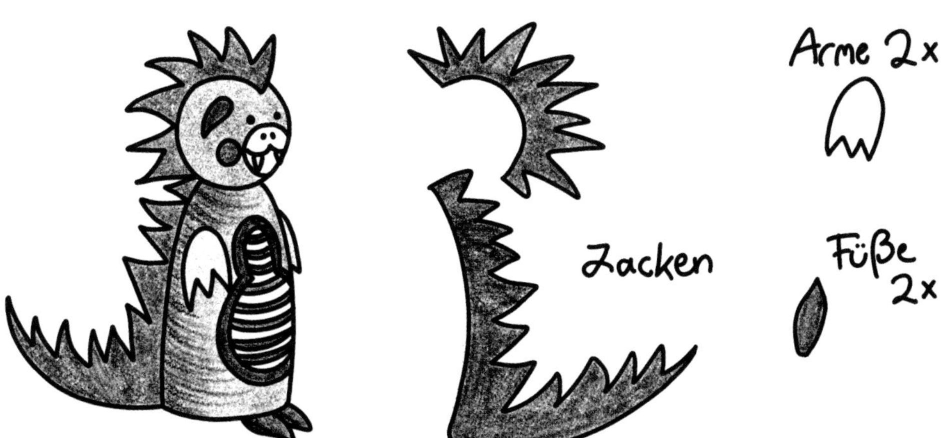

Nach diesen filigranen Schritten widmen wir uns nun der Burg:

1. Hier benötigt ihr zunächst ein fast quadratisches Stück Pappe als Untergrund, auf dem alles aufgeklebt werden soll. Dieses sowie vier Küchenrollen und die Chipsdose weiß anmalen. Stellt diese probeweise auf euer Stück Pappe und markiert mit einem Bleistift ihre späteren Positionen. So lässt sich ausmessen, welche Länge eure 15 cm hohen Mauern aus weiterer Pappe haben müssen. Es werden insgesamt fünf Mauerteile benötigt.

2. Schneidet in die Chipsdose und in den Mauerteil der Front einen Eingang. Gestaltet in jeweils 1 cm Abstand die 1 cm breiten und 1 cm hohen Zinnen bei euren Mauern.

3. Um alles alt wirken zu lassen, können braune Kleckse auf die Rollen und die Pappmauern gepinselt und einzelne Ziegel mit einem Textmarker aufgemalt werden.

4. Wie bei den Walnussbooten fünf Fahnen gestalten: Auf einen Zahnstocher Stoff kleben, dabei den Wimpel für die Chipsdose minimal größer gestalten.

5. Sechs Kreise im Durchmesser von 8,5 cm auf Kraftpapier aufmalen. Bis zum Mittelpunkt jeden einmal einschneiden und die Enden jeweils so überlappen lassen, dass die Dächer eurer Türme entstehen. Die Fahnen in der Mitte hineinschieben und die Dächer auf die Rollen kleben. Den Arbeitsschritt für die Chipsdose mit einem Durchmesser von 13 cm wiederholen.

6. Jetzt fehlt nicht mehr viel: Klebt die Mauern mit den Türmen zusammen auf euer quadratisches Pappstück wie vorher aufgemalt. Zwei halbe Eierkartonbecher können an die Front platziert werden. Heißkleber bietet sich dafür sehr an! Außerdem muss noch ein Trinkbecher so zurechtgeschnitten werden, dass er als Balkon für den mittleren, großen Turm passt.

7. Zwei Toilettenpapierrollen wie die Türme mit einem Dach versehen, einen Eingang hineinschneiden und die Rollen dunkelbraun bemalen. Für ein verträumtes Gesamtbild Spitzenborten als Gardinen hineinkleben. Wo ihr diese in eurer Burg anordnet, bleibt euch überlassen. Wir haben sie links und rechts von dem großen Turm platziert.

8. Mit Greenbell lassen sich wunderbare Ranken andeuten. Deshalb durften einzelne Stiele um die Burg „wachsen". Vielleicht auch eine wunderbare Idee, wenn man nicht so sauber mit der Klebepistole umgegangen ist und die Kleckse damit verdecken kann. Hat auch etwas von Dornröschen, oder?

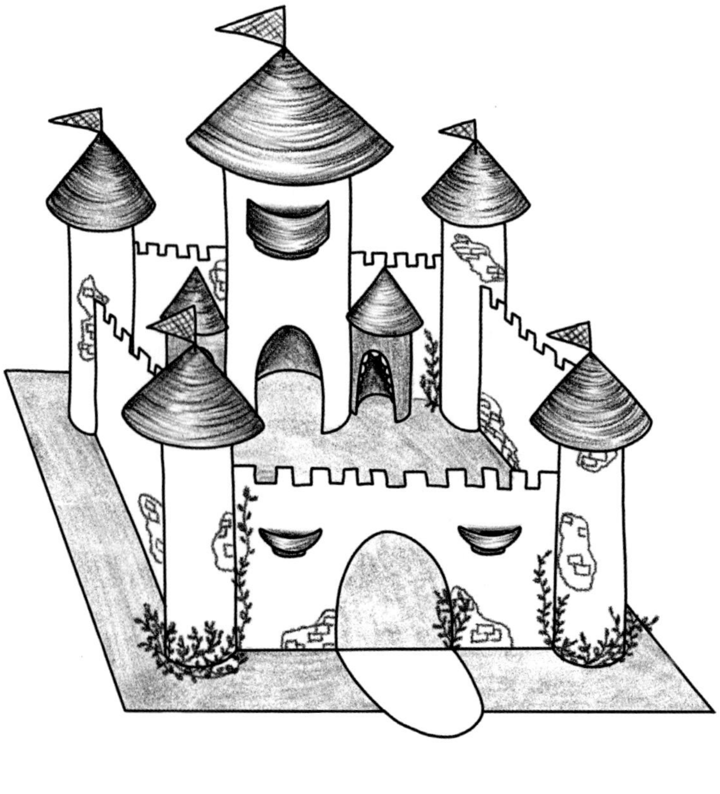

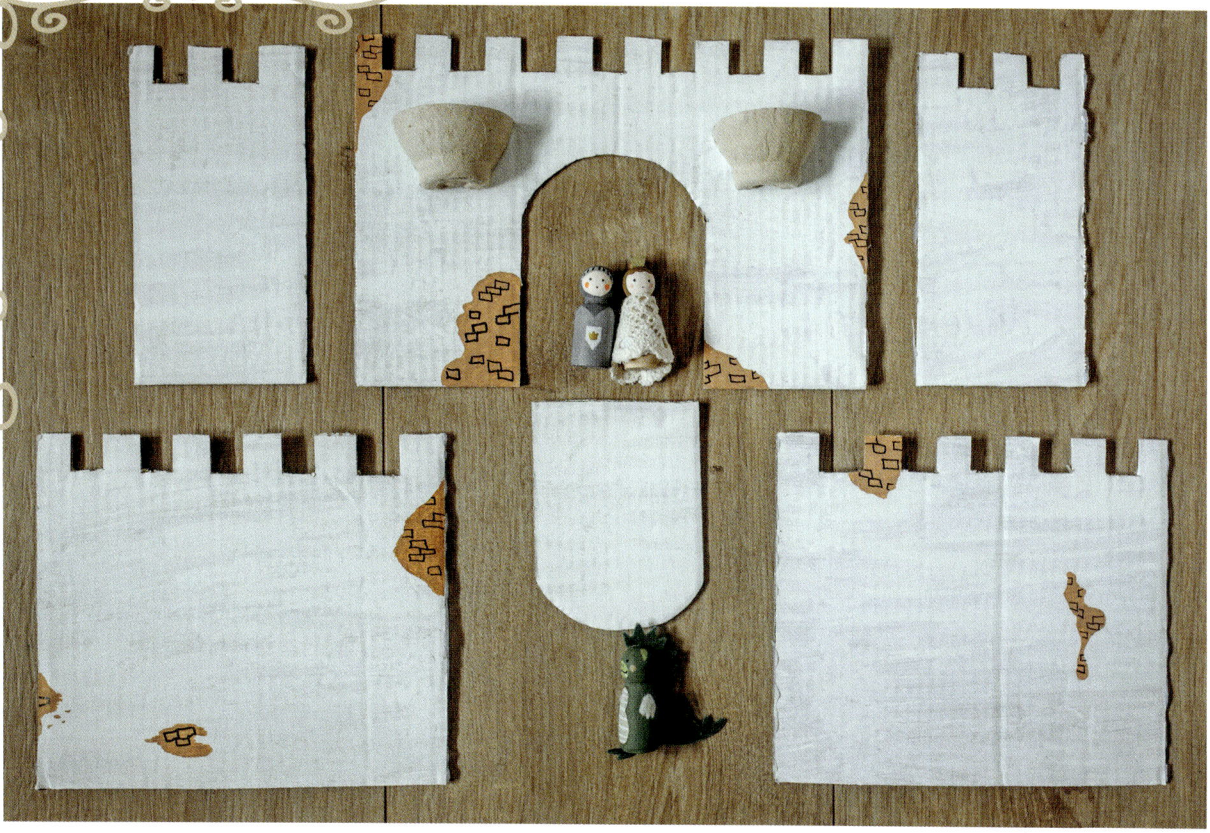

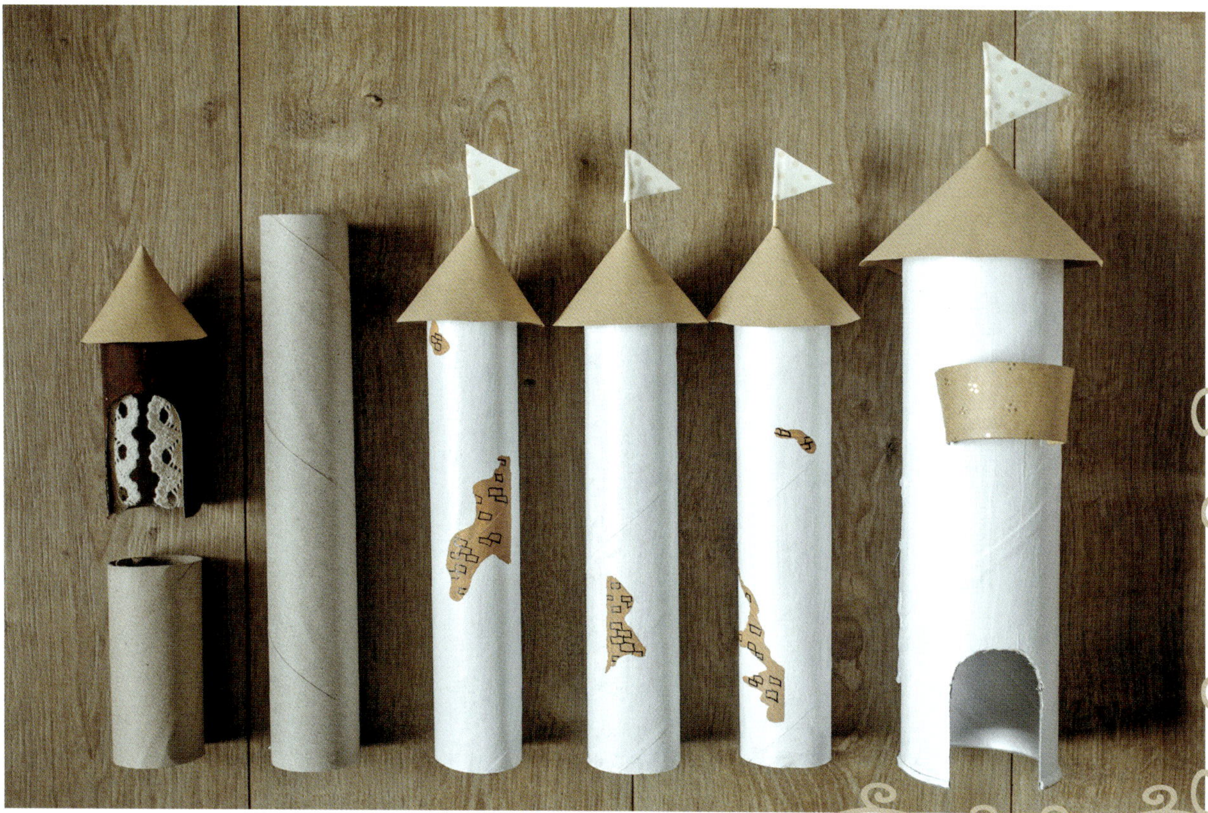

Laterne

IHR BENÖTIGT
1 leere, saubere Milchpackung, Cuttermesser, Lichterkette, goldene Acrylfarbe, Pinsel, Kleber, Draht, Stock, ggf. noch etwas Kraftpapier

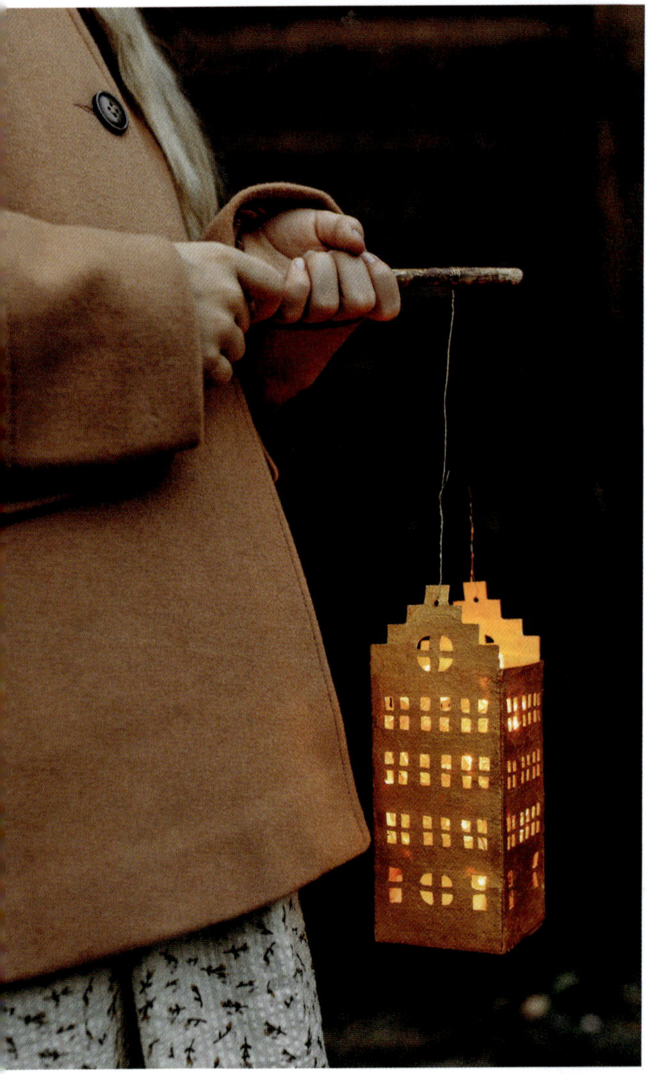

„Ich geh' mit meiner Laterne, und meine Laterne mit mir [...]" Die Laternenbastelei gehört bei uns ganz fest zum Herbst und natürlich auch zum November! Zum gemütlichen Beisammensein trägt der Laternenschein eine urige Stimmung bei und er weckt die schönsten Kindheitserinnerungen.

Ich weiß nicht, wie das bei euch ist, aber wir entsorgen nach einem Umzug niemals eine Laterne. Wir heben alles immer fleißig auf und überlegen uns häufiger, zu welcher Gelegenheit wir sie noch einmal hervorholen und nutzen können. Dieses Jahr entschieden wir uns deshalb, Lichterhäuschen zu basteln, weil sie so schön zeitlos sind: Man kann sie auch in der Weihnachtszeit und bis weit in den Januar in Kinder- oder Wohnzimmer platzieren.

Tipp

Wenn ihr eine richtig heimelige Stimmung erzeugen möchtet, bastelt doch noch mehr solcher Häuser mit unterschiedlichen Höhen oder Größen der Milchpackungen! Wer nicht gerne mit dem Cuttermesser arbeitet, kann sich auch nach passenden Stanzern umsehen. Toll für die Fensterbank!

1. Zuerst die bedruckte Schicht der Trinkpackung entfernen und diese von innen gründlich säubern. Danach kreuzartig, wie gezeigt, aufschneiden.

2. Denn so ist es einfacher, die Fensterchen und Türumrisse mit dem Cuttermesser auszuschneiden. Es gibt kein richtiges und kein falsches Muster. Malt einfach nach Lust und Laune so viel, wie ihr mögt! Vergesst aber nicht zwei gegenüberliegende Löcher für die Drahthalterung im oberen Bereich des Hauses.

3. Danach die äußere Ansicht mit goldener Acrylfarbe bemalen und im Anschluss die Packung wieder zusammenkleben. Sollte das bei euch nicht mehr sauber funktionieren, verstärkt von innen die Ecken mit Kraftpapier und/oder Kreppklebeband, sodass keine Ritzen mehr übrig bleiben!

4. Zuletzt Draht durch die Löcher und um einen Stock fädeln, damit die Laterne natürlich auch beim Umzug mit Lichterkette gefüllt getragen werden kann!

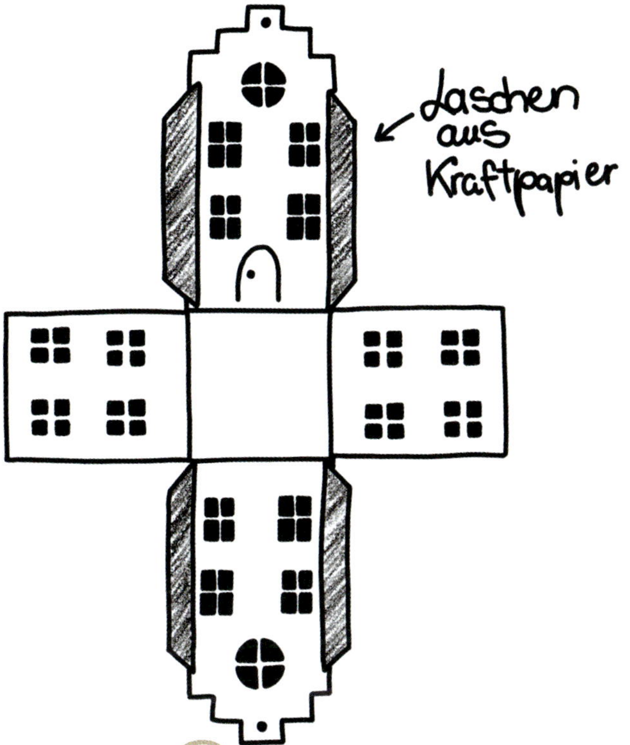

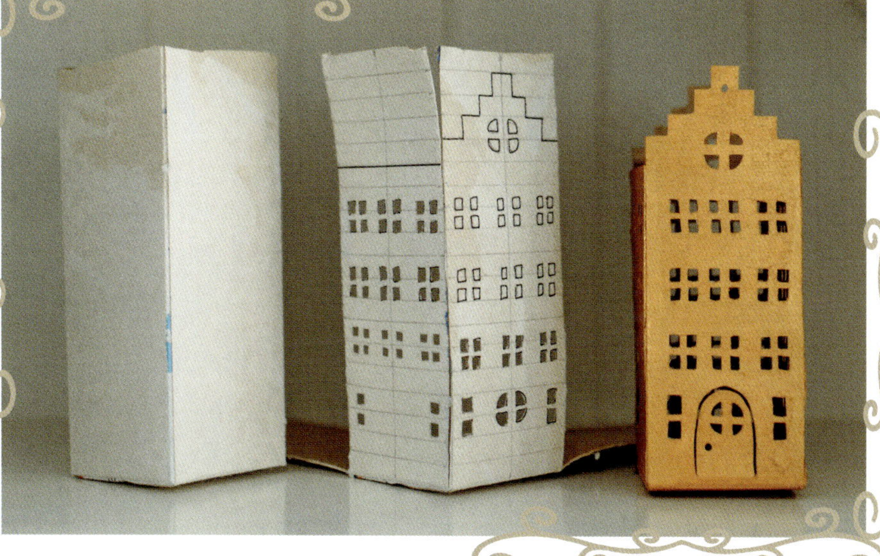

TicTacToe

IHR BENÖTIGT
10 Walnussschalenhälften, ggf. 4 Holzspatel oder alternativ 4 Stöcke, Schnur, Acrylfarben, Pinsel, Bastelfilz, Kleber, schwarzer Marker

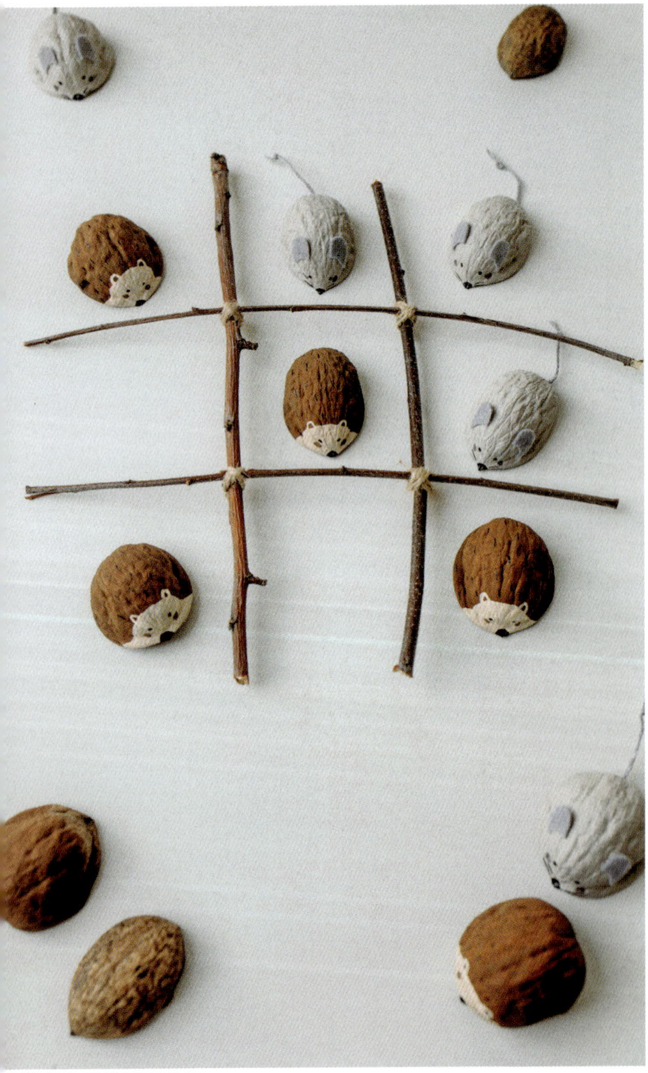

Im November knacken wir häufig die ersten Nüsse unseres Walnussbaumes. So fallen viele Schalen an. Gerade zu diesem Zeitpunkt war TicTacToe bei den Kindern in der Schulklasse der Ältesten sehr begehrt. Gibt es eigentlich jemanden, der das als Kind nicht gespielt hat? Ob an der Tafel, auf dem Collegeblock oder an beschlagenen Fensterscheiben im Bus :-). Ein Spiel, für das man nie zu alt wird! Und mit unseren Walnussschalen sogar ein tolles Spätherbst-DIY!

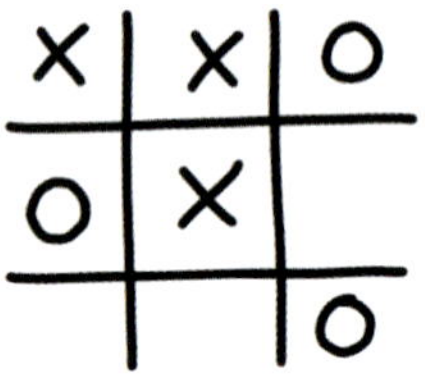

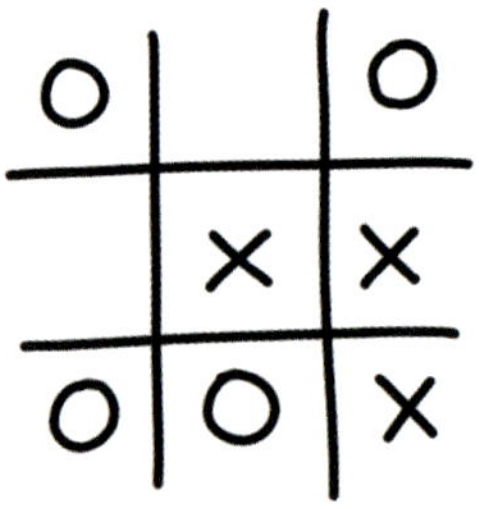

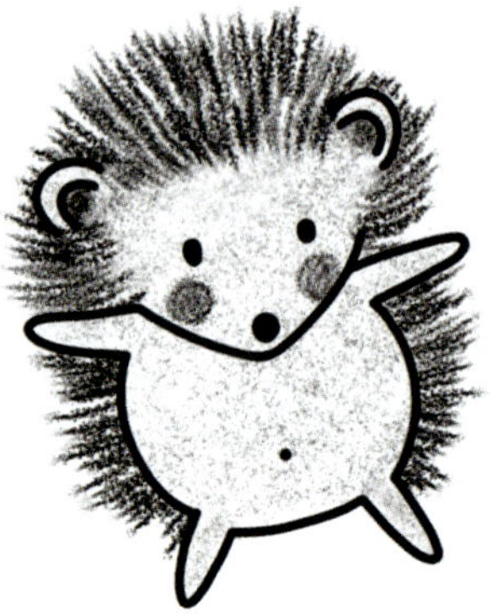

Ihr wollt es nachbasteln? Dann befolgt gerne diese Schritte:

1. Walnüsse knacken und leeren, bis ihr zehn schöne Hälften zusammen habt.
2. Für die Igel jeweils fünf Hälften braun bepinseln und mit Hautfarben und weiteren Braunabstufungen das Gesicht malen. Mit einem schwarzen Marker könnt ihr Nase und Augen sowie die Stacheln gestalten.
3. Die Mäuse zaubert ihr, indem ihr fünf Hälften grau bemalt. Aus Bastelfilz zehn Ohren ausschneiden und fünf kurze Schnüre zuschneiden, die ihr an einem Ende verknotet. Nachdem ihr das Gesicht aufgemalt habt, werden Ohren und Schwanz angeklebt.
4. Entweder malt ihr euch ein Gitter zum Spielen auf oder bastelt ein dauerhaft bestehendes: Klebt dafür wahlweise vier Holzspatel zusammen oder nehmt dünne Äste aus dem Wald, deren Schnittpunkte ihr entweder verkleben oder mit einem Faden verknoten könnt.
5. Nun kann es losgehen: Setzt abwechselnd eure Tiere und versucht dabei, drei gleiche in eine Reihe zu bekommen – waagerecht, senkrecht oder diagonal!

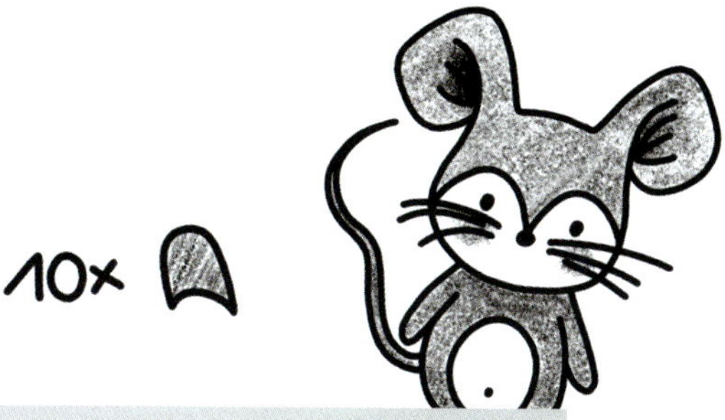

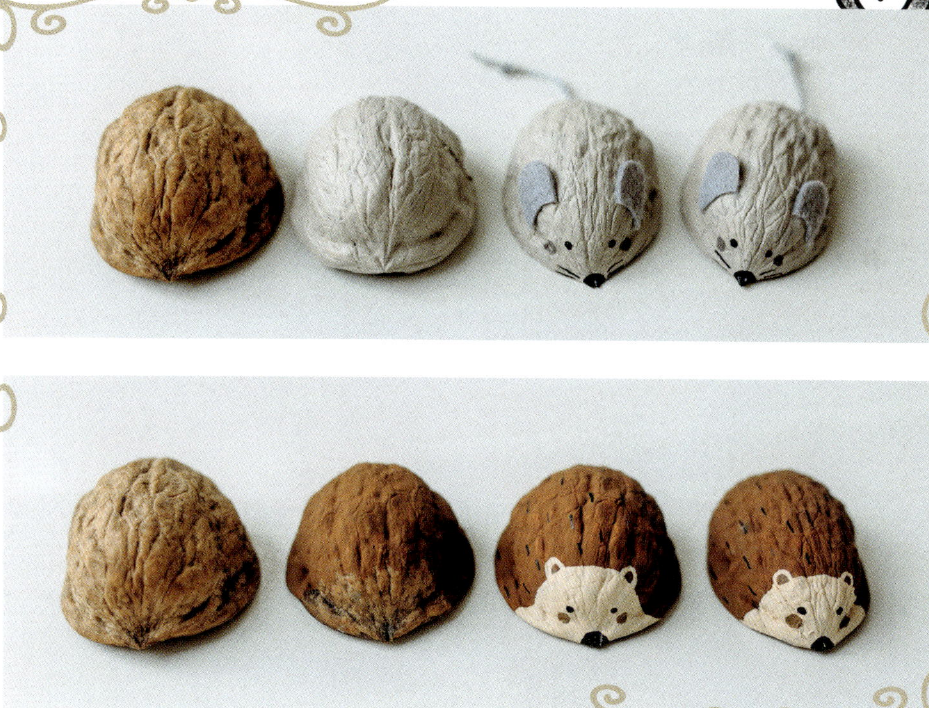

Tipp

Ihr habt andere Tiervorlieben? Dann bastelt doch beispielsweise ulkige Käfer oder Schildkröten! Fallen euch noch andere Tiere ein? Dann lasst es mich gerne wissen! Als Aufbewahrung empfehle ich einen kleinen Stoffsack oder eure Spieltruhe des „Mensch-ärgere-dich-nicht-Spiels".

Vogelhaus

IHR BENÖTIGT
Leere und saubere Milchpackung, Acrylfarben, Pinsel, Holzspieß, Eisstiele, Heißkleber, Cuttermesser/Schere

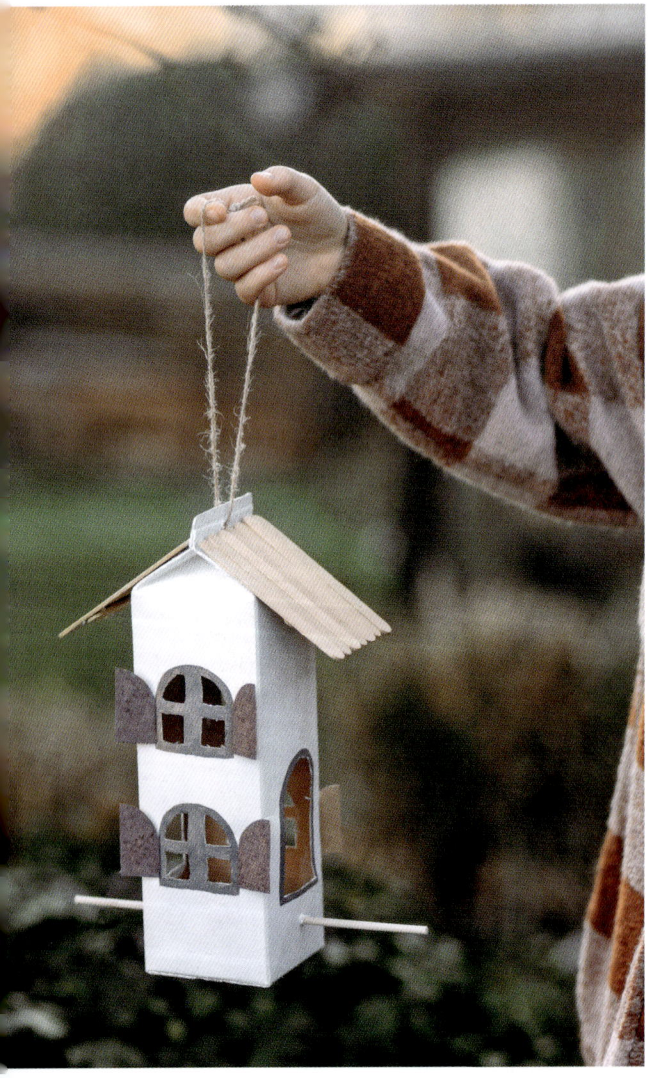

Von unserem Essplatz aus können wir direkt in den Garten schauen. Zum einen auf unsere flauschigen Kaninchen, zum anderen aber auch auf all die anderen Tiere, die gerne auf unserem Grundstück zu Gast sind. So war es uns ein Anliegen, eine Futterstelle für die kalte Jahreszeit zu basteln, damit sich die tierischen Freunde auch ihre Bäuchlein füllen können.

Zuerst wuschen wir eine Milchpackung aus, entfernten durch Abreißen die bedruckte Schicht und schnitten den Drehverschluss heraus. Danach zeichneten wir die Öffnungen zum Einfüllen des Futters und die Fenster auf, die mit einem Cuttermesser schnell herausgetrennt waren. Die großen Ausschnitte verwendeten wir für die Fensterläden wieder. Mit Pinsel oder je nach Belieben auch Stiften wurden die Tüten im Anschluss komplett bemalt. Damit das Futter im Haus etwas regengeschützter ist, klebten wir Holzeisstiele als Dach auf. Dazu schnitten wir vorher jeweils immer ein Ende gerade. Nicht zu vergessen sind Löcher für den Holzspieß, der dann hindurchgeschoben wird, damit die Vögel bequem sitzen können. Zuletzt klebten wir die Fensterläden an und fädelten einen Faden durch das über dem Dach gestanzte Loch.

Seit dem Aufhängen unseres Vogelhäuschens beobachten wir noch viel mehr Piepmätze und erlernen mittlerweile die Unterscheidungsmerkmale der heimischen Vogelarten.

①

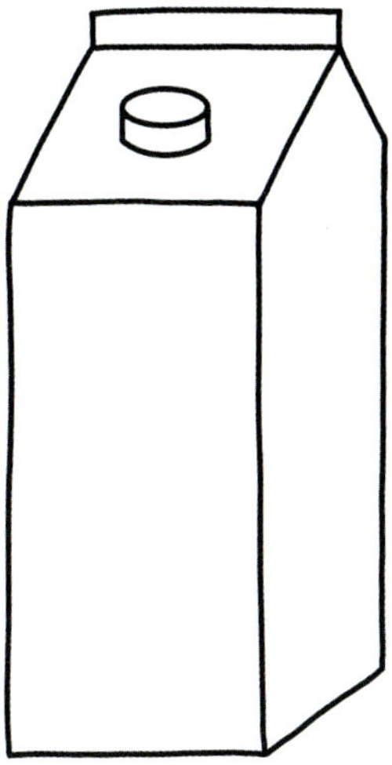

②

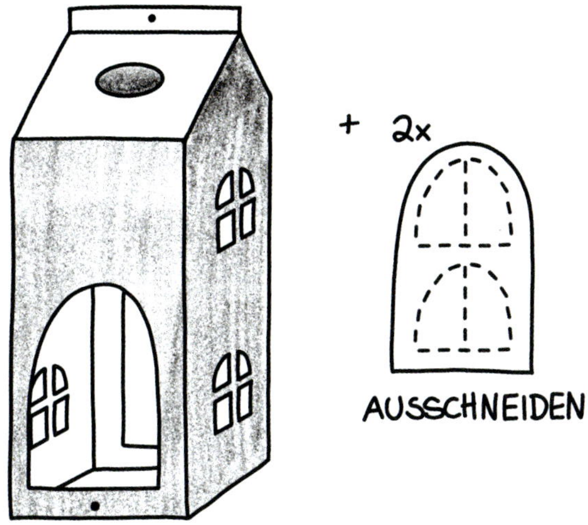

③

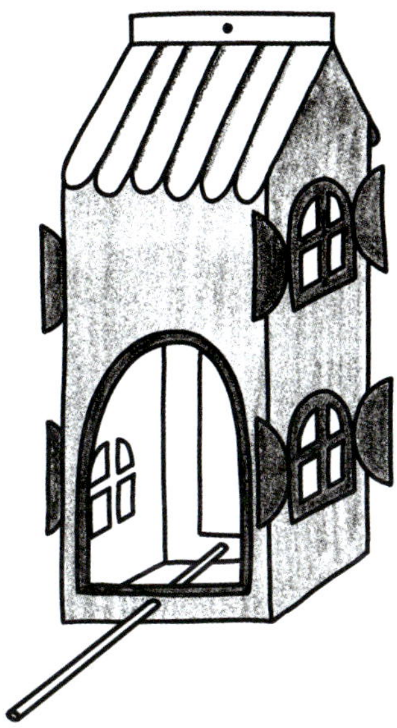

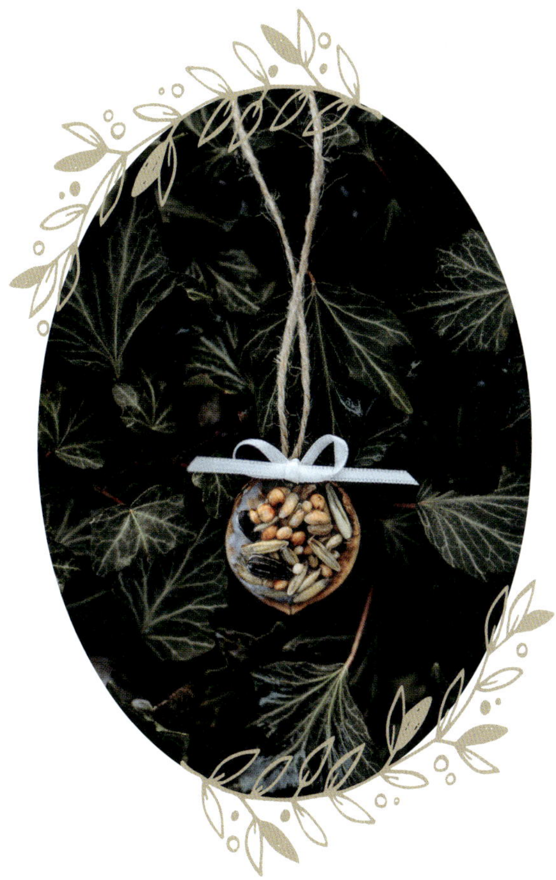

Tipp

Ihr möchtet auch Futteranhänger basteln? Dann nehmt dafür Walnussschalen und befüllt sie mit einer Mischung aus Kokosöl und Vogelfutter. Dazu das Kokosfett durch Erhitzen flüssig werden lassen, in einer Schüssel mit dem Futter verrühren und mit einem Löffel in die Schalen geben. Kurz in den Kühlschrank, sodass es komplett aushärtet, und ab damit an den Baum!

Dezember

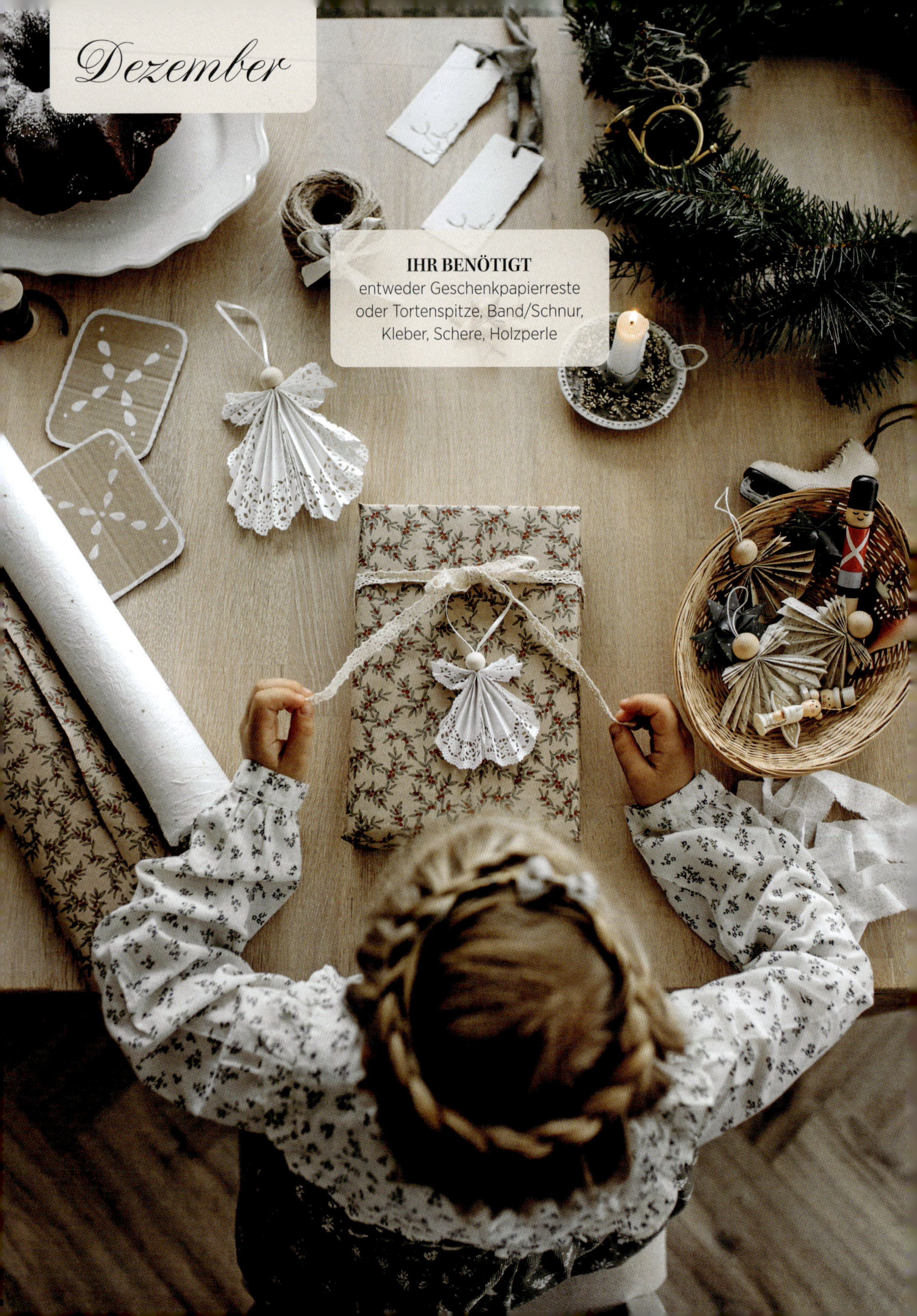

IHR BENÖTIGT
entweder Geschenkpapierreste oder Tortenspitze, Band/Schnur, Kleber, Schere, Holzperle

Gefaltete Engel

Das Jahr vergeht wie im Flug. Schon ist Dezember, und damit steht letztendlich Weihnachten vor der Tür. Haus und Kinderzimmer wollen geschmückt sein. Als Erstes denke ich dabei immer an einen wahren Klassiker und Begleiter vieler Generationen: die gefalteten Papier-Engelchen. Ob am Baum oder am Geschenk: Schon meine Oma kannte sie, und selbst heute lieben wir sie noch. Mit wenig Aufwand sind sie ein echter Hingucker und noch super leicht obendrein! Denn ihr müsst einfach nur fächerartig euer Papier falten können.
Für die Tortenspitzen-Variante benötigt ihr zwei gleich große Blätter, die ihr entsprechend faltet. Auf ca. ¼ der Höhe knickt ihr die Arme ab. Für die Geschenkpapier-Version geht ihr genauso vor, verwendet aber zwei rechteckige Papiere: beispielsweise mit den Maßen 12 x 14 cm.
Im nächsten Schritt wird mit dem Band oder der Schnur durch Verknoten der Enden eine Schlaufe geformt – dabei zwei Zentimeter überstehen lassen – und die Schlinge durch die Holzperle geführt. Tropft im Anschluss etwas Kleber in die Perlenöffnung, sodass das Band oder die Schnur fest fixiert ist.
Danach streicht ihr Klebstoff auf die „Körperteile" eures gefalteten Papieres und klebt das Band zwischen den zwei Papieren mit fest. Damit die Arme nicht wild umherflattern, kann auch etwas Klebstoff auf die „Achseln" aufgetragen werden. Und schon sind sie fertig!

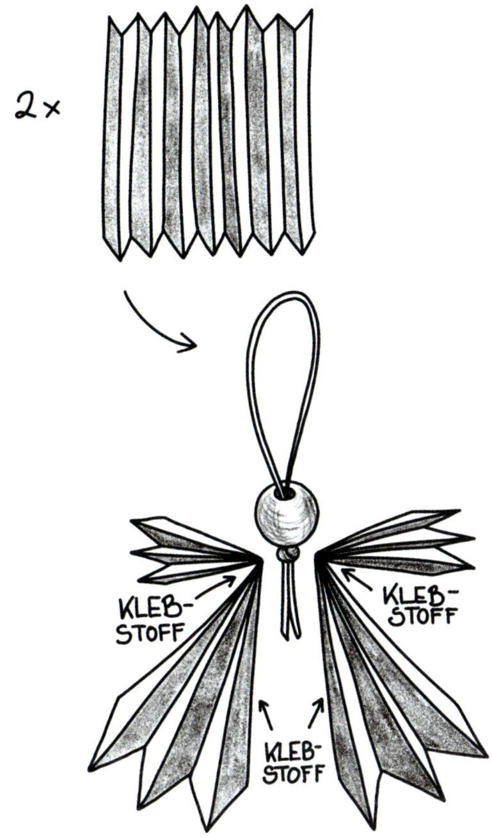

Tipp

Vielleicht auch als „Schutzengel" eine nette Aufmerksamkeit zum Verschenken. Gerne können den Papieren auch noch Cut-outs hinzugefügt werden. So leuchtet das Licht gerade am Baum möglicherweise schön durch die Löcher. Ob mit dem Stanzer oder Locher, alles erlaubt :)

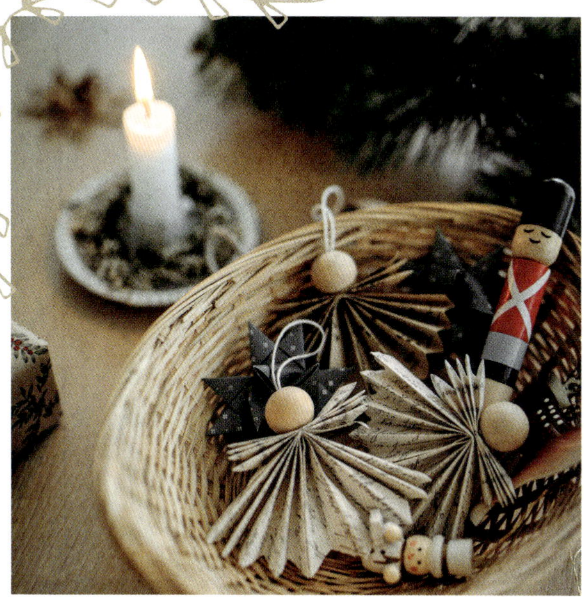

Butterbrottütensterne

IHR BENÖTIGT
pro Stern 6–7 Butterbrottüten, Bleistift, Schere, Klebestift, Schnur zum Aufhängen

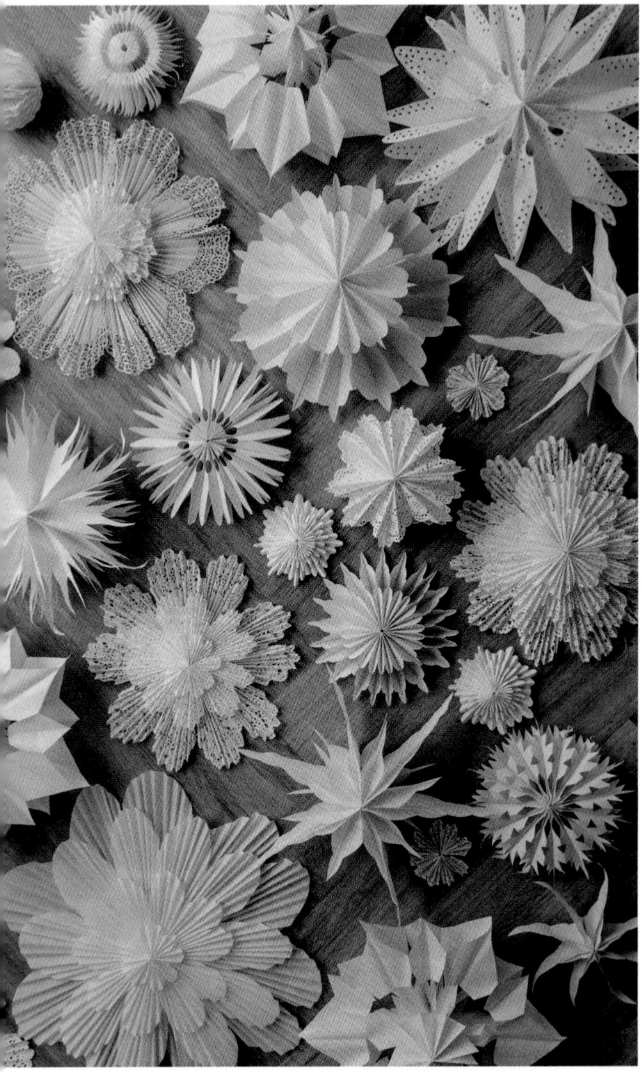

Kaum ein DIY-Projekt lässt sich schneller basteln und kostengünstiger umsetzen als Butterbrottütensterne. Für die hier gezeigten Muster benötigt ihr lediglich sechs, je nach Größe eurer Exemplare maximal sieben Butterbrottüten. Diese wie unten gezeigt exakt aufeinanderkleben (umgekehrtes „T") und das Muster übertragen. Danach entlang eures Musters die Tüten ausschneiden und aufklappen. Die oberste Tüte mit der untersten verkleben und ein Loch zum Aufhängen durch ein Papier stanzen.
Es wirkt beinah magisch, wenn ihr mehrere in unterschiedlichen Größen und Mustern nebeneinander aufhängt. Ob im Fenster, an der Haustür oder der Kinderzimmerwand – auch im Januar noch ein richtiges Highlight!

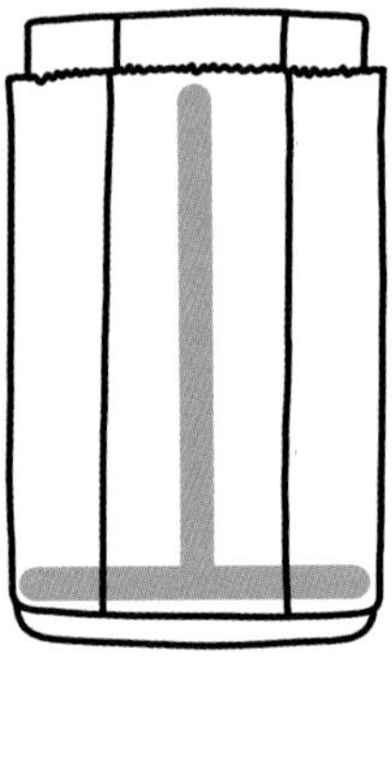

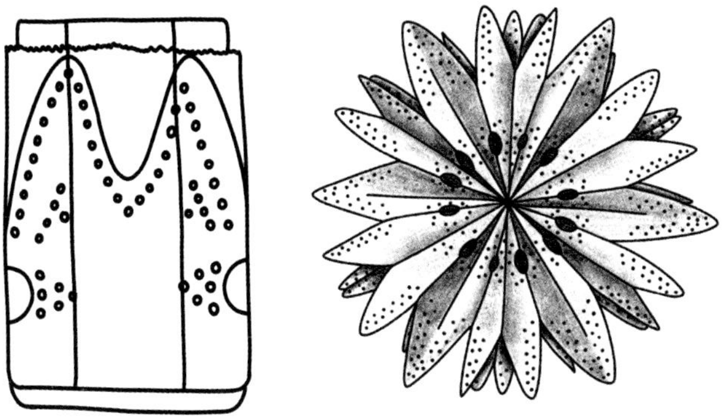

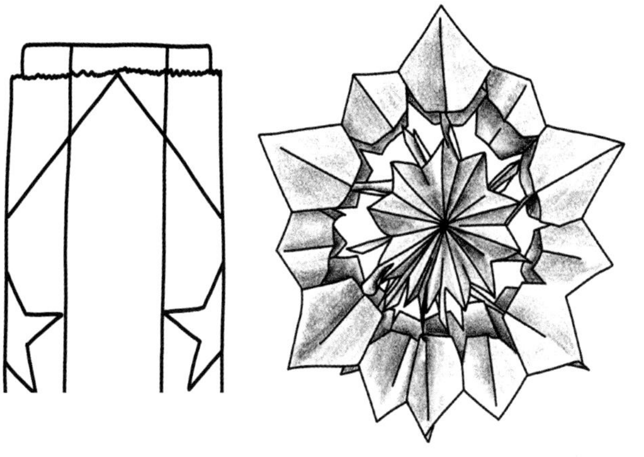

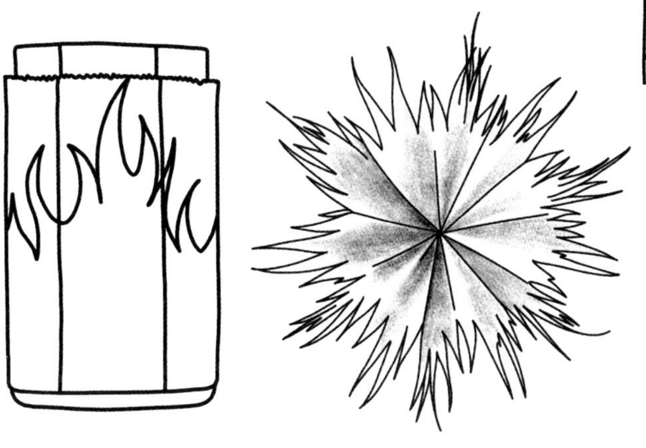

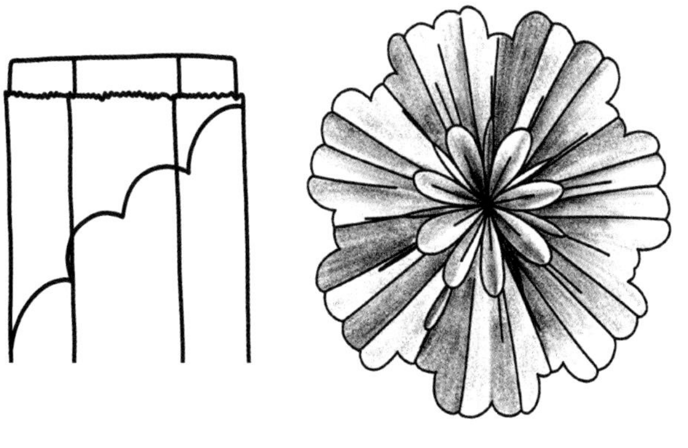

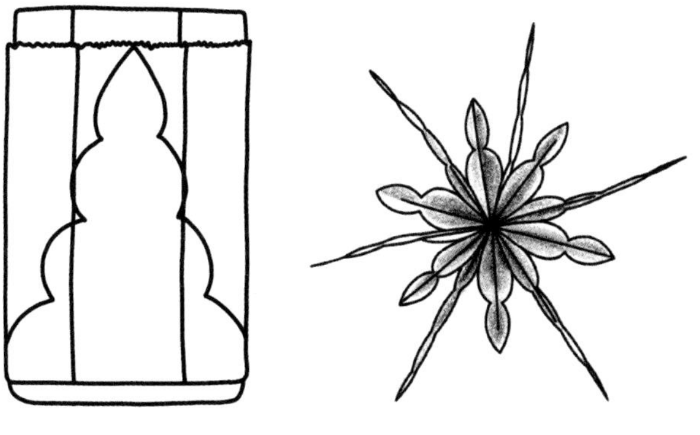

Kamin

IHR BENÖTIGT
1 länglicher Karton, 1 breiter Karton, ggf. Kartonreste, Watte, Schere, Kleber, weißer Textmarker

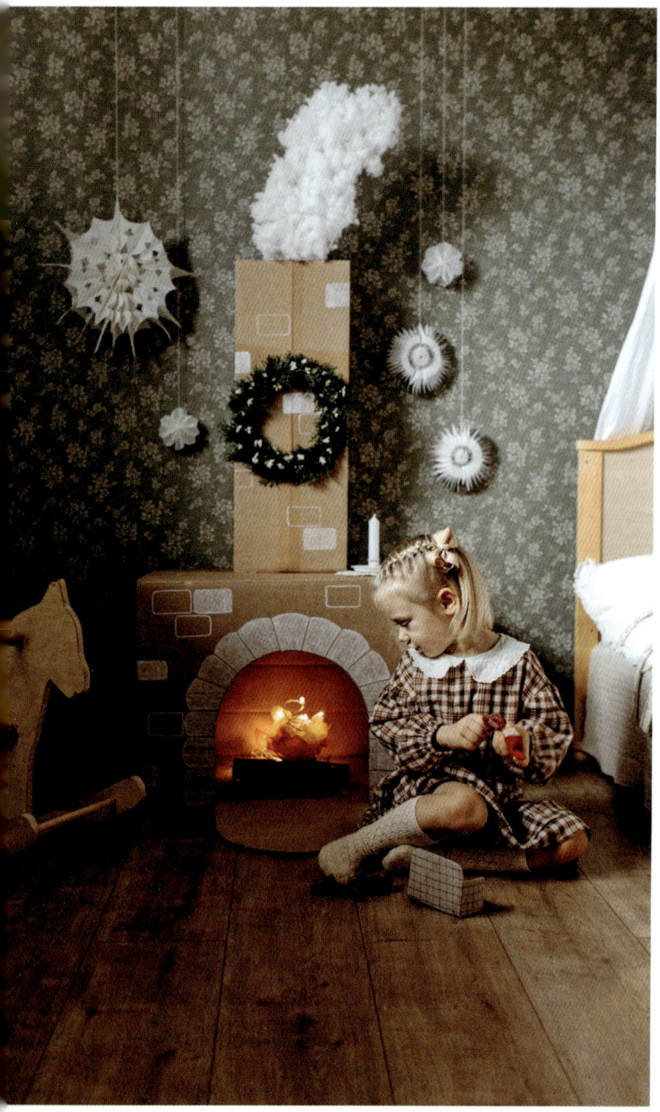

F.: „Mama, uns kann gar nicht der Weihnachtsmann besuchen!"
Ich schaute in betrübte Kinderaugen und fragte mich, wie die Kleine darauf kam.
F.: „Wir haben doch gar keinen Kamin und keinen Schornstein, durch den der Weihnachtsmann rutschen kann!"

Das konnte ich so nicht stehen lassen, sodass – ihr könnt es euch bestimmt schon denken – wir kurzerhand einen Kamin bauen mussten. Natürlich keinen richtigen. So schnell hätte ich vielleicht doch nicht die notwendigen Mittel und Handwerker parat gehabt. Aber aus Karton sollte es doch schnell möglich sein – inklusive eines Feuers, an dem sich kein Kind verbrennen kann, und der Weihnachtsmann natürlich auch nicht!

1. Zuerst eine halbrunde Öffnung in den breiten Karton hineinschneiden. Wichtig: Nicht den unteren Teil mit entfernen. So bleibt euer Kamin sogar zuklappbar! Den länglichen Karton mussten wir oben minimal kürzen und auf ca. ⅔ der Gesamthöhe einen kleinen Schlitz für einen Pappstreifen aus den Resten hineinschneiden. Dieser soll als Halterung für den Kranz dienen. Damit er wirklich als Aufhängung fungieren kann, am besten den innenliegenden Streifenteil im Kamin festkleben und den äußeren nicht zu weit hervorstehen lassen, ggf. noch einmal verstärken! Mit weißem Textmarker Backsteine aufmalen. Aus weiterer Pappe eine Wolke schneiden und diese mit Watte bekleben.

2. Im nächsten Schritt die Kartons zusammenkleben und die Wolke in den Schornstein kleben. Den Schornstein, wenn ihr mögt, mit einem leichten Kranz verzieren.

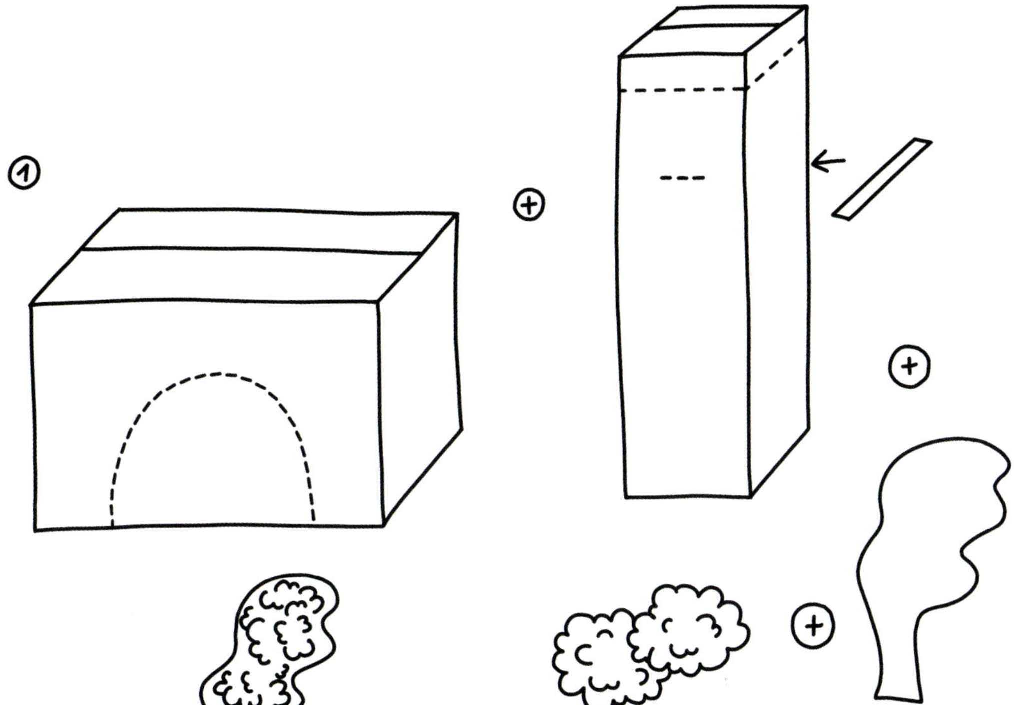

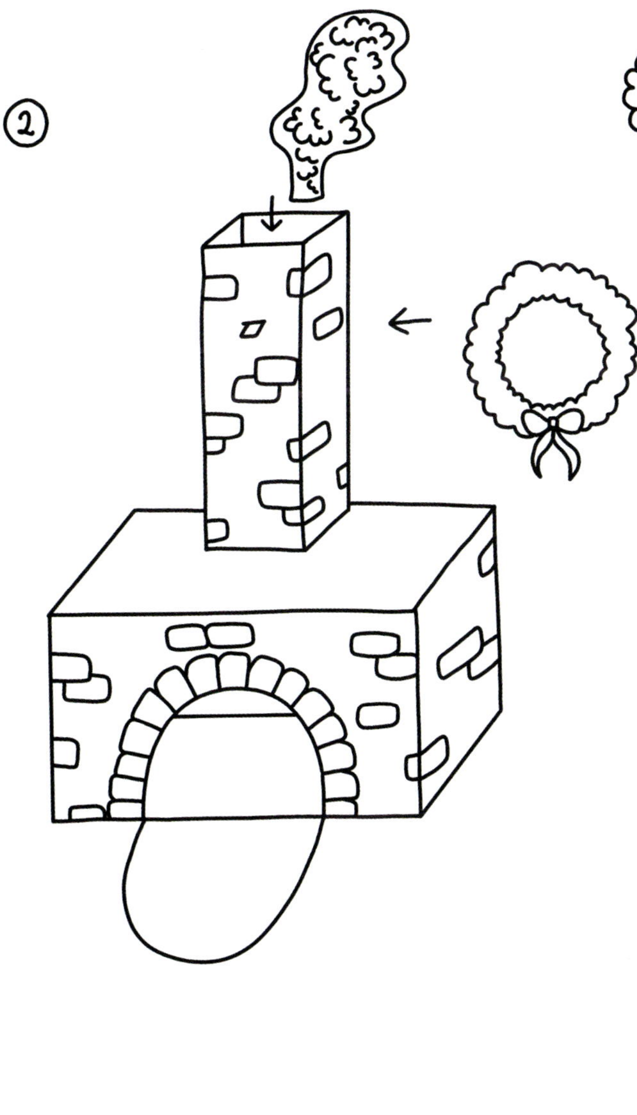

Tipp

Verschönert euren Kamin doch noch ganz stilsicher mit kleinen (Baby-)Socken auf einer Girlande oder mit Kunstschnee. Alternativ sehen auch die Butterbrottütensterne in Kombination mit dem Kamin ganz wunderbar aus.

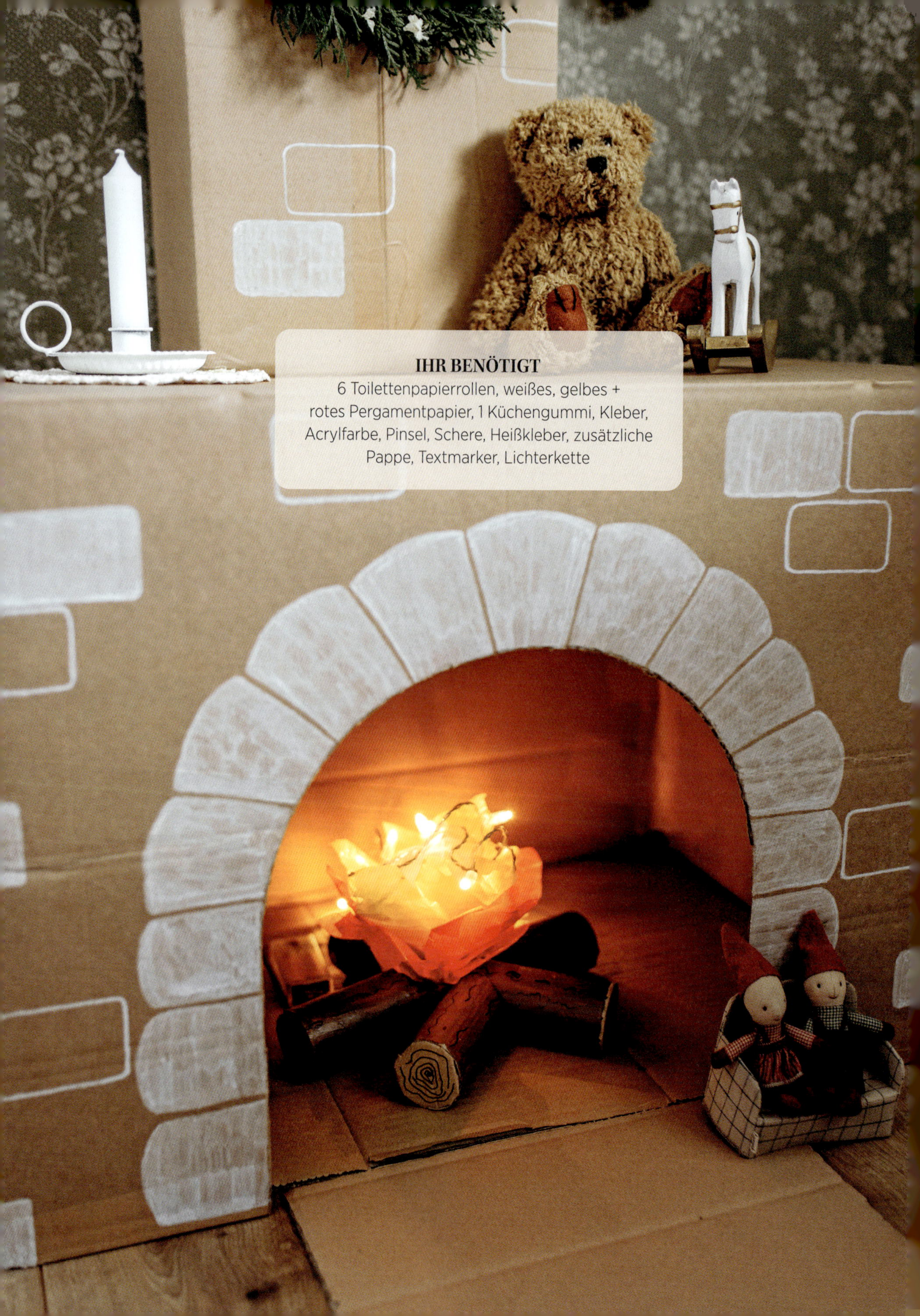

IHR BENÖTIGT
6 Toilettenpapierrollen, weißes, gelbes + rotes Pergamentpapier, 1 Küchengummi, Kleber, Acrylfarbe, Pinsel, Schere, Heißkleber, zusätzliche Pappe, Textmarker, Lichterkette

Kaminfeuer

Damit es richtig gemütlich im Kinderzimmer wird, muss natürlich ein Feuer im Kamin brennen. Mit unseren Holzscheiten und einer Lichterkette geht dies ganz schnell!

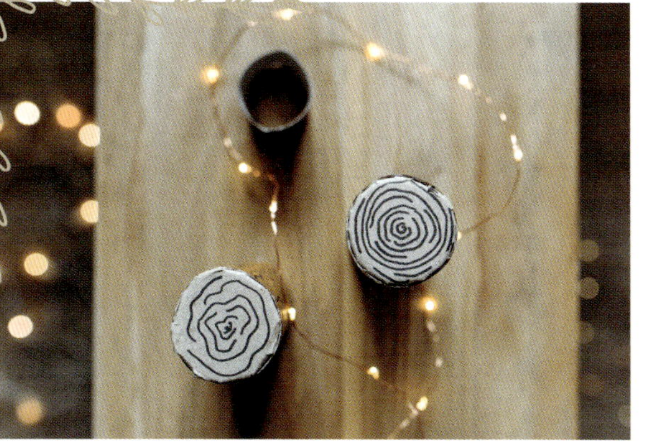

1. Bemalt sechs Toilettenpapierrollen mit brauner Acrylfarbe. Wenn sie getrocknet sind, zeichnet noch mit einem Textmarker Holzmaserungen auf. Mit zusätzlicher Pappe verschließt ihr jeweils ein Ende von allen fünf ganzen Rollen. Malt auf diese ebenfalls Jahresringe. Die sechste Rolle kürzt ihr auf ca. ein Drittel.

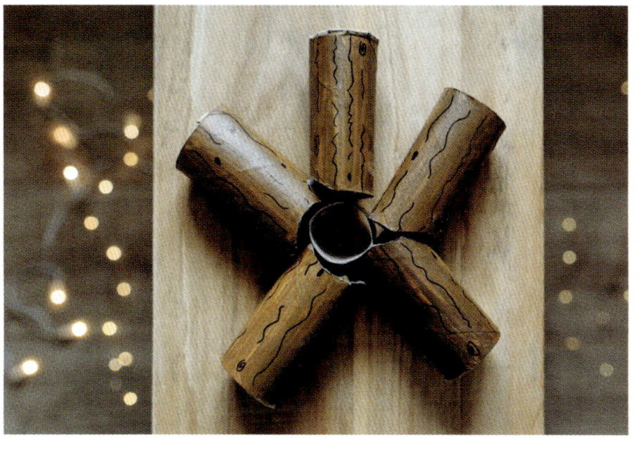

2. Um diese kurze Rolle klebt ihr alle anderen fünf. Damit sie besser angeklebt werden können, schneidet die offene Seite jeder Rolle passend rundlich ab. Verklebt alles.

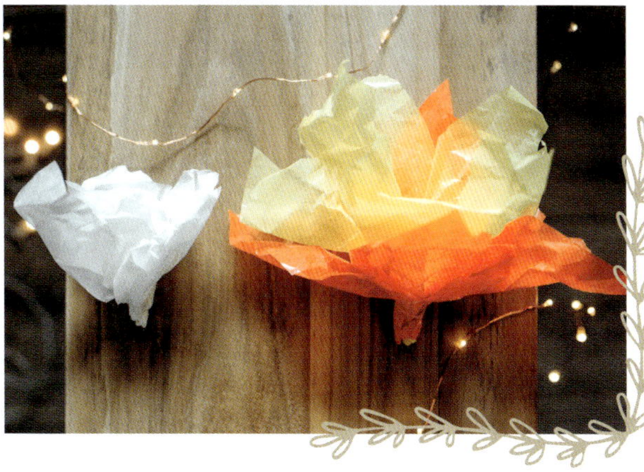

3. 20 x 20 cm sollte jeweils euer Pergamentpapier zugeschnitten werden. Legt auf das rote das gelbe sowie zuletzt das weiße Pergamentpapier. Knüddelt die Mitte straußartig zusammen, sodass ihr ein Küchengummi um die Mitte knoten könnt. Möglicherweise mit Kleber in der Mitte alles verstärken. Schneidet nun in jedes Papier Zacken, sodass „Flammen" entstehen. Anschließend in die mittlere, nach oben geöffnete Rolle reinkleben. Als letzten Schritt eine Lichterkette in euer Feuer legen.

Tipp

Für eine magische Stimmung besorgt doch eine Lichterkette mit Timer. Alternativ ist auch eine mit flackernden Effekten ganz sicher eine tolle Abrundung der Bastelidee.

Peg-Doll-Krippe

IHR BENÖTIGT
7 Erwachsenen-Rohlinge, 2 Kinder-Rohlinge, 1 Baby-Rohling, Stall, Futterkrippe, Stroh, Goldfaden, Acrylfarben, Pinsel, Perlen, Holzspulen, Kleber, Holzperlen in 4 unterschiedlichen Größen, Spachtelmasse, Schleifpapier

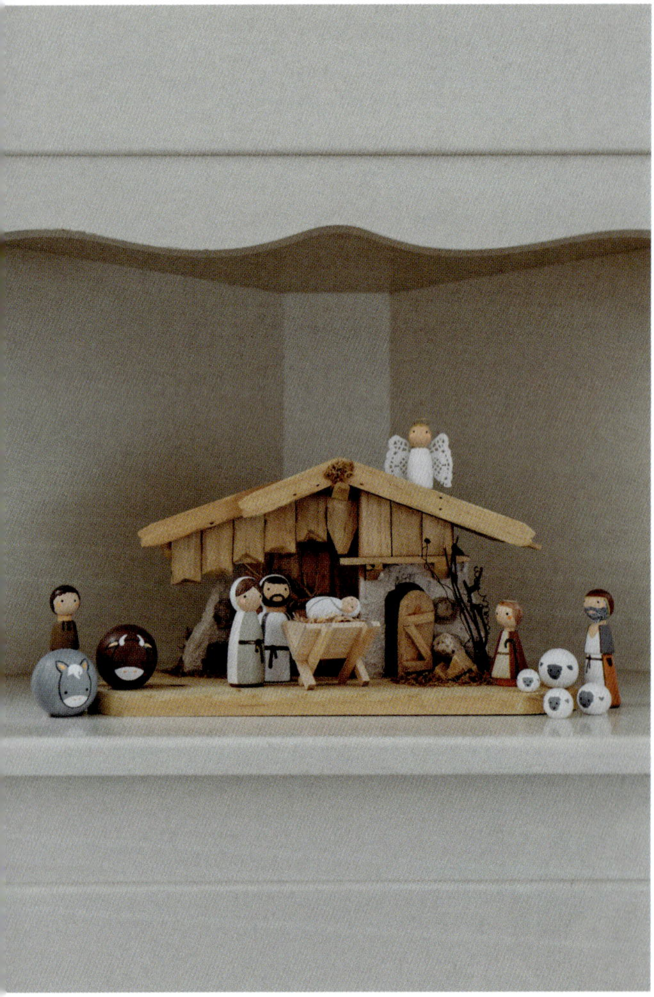

Jedes Jahr zu Weihnachten hängt bei uns ein Adventskalender … und jedes Jahr zerbreche ich mir neu darüber den Kopf, womit er im besten Fall gefüllt werden sollte. Nachdem wir schon Varianten mit Aktivitäten, Gutscheinen und natürlich Süßem durchhatten, dachte ich darüber nach, ob die Mädchen sich vielleicht über eine Krippe freuen würden. Eine perfekte Ergänzung zum gemeinsamen Lesen in der Bibel. Sprich, jeden Tag sollte eine Figur die Szenerie des Heiligen Abends vervollständigen. Und so nahm das Projekt nach und nach Form an.

Im Prinzip gibt es hierbei kein Richtig oder Falsch. Daher keine klassische Anleitung Schritt für Schritt. Eher Tipp für Tipp, denn ob ihr einer Figur einen Gürtel oder einen Mantel oder sogar nur reine Gesichter malt, das bleibt euch völlig selbst überlassen. So wie ihr könnt und wollt, denn der Spaß des Gestaltens soll an erster Stelle stehen. Vielleicht ist auch der Entstehungsprozess ein schöner, täglicher Begleiter in der Vorweihnachtszeit und ihr bastelt die Krippenfiguren mit euren Kindern gemeinsam, statt sie zur fertigen Adventskalenderüberraschung zu machen.
Der Stall ist kein DIY von mir. Im Baumarkt bin ich über ihn gestolpert und fand ihn zuckersüß. Nehmt am besten eure Rohlinge beim Kauf mit. So könnt ihr direkt schauen, ob der Stall richtig dimensioniert ist.

Für die Tierfiguren wurden Holzperlen in unterschiedlichen Größen unten etwas abgeflacht. So stehen sie und rollen nicht davon. Wie beim „Mensch-ärgere-dich-nicht" wurden die oberen Öffnungen vor dem Bemalen verschlossen – entweder mit Spachtelmasse oder ganz simpel mit Kleber. Schaut nur, dass ihr mit einem Schleifpapier wieder eine halbwegs saubere Oberfläche hinbekommt.

Gibt es noch irgendwelche Perlenreste in einer Schachtel oder einem Döschen? Welche, mit denen ihr nie wusstet, was noch damit anzustellen sei? Dann zaubert daraus doch die „Geschenke" der drei Weisen! Ebenso können Holzspulen oder Aquabeads genutzt werden. Eben alles, das sich schön kombinieren lässt. Aus Tortenspitze können Flügel gezaubert werden. Goldene Garne erstrahlen als Heiligenschein. Tobt euch aus, oder lasst euch von euren Kindern inspirieren!
Ich wünsche euch viel Freude beim Umsetzen und genauso strahlende Augen wie die meiner Mädchen!

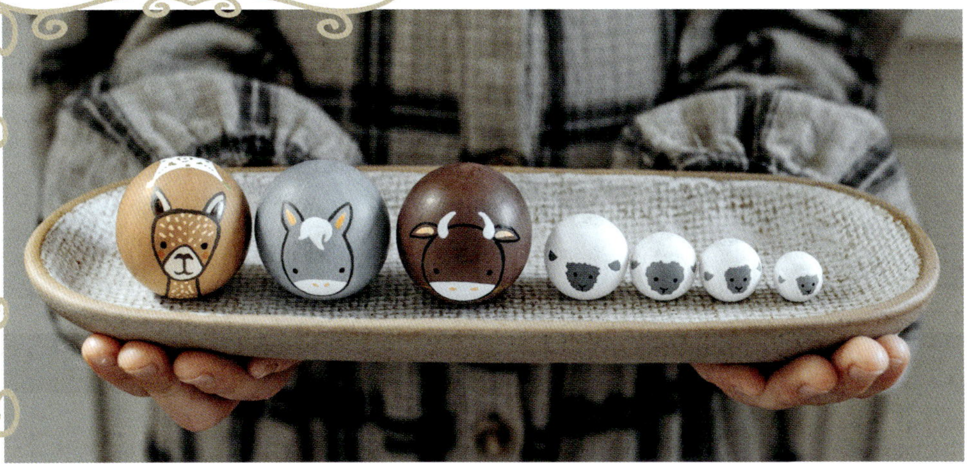

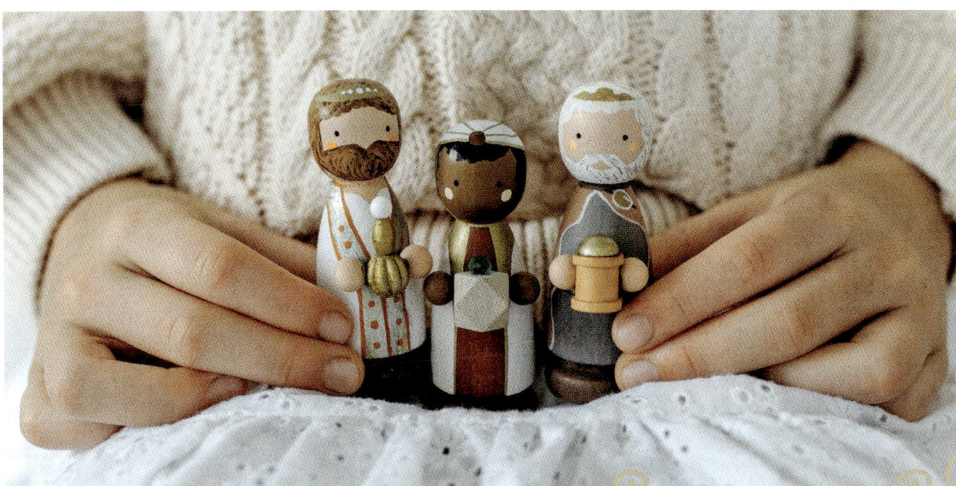

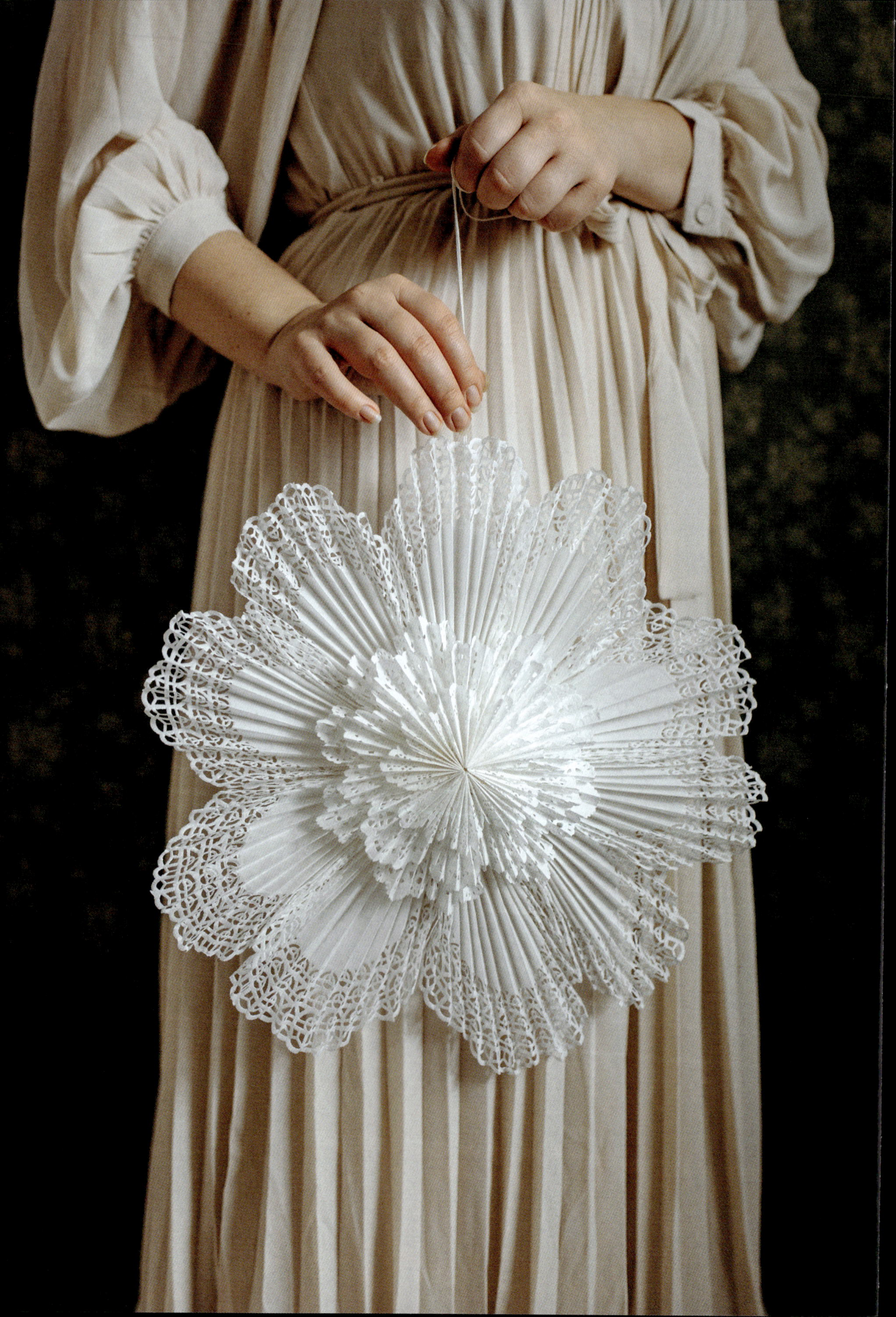

Blomma

IHR BENÖTIGT
Tortenspitze in 4 verschiedenen Größen, pro Größe jeweils 5 Stück, Kleber, Schnur

Meine liebste Deko im Kinderzimmer, aber auch im gesamten Haus: die schwedische Blomma! Sogar ein Element, das ich das ganze Jahr über hängen lasse. Sollte noch etwas Tortenspitze von vorigen Projekten übrig sein, dann ist das DIE Gelegenheit, um nun loszulegen:

1. Erst das Blatt auf die Hälfte deutlich und gut erkennbar falten. Danach wieder auf die Gesamtgröße öffnen, um das Blatt fächerartig zu knicken.
2. Nun an eurem allerersten Knick orientieren und mit diesem ein Herz formen und die Enden verkleben. Auf diese Art fünf Herzen fertigen und alle fünf zusammenkleben, sodass eine Rosette entsteht.
3. In jeder Größe eine Rosette basteln, danach alle vier am jeweiligen Mittelpunkt orientiert aufeinandergeschichtet festkleben und gut trocknen lassen!

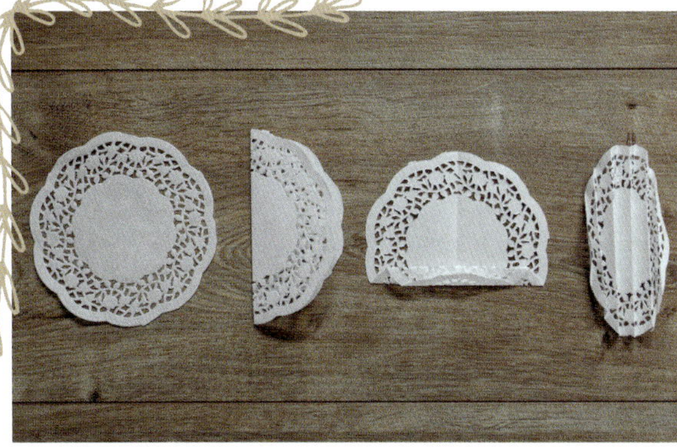

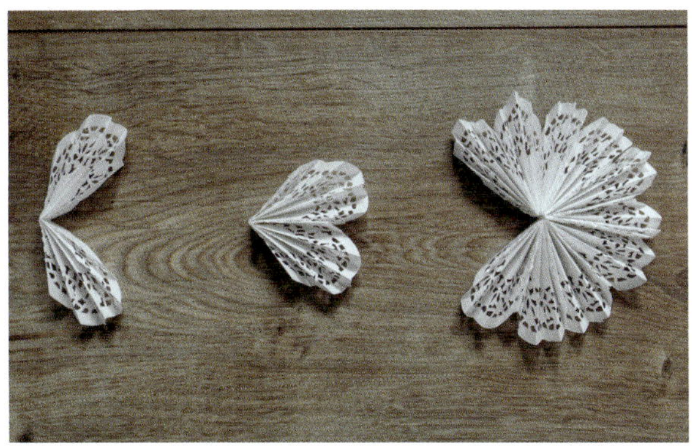

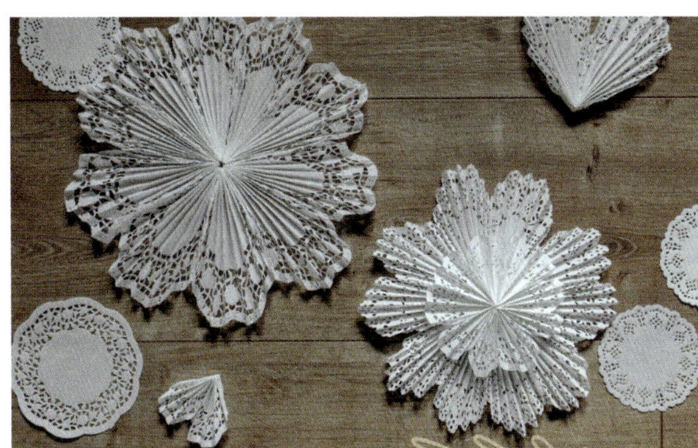

Tipp

Ganz kleine Rosetten sehen auch einzeln süß als Schneeflocken aus. Wem es gefällt, der kann auch mit der Anzahl der Größen variieren. Ob drei oder auch fünf usw. ... alles machbar!

Trommelanhänger

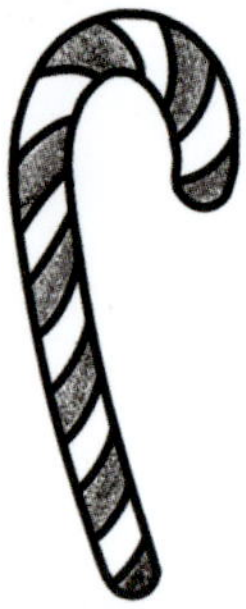

IHR BENÖTIGT
1 Toilettenpapierrolle, dünne Karton- oder Kraftpapierreste, Stift, Geschenkpapier, Faden, Borte, Schere, Kleber, Stift, Zahnstocher, Holzperlen

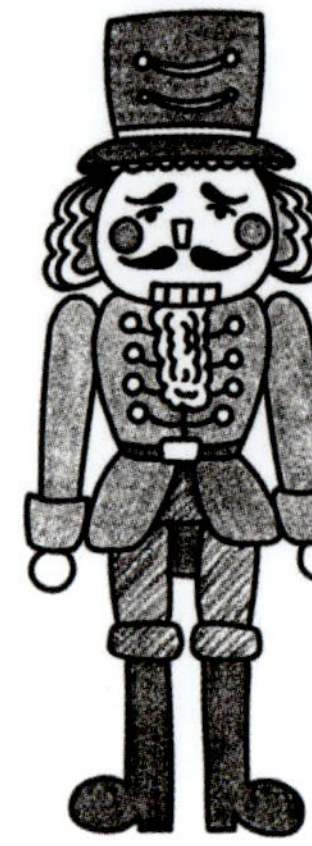

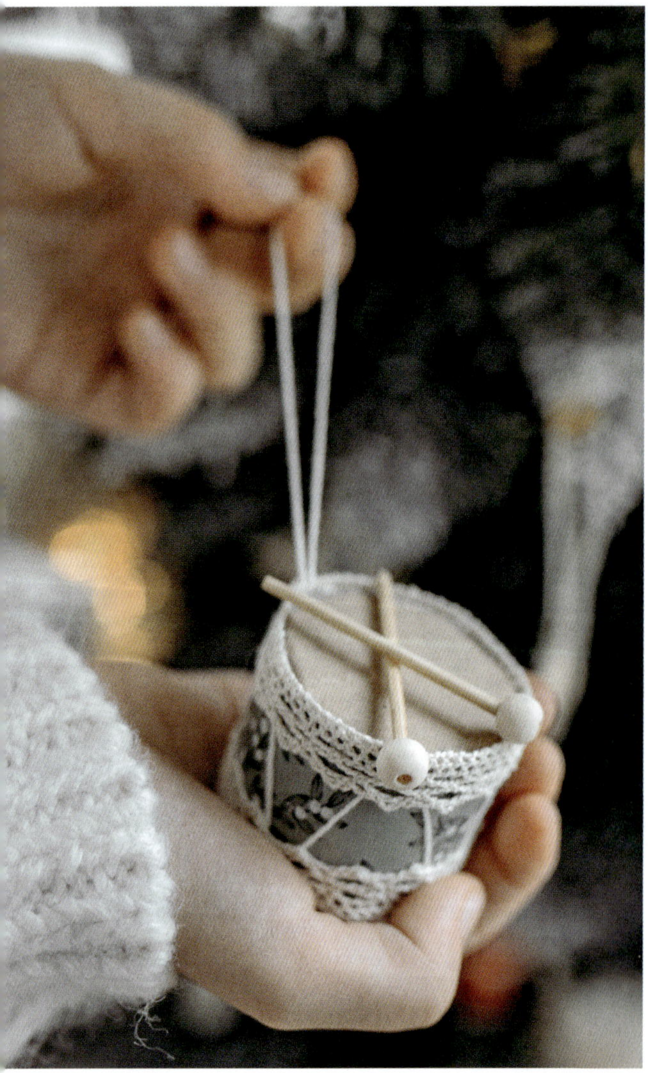

Als wir in unser Haus zogen, wollten wir das erste Weihnachten wunderbar festlich gestalten. In der Mietwohnung fehlte uns der Platz für einen großen Baum, und so dauerte es nicht lange, bis wir einen Platz im Haus für den (künstlichen) Baum gefunden hatten. Die Große bastelte im Kindergarten eifrig Baumschmuck – denn der fehlte uns natürlich auch noch! Das war der Startschuss für eine Tradition bei uns: Jedes Jahr basteln wir seitdem eigene Anhänger, sodass wir uns beim Schmücken immer auch an die Vorjahre zurückerinnern und mittlerweile eine große Anzahl an unterschiedlichen Basteleien zustande gekommen ist.

Der Trommelanhänger stammt aus 2022. Viele Geschenkpapiere neigten sich dem Ende zu, und die Reste schrien geradezu nach einer sinnvollen Verwertung.

Tipp

Achtet darauf, dass sich eure Fäden und die Borte gut von der Musterung des Geschenkpapiers abheben. Durch einen höheren Kontrast wirkt es viel ausgeglichener!

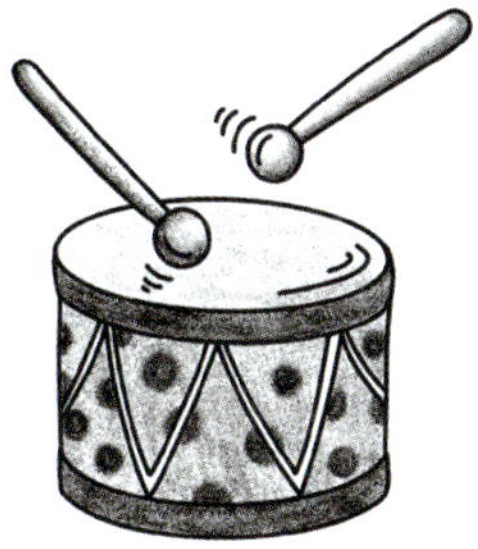

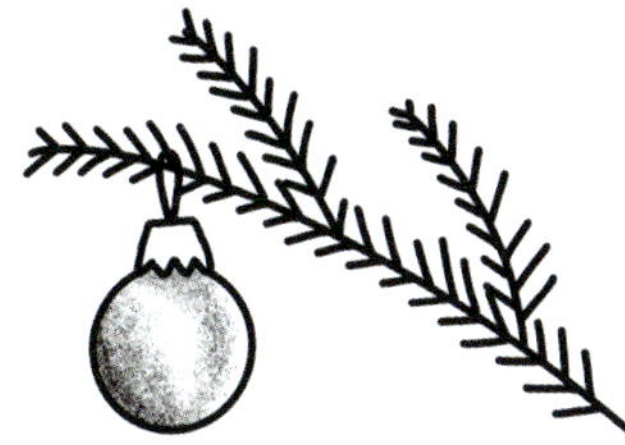

So könnt ihr sie nachbasteln:

1. Die Toilettenpapierrolle in drei gleich große Teile schneiden. Die Kontur der Teile dann auf dem Kraftpapier oder dünnen Pappresten nachzeichnen (wie beim Ballspiel im Juni). Daraus sollen schließlich die Deckel werden, um die Röhren oben und unten zu verschließen.

2. Um die Konturen noch einen weiteren Kreis malen. Zickzack-artig Laschen schneiden und dies ein zweites Mal wiederholen, da beide Seiten der Rollen verschlossen werden sollen.

3. Die Abdeckungen über die Rollen kleben und gut trocknen lassen!

4. Im Anschluss euren Korpus mit Geschenkpapier verkleiden und mit einem Faden eine Schnürung zickzack-artig kleben. Auch einen Faden für die Aufhängung ankleben.

5. Während all dies trocknet, von zwei Zahnstochern jeweils eine Spitze wegschneiden und an die andere Spitze eine kleine Holzperle kleben. Das werden später eure Schlägel.

6. Zuletzt Borten oben und unten auf die Trommel sowie die Schlägel über Kreuz aufkleben.

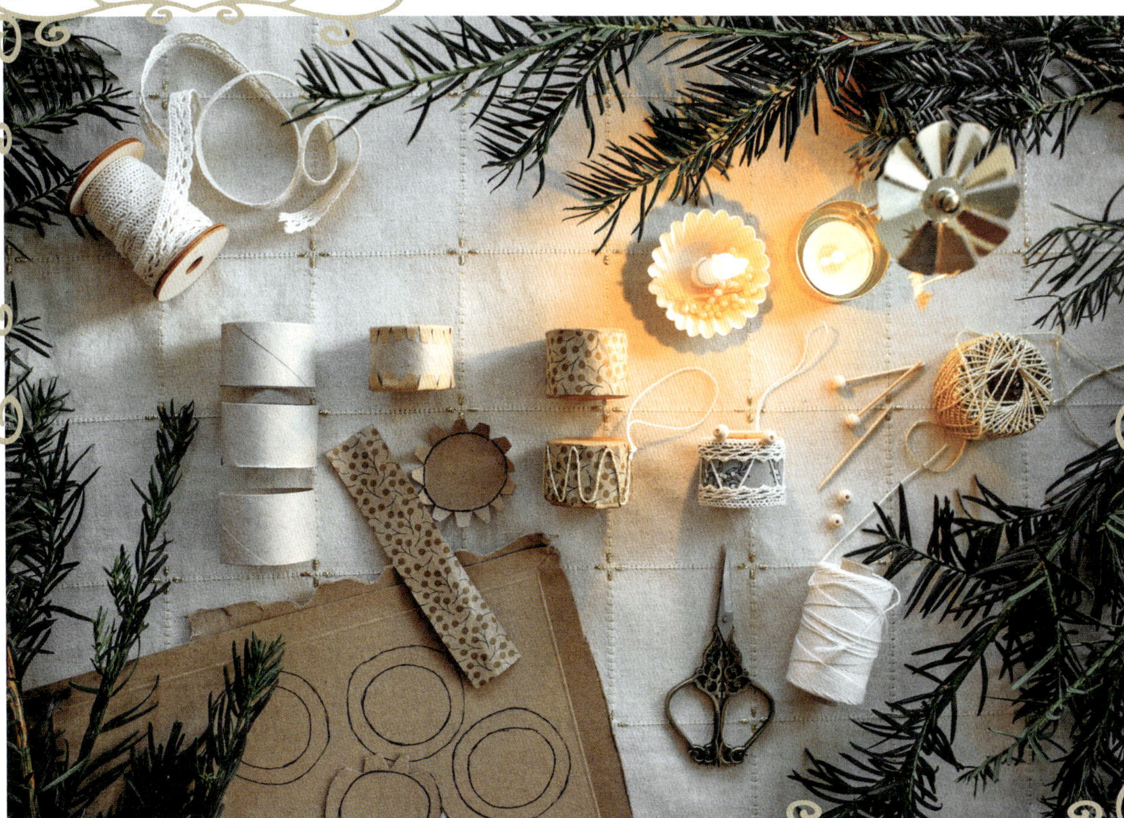

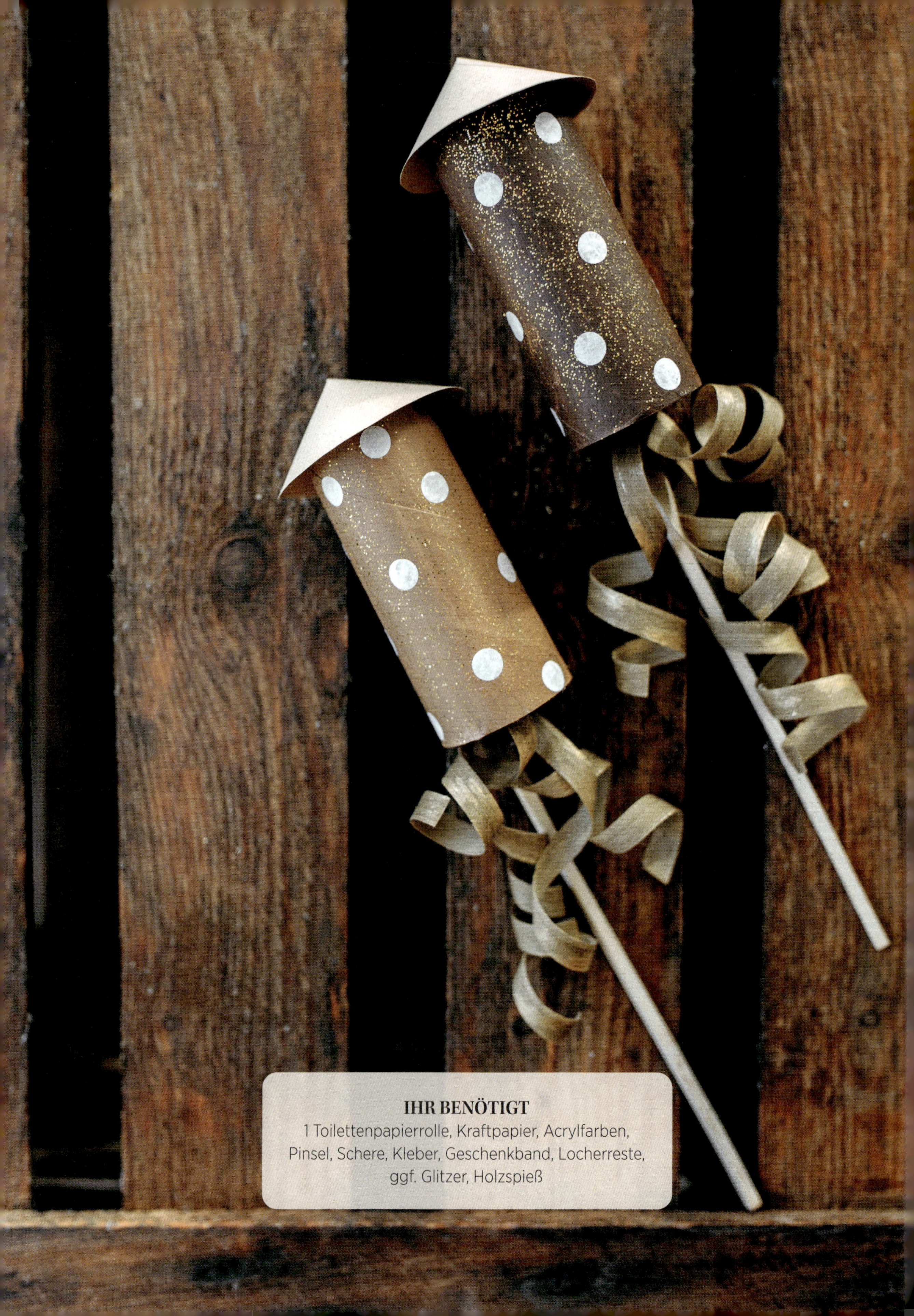

IHR BENÖTIGT

1 Toilettenpapierrolle, Kraftpapier, Acrylfarben, Pinsel, Schere, Kleber, Geschenkband, Locherreste, ggf. Glitzer, Holzspieß

Raketen

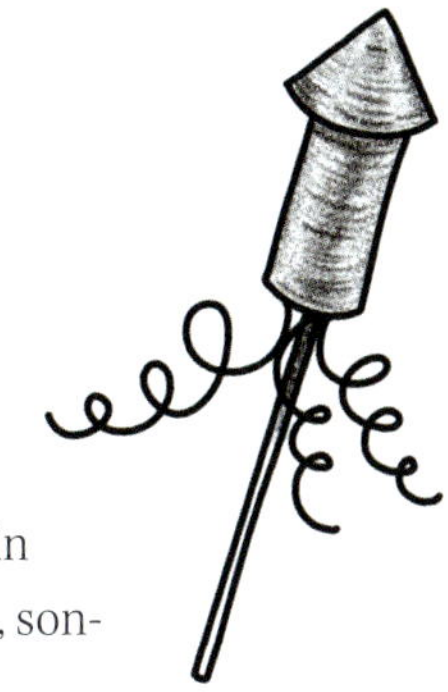

E.: „Mama, wie lange dauert es noch, bis das große Feuerwerk beginnt?“

Erfahrungsgemäß ist die Geduld besonders an Silvester nicht die größte. Da bietet ein Bastelcountdown die Chance, nicht nur die Zeit bis zum großen Event zu verkürzen, sondern derweilen auch noch lustige Deko und Spiele zu kreieren.
Woran denkt ihr als Erstes, wenn das Wort „Silvester“ fällt? Raketen? Was haltet ihr dann von unserer tier- und umweltfreundlichen Upcycling-Variante, die sogar als Tischdeko oder auch Caketopper zum Einsatz kommen kann? Wie wird's gemacht? So:
Bemalt die Rollen nach eurem Gefallen und streut in die noch nasse Farbe euren Glitzer. Mit den Locherresten könnt ihr die Raketen im Anschluss bekleben. Das Geschenkband mit der Schere kringeln und dieses in die spätere untere Öffnung kleben. Wie viel ihr dabei verwendet, bleibt eurem Geschmack überlassen. Für die Spitze auf Kraftpapier einen Kreis mit 8,5 cm Durchmesser aufmalen. Bis zum Mittelpunkt an einer Stelle einschneiden, die Enden überlappend zusammenschieben und so verkleben, dass das Ganze auf die Rolle passt (wie bei der Ritterburg). Im letzten Schritt einen Holzspieß unten hinein und die Spitze oben auf die Rolle kleben.

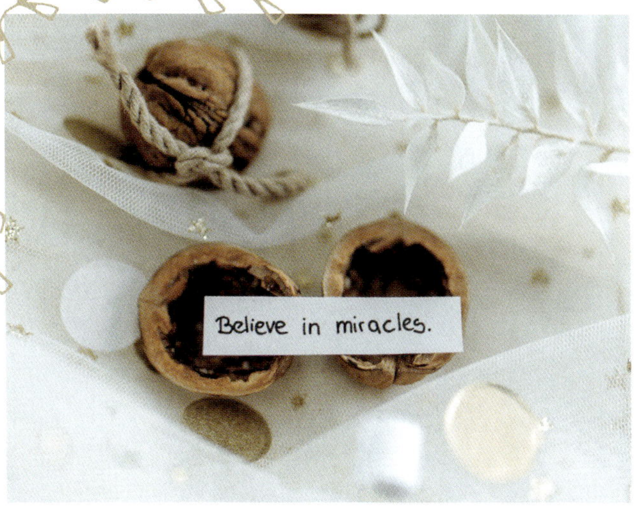

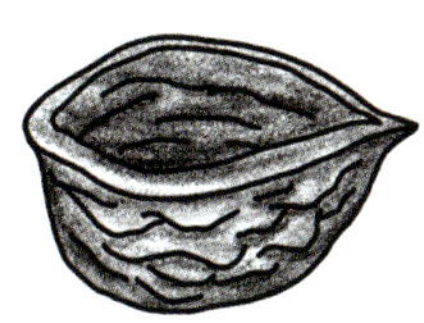

Tipp

Glücksnüsse runden eure Feier vielleicht perfekt ab. Dafür Walnüsse wie bei den Booten im Juli sauber in zwei Hälften knacken, die Nuss herausholen und auf Papierstreifen Wünsche bzw. Vorhersagen fürs neue Jahr schreiben. Danach die Hälften wieder zusammenstecken und mit einem Band verknoten.

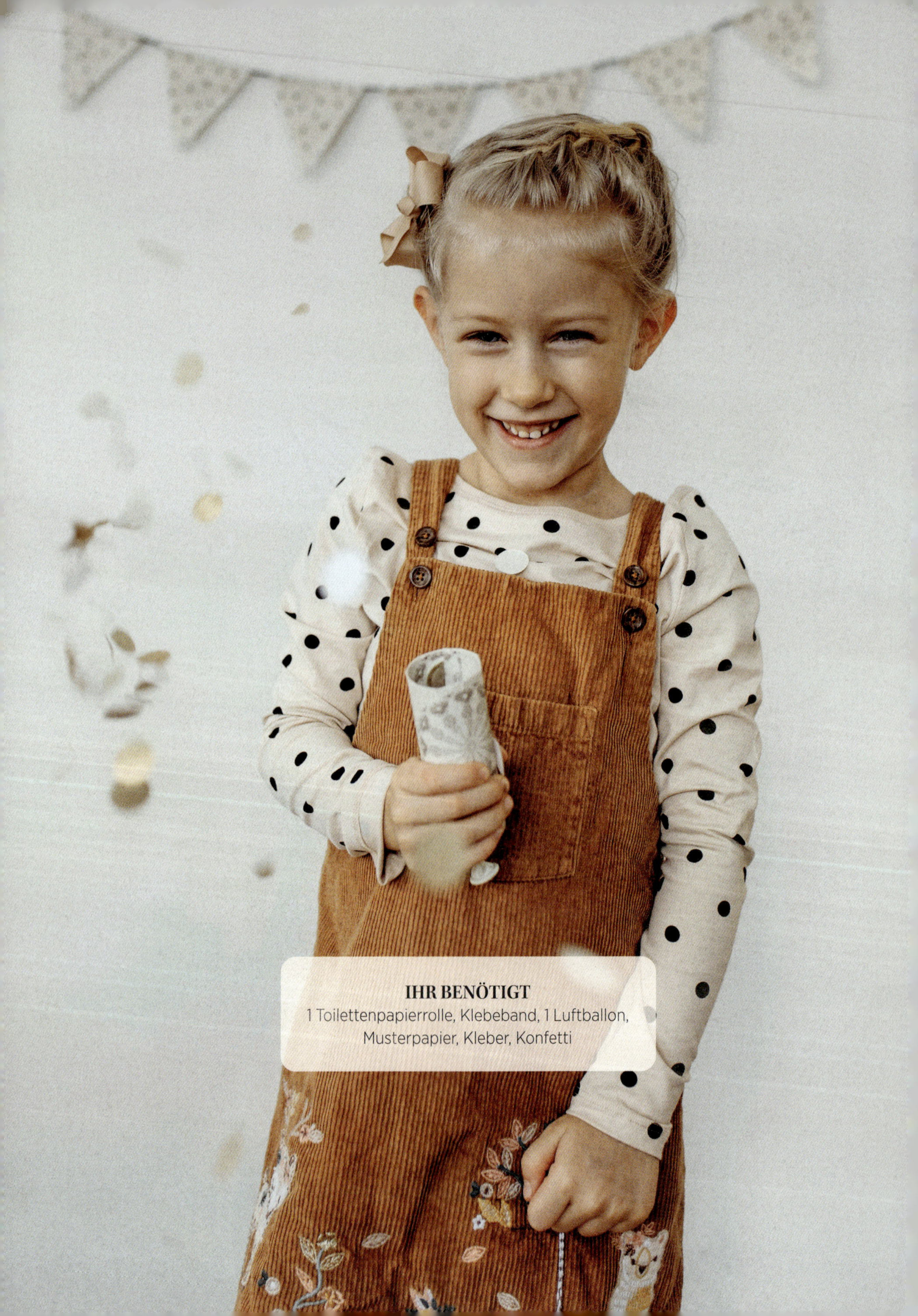

IHR BENÖTIGT

1 Toilettenpapierrolle, Klebeband, 1 Luftballon, Musterpapier, Kleber, Konfetti

Konfettikanone

Der Abend ist weiter vorangeschritten, und die Äuglein werden so langsam immer kleiner? Dann kommt Bewegung mit unseren Konfettikanonen ins Spiel. Wieder mit Materialien, die sich bestimmt fix zusammensuchen lassen.

Los geht's:

1. Luftballon unten verknoten und oben ca. 1–1,5 cm waagerecht abschneiden.

2. Den Luftballon nun um die Rolle stülpen und mit einem Klebeband festkleben.

3. Zuletzt nur noch die Rolle mit z.B. Tapeten- oder Geschenkpapierresten umkleben, und schon können die Kanonen mit Konfetti befüllt werden. Auch hier können Locherreste zum Einsatz kommen!

Euch viel Spaß bei der Silvestersause und einen guten Rutsch!
Vielleicht bis zum nächsten Basteljahr. Ich wünsche euch nur das Beste und würde mich freuen, wenn ihr dieses Buch auch im nächsten Jahr wieder zum Stöbern und Nachbasteln hervorholt! Alternativ schaut gerne auf meinem Instagramkanal @mami_tinka vorbei und verpasst auch dort nicht unsere kreativen Ideen!

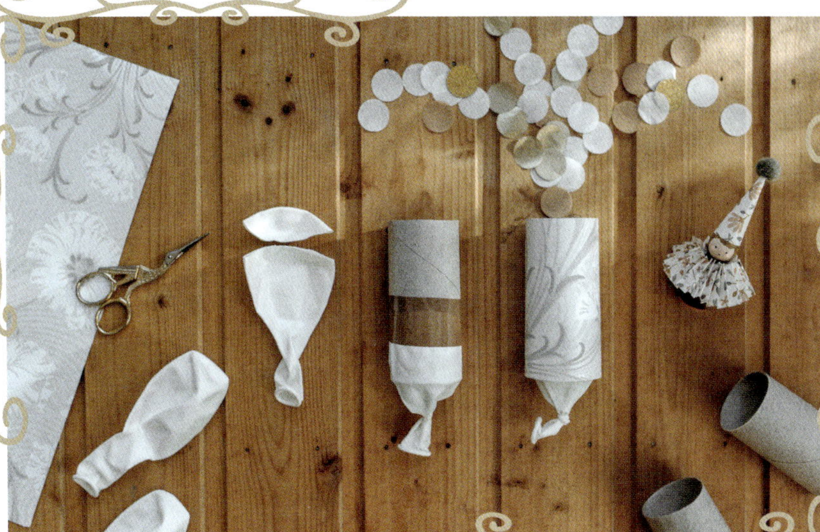

Tipp

Ihr wollt draußen eure Konfettikanonen ausprobieren, aber später nicht überall Papier herumliegen haben? Dann stanzt euer Konfetti doch z.B. aus Baumblättern. So schadet ihr nicht der Umwelt und könnt euch ggf. das Aufsammeln wieder sparen!

Vorlagen

Seite 29

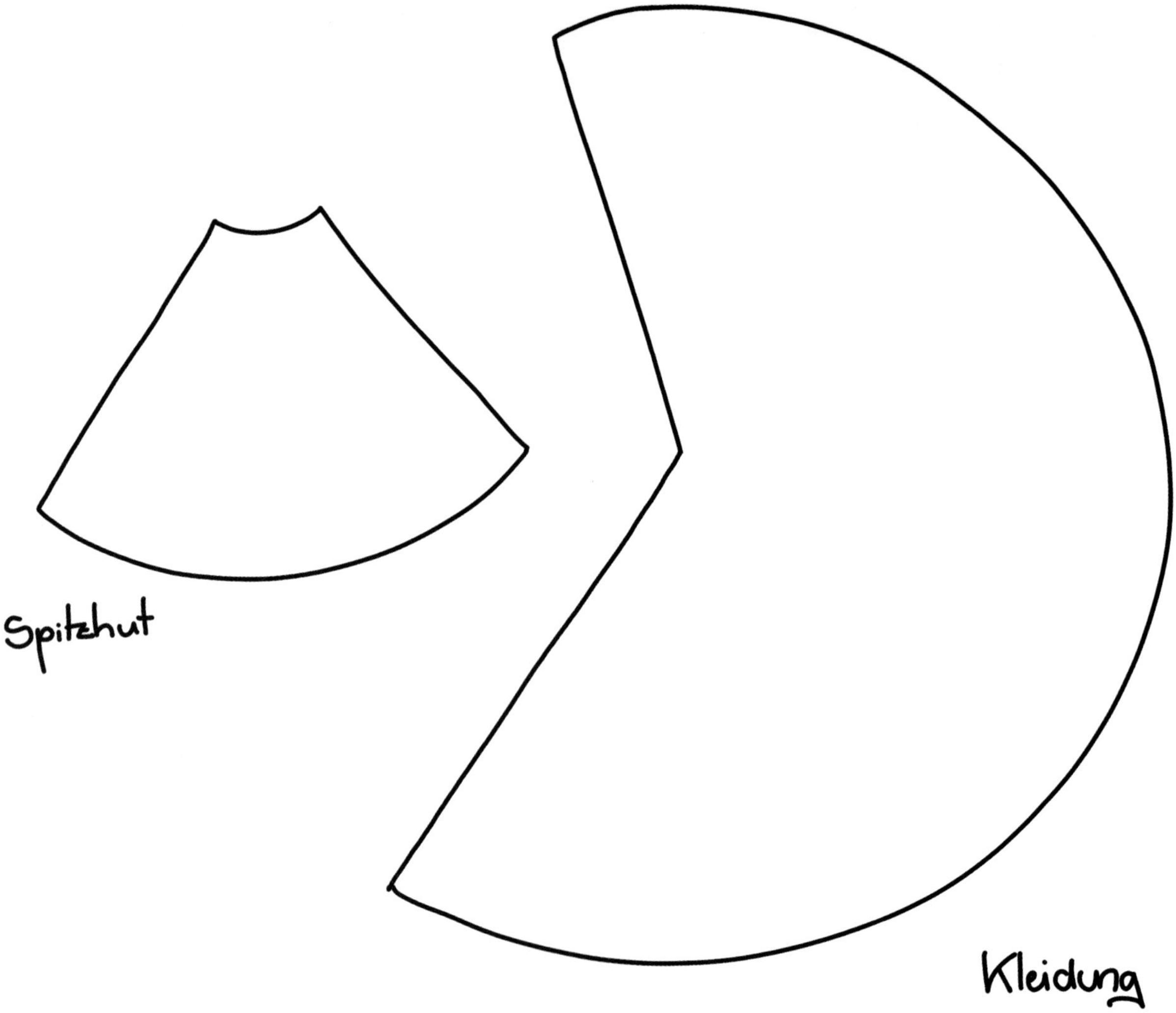

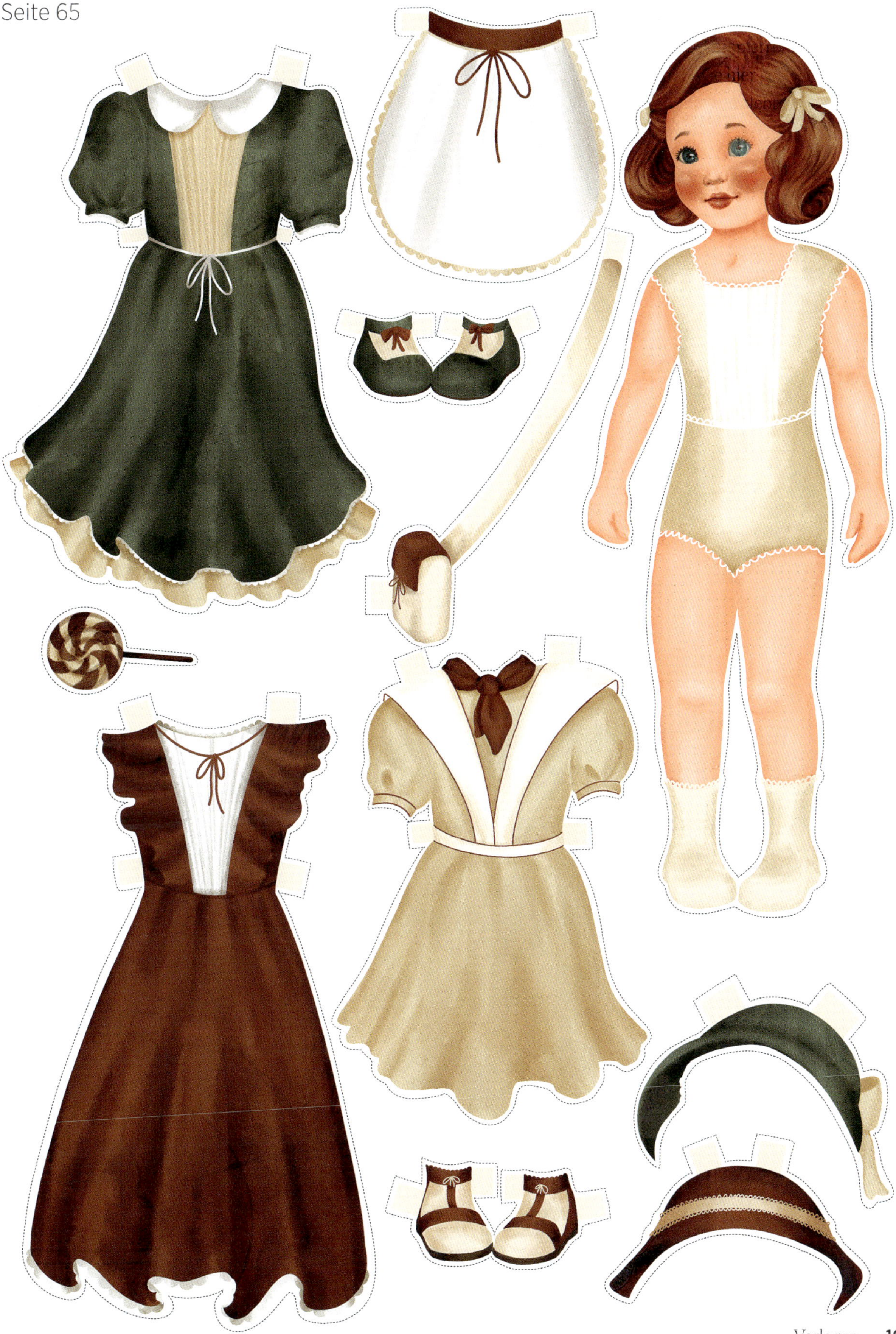

Seite 65

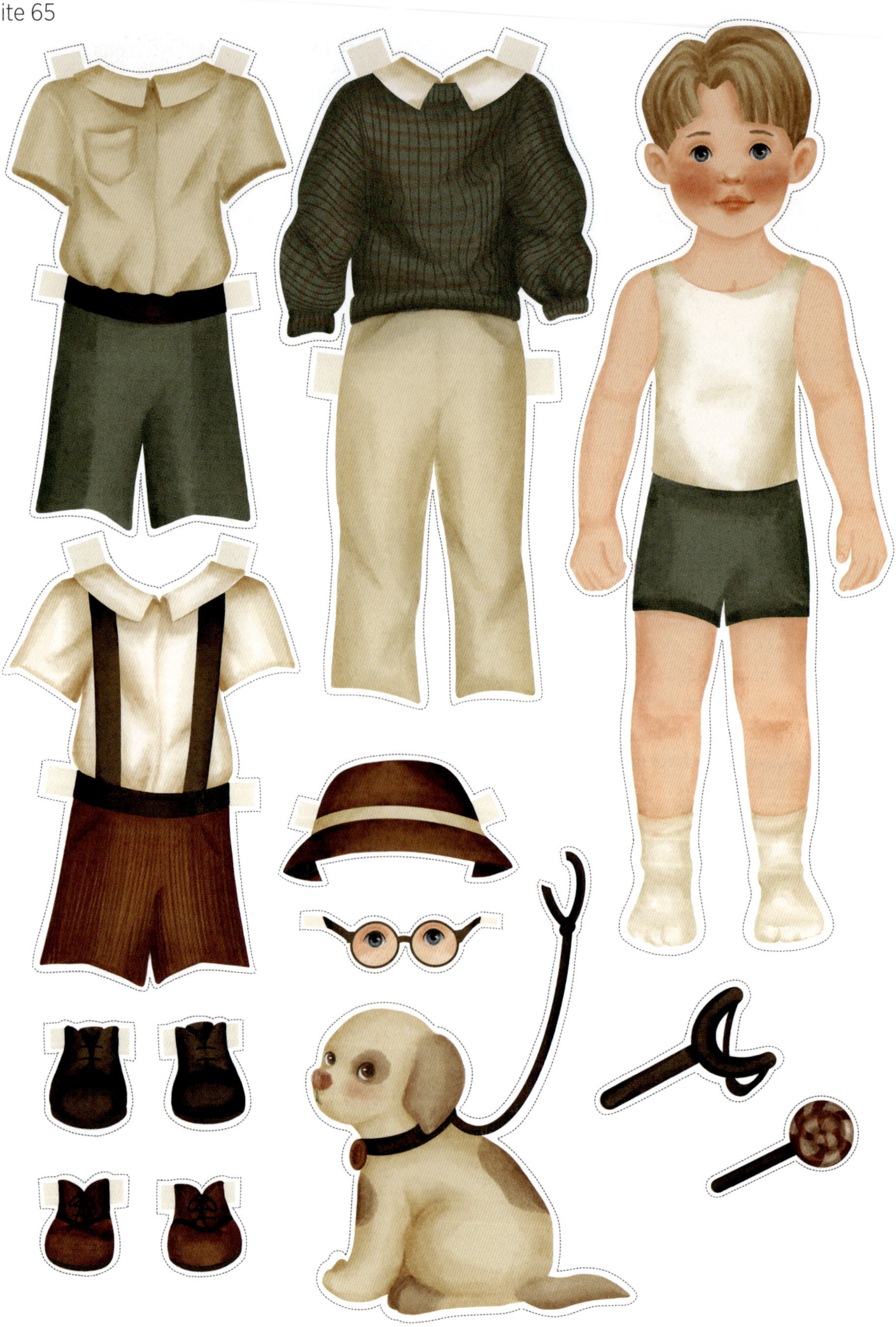

Seite 135

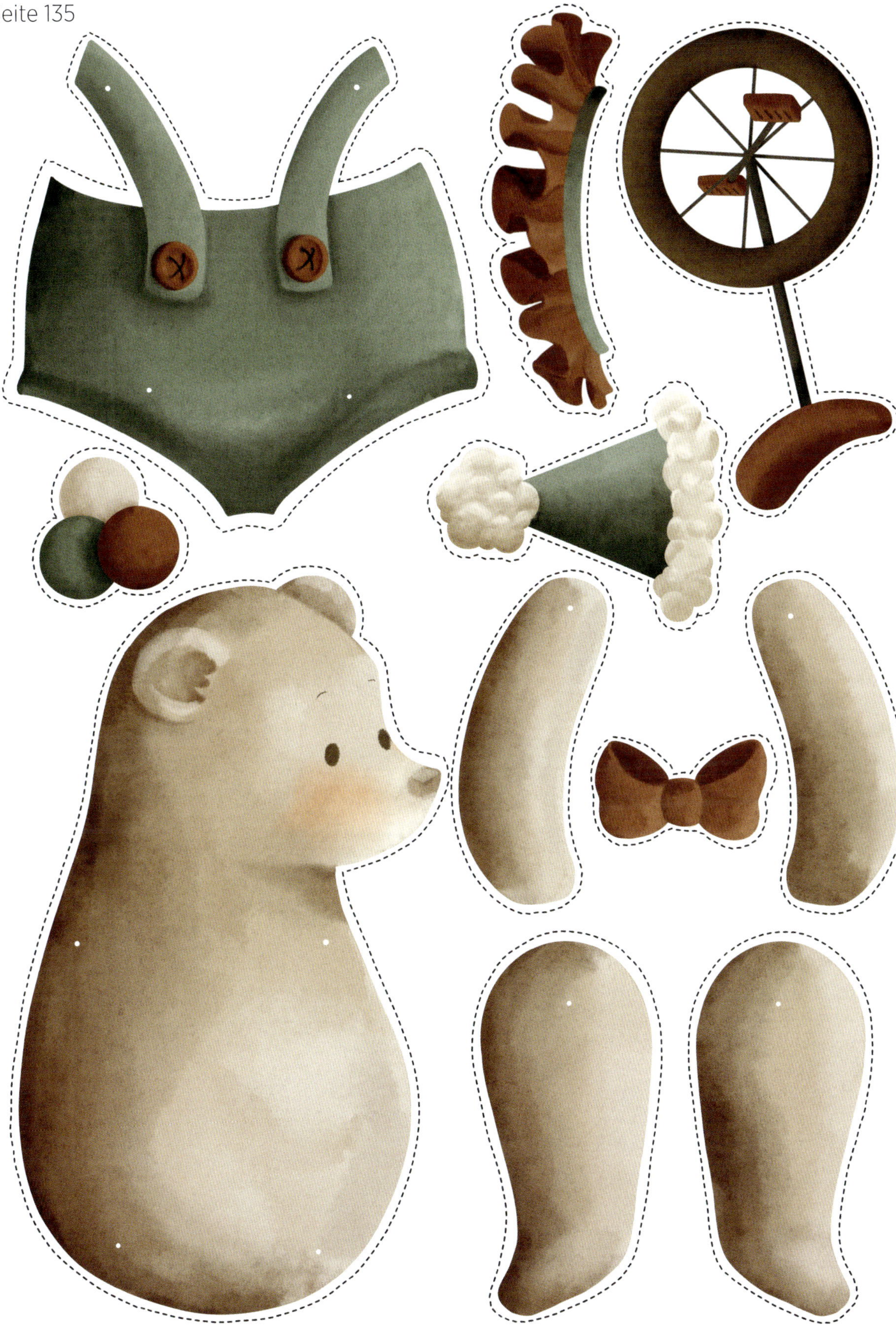

Nachwort

Ein eigenes Buch zu schreiben und es in den Händen halten zu dürfen, war sehr lange ein großer Herzenswunsch von mir, und ich kann es immer noch nicht wirklich fassen, dass er nun Wirklichkeit geworden ist. Denn ich konnte all meine Leidenschaften in diesem Buch vereinen: mein Dasein als Mama, die Malerei, die Fotografie, die Liebe zum nostalgischen Stil, Handarbeiten, Basteln und letztendlich das Schreiben. 100% ich also.

Dass ich überhaupt die Zeit dafür finden konnte, mich so intensiv all dem zu widmen, verdanke ich in erster Linie meinem Herzmann. Ihr könnt euch nicht vorstellen, wie es für ihn als Ordnungsliebhaber gewesen sein muss, in den letzten Monaten bei jeder Mahlzeit am Esstisch zwischen Bastelmaterialien zu sitzen, mich abends malend neben ihm zu haben oder mein Gesicht noch häufiger als sonst halb verdeckt von der Kamera oder dem Laptop zu erleben. Aber diese fünf Monate meiner Schaffensphase haben mir noch mehr gezeigt, dass ich mir mein Leben mit keinem anderen als dir, Daniel, vorstellen kann. Kein anderer würde mit mir durch die halbe Weltgeschichte fahren, um „irgendein altes Möbelstück", das ich mal wieder irgendwo gefunden habe, abzuholen. Kein anderer, obwohl du Technik so sehr magst, würde sich immer wieder überreden lassen, doch Sachen „von Oma" bei uns zu Hause einziehen zu lassen. Ich liebe dich, und dank dir sind wir mit unseren Mädchen so reich beschenkt, denen ich letztendlich all das hier Gezeigte ebenso verdanke. 1000 Schmetterlinge hüpfen in meinem Bauch, wenn ich an euch denke.

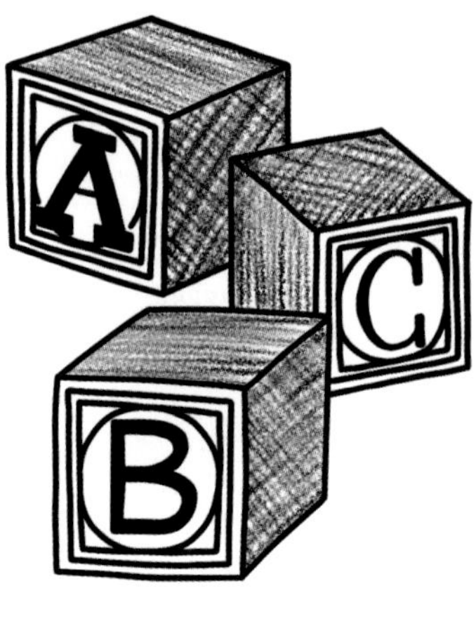

Nicht vergessen möchte ich aber die Menschen, die mich dazu ermutigt haben, überhaupt dieses Projekt anzugehen und die währenddessen immer ein offenes Ohr für mich hatten. Besonders hervorheben möchte ich Tabea, die mir beim Digitalisieren meiner Skizzen und Illustrationen geholfen hat. Vielleicht sollte ich in dem Punkt zukünftig weniger nostalgisch sein und mir die neuen Techniken doch so langsam mal aneignen. Ohne dich wäre vieles wahrscheinlich immer noch nur in meinem Kopf. Aber auch Vanessa, die mir von Anfang an Feedback gegeben und letztendlich zwei Fotos von mir zum Buch beigesteuert hat.

Generell ein Danke an alle, die auch über das Buch hinaus meine Arbeit sehen und wertschätzen, mich in all meinem kreativen Schaffen unterstützen und begleiten – sei es im wahren Leben Tag für Tag, über Instagram oder auf anderen Wegen. Ohne euch wäre ich ganz bestimmt nie an diesen Punkt gekommen!

Aber natürlich möchte ich auch dem Christophorus Verlag danken, der mich so tatkräftig in der Umsetzung unterstützt, das Potenzial in meinen Ideen gesehen und mir diese einmalige Chance gegeben hat. Das ist für mich nicht selbstverständlich. Ich hoffe, dass ich nicht zu viele Fragen gestellt habe und dass ihr mit mir genauso zufrieden und happy seid wie ich mit euch!

Und abschließend danke ich DIR. Ja, dir! Denn du hast dieses Buch gekauft, und das macht mich unwahrscheinlich glücklich, dass etwas von mir bei dir einziehen darf! Fühl dich gedrückt und auf ein Stück Kuchen und eine Tasse Tee eingeladen!

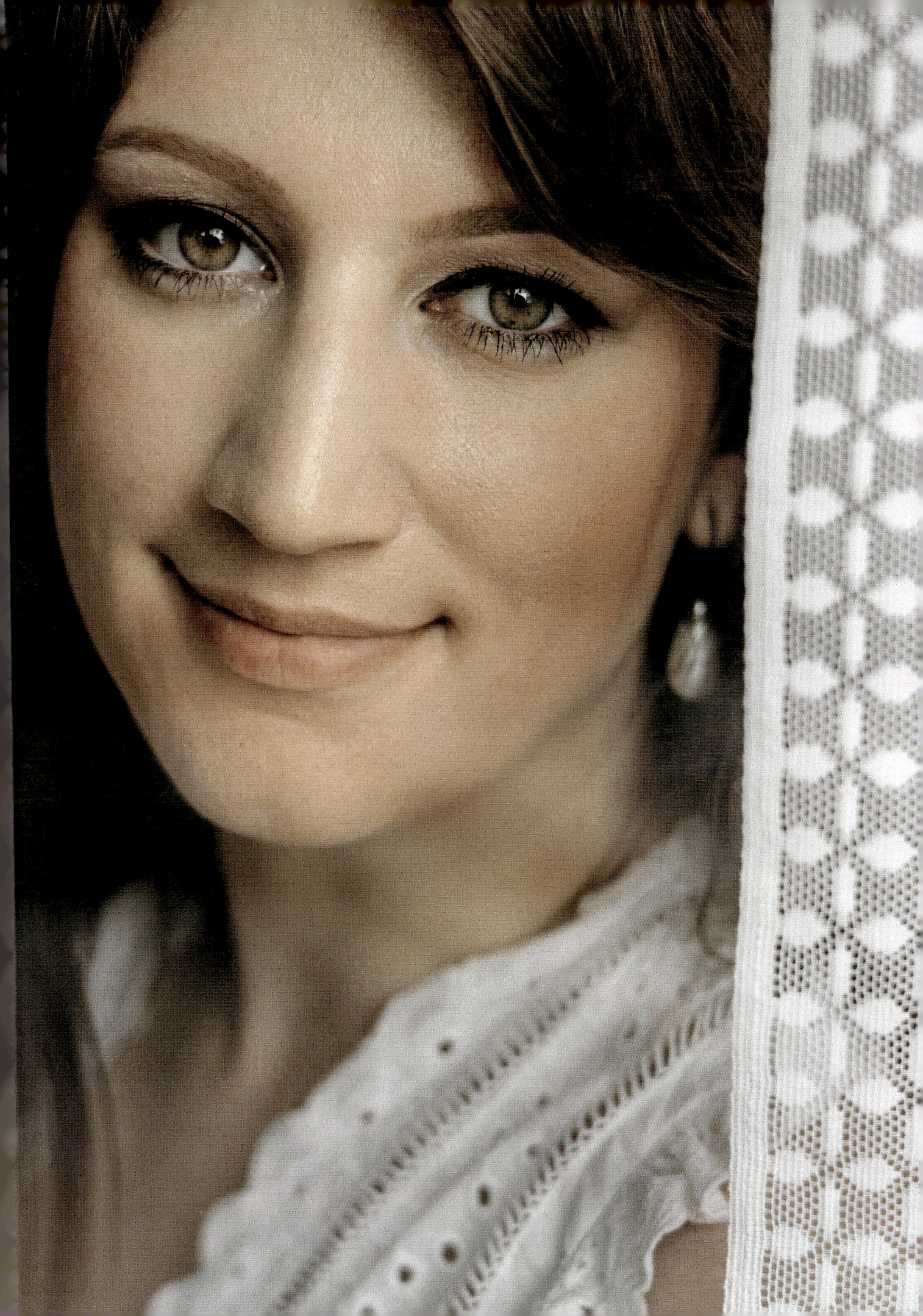

Impressum

Autorin: Christina Becker
Fotos und Skizzen: Christina Becker
Digitalisierung der Skizzen: Tabea Siemens
Illustrationen: Shutterstock (Kate Macate, WinWin artlab)
Produktmanagement: Svenja Wiglinghaus
Lektorat: Sigrun Borstelmann
Korrektorat: Lena Denu
Layout: Elke Mader
Umschlaggestaltung: Dominik Günzinger
Repro: LUDWIG:media
Herstellung: Julia Hegele
Printed in Poland by CGS Printing

★★★★★

Sind Sie mit diesem Titel zufrieden? Dann würden wir uns über Ihre Weiterempfehlung freuen. Erzählen Sie es im Freundeskreis, berichten Sie Ihrem Buchhändler oder bewerten Sie bei Onlinekauf. Und wenn Sie Kritik, Korrekturen, Aktualisierungen haben, freuen wir uns über Ihre Nachricht an:
Christian Verlag, Postfach 40 02 09, 80702 München oder per E-Mail an lektorat@verlagshaus.de.

Unser komplettes Programm finden Sie unter

www.christophorus-verlag.de

Die Deutsche Nationalbibliothek verzeichnet diese Publikation in der Deutschen Nationalbibliografie; detaillierte bibliografische Daten sind im Internet über https://www.dnb.de/ abrufbar.

ISBN 978-3-8411-0312-3

Kreativ-Service

Sie haben Fragen zu unseren Büchern und Materialien? Wir beraten Sie gern rund um alle Kreativthemen. Rufen Sie uns einfach an. Wir interessieren uns auch für Ihre eigenen Ideen und Anregungen. Sie erreichen uns per E-Mail: kreativ-service@c-verlag.de oder unter der Tel.: +49 (0)89-1306 99 577.

Besuchen Sie uns im Internet: www.christophorus-verlag.de & www.selbstgemacht.de

Ebenfalls erhältlich ...

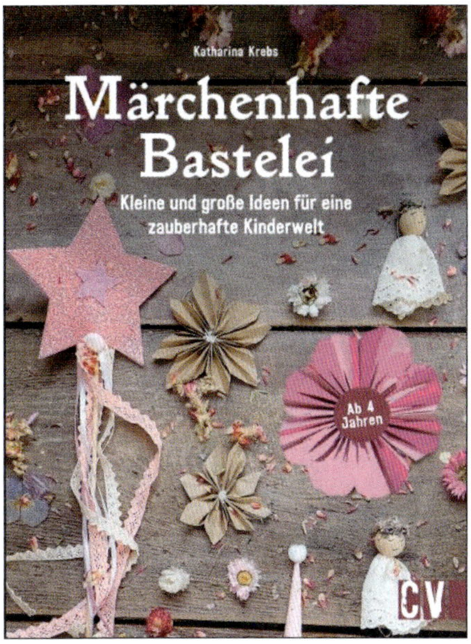

ISBN 978-3-8411-0302-4

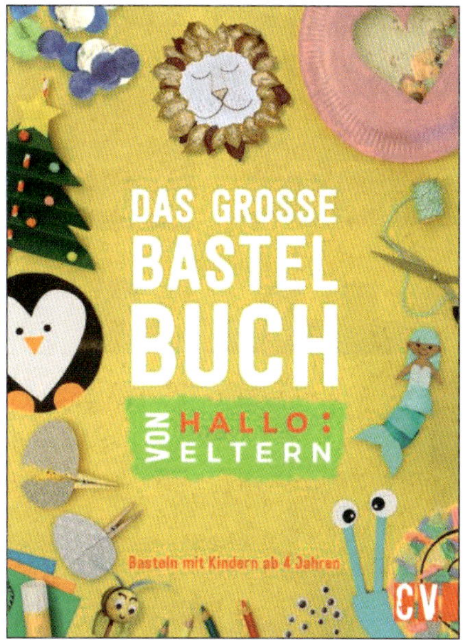

ISBN 978-3-8411-0299-7

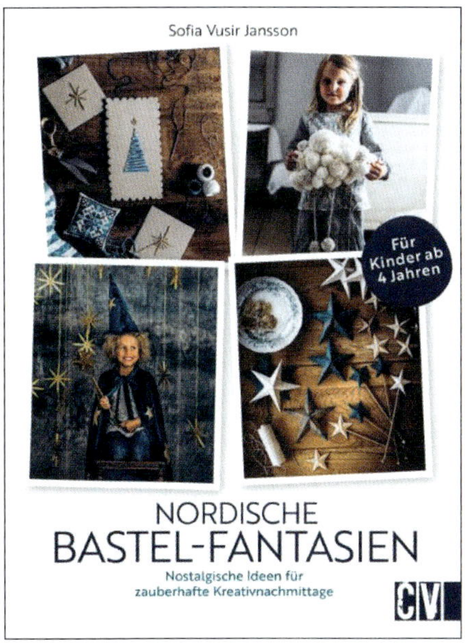

ISBN 978-3-8388-3896-0

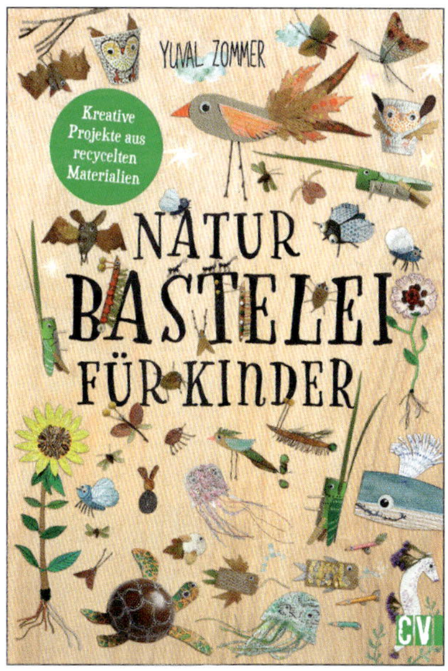

ISBN 978-3-8411-0298-0

CV

www.christophorus-verlag.de